国家自然科学基金创新研究群体项目"金融创新、资源配置与风险管理"（编号：71721001）、国家自然科学基金青年项目"基于同业市场摩擦视角的货币政策传导渠道有效性与优化研究"（编号：72103212）、国家自然科学基金面上项目"基于税收优惠政策与背景风险的家庭资产配置策略研究"（编号：71771220）

法定数字货币

研发趋势与应用实践

Central Bank Digital Currencies
Research Trends and Application Practices

金 钊 曾 燕 ◎等著

中国社会科学出版社

图书在版编目（CIP）数据

法定数字货币：研发趋势与应用实践/金钊等著 . —北京：中国社会科学出版社，2021.9
ISBN 978-7-5203-9239-6

Ⅰ.①法… Ⅱ.①金… Ⅲ.①电子货币—研究 Ⅳ.①F830.46

中国版本图书馆 CIP 数据核字（2021）第 204242 号

出 版 人	赵剑英
责任编辑	刘晓红
责任校对	周晓东
责任印制	戴　宽

出　　版	中国社会科学出版社
社　　址	北京鼓楼西大街甲 158 号
邮　　编	100720
网　　址	http：//www.csspw.cn
发 行 部	010-84083685
门 市 部	010-84029450
经　　销	新华书店及其他书店
印刷装订	北京君升印刷有限公司
版　　次	2021 年 9 月第 1 版
印　　次	2021 年 9 月第 1 次印刷
开　　本	710×1000　1/16
印　　张	15.75
插　　页	2
字　　数	251 千字
定　　价	88.00 元

凡购买中国社会科学出版社图书，如有质量问题请与本社营销中心联系调换
电话：010-84083683
版权所有　侵权必究

课题组组成

课题组成员（按照姓氏拼音顺序）
组　　长　金　钏　曾　燕
成　　员　陈　娴　黄依梅　任诗婷
　　　　　谢晨裕　郑涵梓

前　言

面对新冠肺炎疫情的冲击和全球数字货币竞赛加剧，我国法定数字货币研发日程不断提速。2019 年 6 月 18 日，Facebook 发起的加密货币（Libra）横空出世。Libra 的出现引起世界各国央行的高度关注，纷纷加速对法定数字货币的布局。新冠肺炎疫情期间，由于隔离和限制出入境的政策，传统支付体系严重受阻，电子支付优势凸显。2020 年中国人民银行工作会议上，央行强调将继续稳步推进我国数字人民币（e-CNY）研发。法定数字货币具有全新的属性和功能，对央行的货币发行和宏观经济调控将带来新的机遇和挑战。

法定数字货币的发行是一项非常复杂的系统性工程，不仅涉及技术问题，更需要考虑金融安全、经济发展和社会稳定。法定数字货币的发行可以优化传统货币支付体系，更好地支持经济和社会发展。同时，法定数字货币还可以优化货币政策操作工具箱，提高货币政策传导效率。然而，法定数字货币的发行也会引致巨大的央行管理风险、商业银行挤兑和金融监管风险等问题。各国政府与央行需要提前做好风险防范，保障法定数字货币平稳运行。作为一种全新的法币，各国央行都在探索适合本国的法定数字货币的具体设定。目前，全球还没有完备的法定数字货币被正式推出，其将以什么样的特征面世，依旧存在诸多争论。

本书旨在探究法定数字货币的不同设定特征的优劣势，为我国数字人民币的研发与测试提供政策建议。目前，全球已有 40 余家中央银行在进行法定数字货币的研发。本书首先综述了全球法定数字货币的发展现状与趋势，通过梳理各国的设计方案，详细讨论不同发行目标下配套的法定数字货币特征的选择。接着，本书依次介绍法定数字货币不同特征的设计方案，分析这些设计方案的利弊，并结合我国国情和数字人民币的特征提出有针对性的政策建议。再次，本书从支付技术、支付模式和支付体系三个角度探讨了法定数字货币在未来跨境支付领域的应用，并为我国人民币国际化提出建议。最后，本书从政策目标、政策工具和传导渠道三方面研究了法定数字货币发行对货币政策调控带来的机遇与挑战，并为我国继续推进数字人民币研发与货币政策框架转型提供政策建议。

本书以期能够为想要了解法定数字货币的读者提供详细全面的理论分析，为推动我国数字人民币试点和研发提出科学建议。进入数字时代，主权货币的竞争将更加激烈，不仅取决于一国经济和金融的综合实力，还要考虑一国的数字和互联网技术、大型科技公司的实力等因素。我们相信在党的正确领导下，我国数字人民币定将稳定发行和流通，助力我国经济迈向高质量发展阶段。

金钏　曾燕

2021 年 8 月 16 日

目 录

第一章　全球法定数字货币的发展现状与趋势 ············ 1

第一节　法定数字货币的属性 ························· 1
第二节　全球法定数字货币研发进展 ················· 4
第三节　各国发行法定数字货币的目标与配套方案 ··· 22

第二章　法定数字货币与其他货币的比较分析 ············ 32

第一节　法定数字货币与其他货币的区别 ············· 32
第二节　法定数字货币的优势与劣势 ················· 47
第三节　基于法定数字货币特征的中央银行职责
　　　　转型建议 ··································· 56

第三章　法定数字货币的支付系统 ······················· 63

第一节　支付系统的概念 ····························· 63
第二节　集中式支付系统 ····························· 66
第三节　分布式支付系统 ····························· 75
第四节　基于分布式系统的数字人民币的实践建议 ··· 84

第四章　法定数字货币的流通框架 ······················· 101

第一节　流通框架的概念 ····························· 101
第二节　三种流通框架的运行机制 ····················· 106
第三节　三种流通框架的优势与劣势 ··················· 112

1

第四节　国内外流通框架的应用实践……………………… 119
　　第五节　关于我国流通框架构建的建议…………………… 130

第五章　法定数字货币的访问方式……………………………… 136
　　第一节　访问方式的概念…………………………………… 136
　　第二节　不同访问方式的运行机制………………………… 138
　　第三节　两种访问方式的优势与劣势……………………… 144
　　第四节　国内外访问方式的应用实践与趋势……………… 152
　　第五节　关于我国法定数字货币的访问方式风险
　　　　　　管理建议…………………………………………… 166

第六章　法定数字货币在跨境支付清算体系的应用…………… 171
　　第一节　全球跨境支付清算体系的发展概况……………… 171
　　第二节　法定数字货币给跨境支付体系带来的新机遇…… 178
　　第三节　基于法定数字货币的跨境支付的国际实践……… 182
　　第四节　基于数字人民币构建跨境支付体系的
　　　　　　政策建议…………………………………………… 193

第七章　法定数字货币给我国货币政策调控带来的变革……… 201
　　第一节　我国货币政策调控的发展概况…………………… 201
　　第二节　法定数字货币给货币政策调控带来的冲击和
　　　　　　机遇………………………………………………… 211
　　第三节　基于数字人民币的我国货币政策调控转型
　　　　　　建议………………………………………………… 222

参考文献…………………………………………………………… 228

后　记……………………………………………………………… 243

第一章

全球法定数字货币的发展现状与趋势

数字经济的发展和私人数字货币的兴起推动各国央行加快法定数字货币的研发进程。2020年7月23日,立陶宛央行正式发行了全球首个基于区块链技术的数字收藏币LBCoin。[①] 除了立陶宛,中国、新加坡、瑞典和日本等诸多国家和地区也在法定数字货币研发方面取得实质性进展。在此背景下,本章在概述法定数字货币属性的基础上,将各国的研发进展分为已发行、正在测试和提出研发计划三种类型,总结各国法定数字货币的发行背景、设计特征、研究进展与经验教训,并进一步探讨各国央行发行法定数字货币的目标与配套方案。

第一节 法定数字货币的属性

目前,法定数字货币(也称央行数字货币,Central Bank Digital Currency,CBDC)的研究仍在推进,还没有形成被各国普遍接受的统一定义。2018年,国际清算银行运用"货币之花"模型提出法定数字货币的核心属性:①发行人方面,法定数字货币由央行发行;②货币形态方面,法定数字货币以数字形态存在;③访问方式方面,法定数字货币可以基于账户或基于代币访问;④通用性方面,法定数字货币可以在批发端或零售端使用(Löber and Houben,2018)。自提出以来,"货币

---

① 中国新闻网,http://www.chinanews.com/cj/2020/07-30/9252148.shtml。

之花"受到学界和政界的普遍认可。下文将详细介绍法定数字货币的这四个核心属性。

一 央行发行

法定数字货币是中央银行发行的新型支付手段，作为流通中现金的替代，具备货币的基本职能和法偿性。第一，法定数字货币可以替代纸币和现金，属于广义货币中的基础货币。在央行可控匿名的环境下，法定数字货币可以通过存取结算等活动进入商业银行系统，替代流通中的现金（袁曾，2021）。第二，法定数字货币具备传统法币的三大基本职能：价值尺度、交易媒介和价值贮藏。法定数字货币由国家主权信用担保，采用与传统法币相同的计价单位，可作为社会公众普遍使用的支付工具（杨东和陈哲立，2020）。第三，法定数字货币具有法偿性和强制性（柯达，2019）。法定数字货币是唯一受中央银行认可的、能够在市场进行支付结算操作的数字货币。技术设备许可条件下，用户使用法定数字货币进行交易支付和债务清算时，任何机构与个人都不得拒收。

央行发行的属性使法定数字货币能够克服私人数字货币的局限，具有大规模普及的可行性。中央银行为法定数字货币提供信用背书，可以调动全国力量推进其研发与推广，而且掌握货币流通信息，因此法定数字货币能够克服私人数字货币价值不稳定、应用不普及和难以监管等弊端。此外，法定数字货币的流通信息还能便利中央银行分析宏观经济状况和货币政策调控效果，这是私人数字货币所不具备的功能。

二 数字形态

法定数字货币是以数字形态存在的法定货币。数字化是法定数字货币区别于传统法币的最主要属性。法定数字货币的数字形态既可以是账户中的数字，也可以是基于用户名下的一串经特定密码学与共识算法验证的加密数字串（姚前，2016；Fung and Halaburda，2016）。姚前（2018）提出了一种可扩展的法定数字货币模型，将法定数字货币表达为用户标识、货币信息、发行人信息和可扩展属性的加密签名的组合。法定数字货币的数学模型中还可内嵌流通要求和时间约束等设计，具有可编程性。

法定数字货币数字形态的实现方式与其流通框架密切相关。法定数字货币的流通框架可以分为单层流通框架、双层流通框架和混合流通框架，在不同的流通框架中，法定数字货币的产生、存储和传送路径不同（Auer and Böhme，2020）。单层流通框架指央行直接向公众发行法定数字货币。双层流通框架指央行通过商业银行向公众发行法定数字货币。混合流通框架指央行直接发行法定数字货币，而商业银行则提供支付服务。

法定数字货币的数字形态给中央银行带来了全新的机遇和挑战。一方面，数字形态赋予法定数字货币不同于传统实体法币的属性，如可追踪性和可编程性等。因此，法定数字货币有助于打击货币犯罪行为并提高货币政策效率，还能够根据未来支付需求灵活调整自身属性。另一方面，数字形态也对中央银行在货币安全和金融稳定等方面提出了全新挑战。中央银行需要确保法定数字货币的安全性、不可重复支付性和不可伪造性，权衡法定数字货币的可追踪性与匿名性，提高运行系统的容量与稳定性，以及应对法定数字货币对金融体系的冲击等。

三 访问方式

访问方式是指法定数字货币实现支付的模式。目前，法定数字货币主要有"基于账户"（Account–based）和"基于代币"（Token–based）两种访问方式（Juškaitė et al.，2019）。基于账户的访问方式是指法定数字货币账户持有者的所有权与访问身份绑定，在交易过程中，持有者只有通过账户身份验证后才能完成转账。法定数字货币的访问权限完全依赖于账户持有者的唯一身份标识（陈鸿祥，2017）。基于代币的访问方式是指中央银行仅在法定数字货币的持有者知道密钥（数字通证）时才兑付债权。只有拥有正确数字通证的持有者才被允许访问法定数字货币系统并实现交易。在基于代币的一般情况下，持有者的个人隐私可以得到有效的保护。

法定数字货币的访问需要在支付清算系统中完成。法定数字货币的支付清算系统包括集中式和分布式两类，分别基于集中式账本和分布式账本（Armelius et al.，2020）。集中式账本是传统的中心化数据库，在多个物理节点上存储数据，这些物理节点由一个权威实体（核心节点）控制。核心节点负责控制法定数字货币的交易实况、监控交易过程并实时记录交易数据（陈鸿祥，2017）。分布式账本（Distributed Ledger Technology，DLT）是一个在分散的网络成员（或节点）之间复制、共享和同步大规模数据的数据库（穆杰，2020）。不同节点以分散的方式共同管理法定数字货币的账本，并采用在多节点之间协调的"共识机制"算法更新数据（杨东和陈哲立，2020）。分布式账本可以让数据存储摆脱对单一机构或设备的依赖。

四 通用性

通用性是指法定数字货币的应用范围。基于应用范围的大小，法定数字货币主要分为以下两种：零售端法定数字货币（Retail Central Bank Digital Currency，RCBDC）和批发端法定数字货币（Wolesame Central Bank Digital Currency，WCBDC）（Löberand Houben，2018）。零售端法定数字货币的服务对象不局限于银行等金融机构，还包括普通居民和企业，应用范围面向整个零售市场。零售端法定数字货币可以提高支付效率、保证支付安全和提升金融包容性（Boar et al.，2020）。批发端法定数字货币的服务对象是金融机构，应用范围面向银行间市场，即资金批发市场。批发端法定数字货币拓展了法定数字货币在批发环节中的应用。除了发行与回笼等传统批发环节之外，批发端法定数字货币还可以用于证券交易和跨境转账等场景。在资金批发市场的大额清算系统中，使用批发端法定数字货币可以提升交易安全、提高交易效率（封思贤和杨靖，2020）。

第二节 全球法定数字货币研发进展

2020年年末，国际清算银行（以下简称BIS）和支付与市场基础设施委员会（以下简称CPMI）对全球65个国家的央行进行了法定数字货币研发现状的第三次调查（Boar and Wehrli，2021）。调查结果显示，86%的受调查央行正处于评估发行法定数字货币利弊的阶段，高于2019年的80%。此外，60%的受调查央行正在进行法定数字货币的实验或概念验证，而在2019年这一比例只有42%。同时，14%的受调查央行正在推行法定数字货币的试点。BIS与CPMI连续三年的调查表明，全球各国央行对法定数字货币的关注度和研发热情日益高涨。基于此，本节将不同国家或地区的研发进展分为已发行、正在测试和提出研发计划三种，分别介绍各国和地区的研发进展，总结现状特征并展望未来的发展趋势。

一 已发行国家或地区的发展现状

截至2021年8月，为了扩大普惠金融范围和降低对其他货币的依赖，厄瓜多尔、立陶宛和巴哈马等五个国家已经正式发行了法定数字货币。但从当下来看，部分国家法定数字货币的推广情况并不乐观，有的国家甚至已经停止发行法定数字货币。表1-1梳理了已发行法定数字货币各国的属性设定和部分国家失败的原因，下文也将分别介绍已停止和继续发行国家的发展现状。

表1-1　　　已发行国家的属性设定和失败国家的原因

国家	年份/名称	属性设定	失败的原因
厄瓜多尔	2015 Dinero Electrónico	零售端； 单层流通框架； 分布式账本	金融市场化程度低； 公众习惯使用美元； 公众对央行信任程度较低
塞内加尔	2016 eCFA	零售端； 双层流通框架； 分布式账本	金融和数字基础设施薄弱； 金融市场化程度低； 法律限制使用范围
委内瑞拉	2017 Petro	零售端； 单层流通框架； 与国家资源价格挂钩	金融市场化程度低； 公众对央行信任程度较低； 主流国家的反对
立陶宛	2020 LBCoin	零售端； 单层流通框架； 分布式账本； 基于代币	作为收藏币的数字代币； 不具有法偿性； 无法承担货币基本职能
巴哈马	2020 沙元	零售端； 双层流通框架； 不付息； 交易记录非匿名	—

资料来源：笔者根据公开信息绘制。

（一）已停止发行国家的发展现状

目前，已有两个正式发行了法定数字货币的国家宣布停止继续发行，分别是厄瓜多尔和立陶宛。下文将详细介绍这两个国家的发行过程。

（1）厄瓜多尔是首个发行法定数字货币的国家，该国希望通过发行法定数字货币实现"去美元化"，但是因为难以获得公众信任而以失败告终。2015年2月，厄瓜多尔推出了一种新的加密支付系统和基于这个系统的厄瓜多尔币（Dinero Electrónico），成为世界上首个发行法定数字货币的国家。厄瓜多尔币作为补充美元的额外付款工具，是厄瓜多尔发行独立主权货币、摆脱美元依赖的举措之一。厄瓜多尔之所以采用数字货币而非纸币，是为了节省用新纸币取代旧美元纸币所产生的约300万美元成本、节约财政支出以及减贫。厄瓜多尔币采用单层流通框架以零售方式发行，符合一定条件的居民可以直接在该国央行领取厄瓜多尔币，并在商场、超市和银行等场景进行支付。央行监管厄瓜多尔币的运行并维持汇率的稳定。与传统纸币不同，厄瓜多尔币采取"去中心化"的点对点分布式账本技术，并由央行参与监督。但是，由于当地居民不信任货币当局，厄瓜多尔币的普及情况不容乐观。在运行后的一年时间里，厄瓜多尔币的流通量实际上还不到整个经济体货币量的0.003%。[1] 由于无法吸引足够的用户，厄瓜多尔币最终在2018年宣告停止运行。

（2）立陶宛是首个由中央银行基于区块链发行数字货币的国家，但是该国发行的数字货币本质上是纪念币，只有30个月发行周期。立陶宛于2020年7月正式发售名为LBCoin的数字货币。LBCoin的发行是为了纪念1918年立陶宛独立法案及其20位签署者，因此每枚数字货币都有一位签署者头像的图案。[2] LBCoin也是立陶宛试点国家背书的数字货币和区块链技术项目的一部分。LBCoin虽然由央行发行，但不是法定货币，而是用来兑换实物收藏币的数字令牌。LBCoin采用单层流通框架、基于区块链技术发行，可以直接与央行和专用区块链网络进行流通和兑换。LBCoin总计试点发行30个月，在试点期结束后，发行的24000枚LBCoin将全部被兑换为实物收藏币。LBCoin失败的原因主要

---

[1] 链门户，http://www.lianmenhu.com/blockchain-12654-1。
[2] 移动支付网，https://www.mpaypass.com.cn/news/202007/27091924.html。

是其不具有法偿性。由于立陶宛采用欧元作为法定货币，立陶宛中央银行无权发行零售法定数字货币，故 LBCoin 只具有收藏价值，难以发挥价值尺度、流通手段和支付手段等货币基本职能。然而，由于 LBCoin 没有限制购买人群，是真正面对全体民众发行的数字货币，因此其在全球法定数字货币发展的历史上，具有相当的开创性意义与前瞻地位。

（二）持续发行国家的发展现状

目前，已发行法定数字货币的国家中，还有三个国家在继续发行，分别是塞内加尔、委内瑞拉和巴哈马。其中，塞内加尔和委内瑞拉的发行情况并不乐观，而巴哈马的发行较为稳定。下文将介绍仍在发行法定数字货币各国的发行目标、基本设定与运行现状。

（1）塞内加尔利用零售端法定数字货币加速进入金融科技时代。2016 年 12 月，塞内加尔央行发行了基于区块链的法定数字货币 eCFA，使数百万没有银行账户的西非人民跨过实体银行网点时代、跑步进入金融科技时代成为可能。[①] 塞内加尔央行规定 eCFA 具有和该国主权货币非洲法郎（CFAFranc）同等的法律地位。不同于以往法定数字货币大多采用单层流通框架的做法，eCFA 采用双层流通框架。塞内加尔央行不直接面向企业和个体用户，而是授权特定的金融机构发行。eCFA 具有高度安全性，能够在移动客户端和硬件钱包等各类形态的载体中使用，保证了不同终端之间的流通性和互操作性，具备普遍推广的潜力。不过，eCFA 尚未完全通过西非经济和货币联盟（以下简称 WAEMU）的相关规定，目前只能在塞内加尔使用。后期 eCFA 可能会实现多个西非国家间的通用，包括科特迪瓦、贝宁、布基纳法索、马里、尼日尔、多哥和几内亚比绍等。eCFA 会提高经济金融活动的透明度，能便利 WAEMU 成员国间的合作对话。

（2）委内瑞拉利用法定数字货币应对国内的通货膨胀和国外的金融制裁，但是效果不佳。2017 年 12 月，为了缓解国际油价下跌引发的极端通货膨胀[②]，委内瑞拉宣布发行石油币（Petro），并于 2018 年 2 月正式开始预售。发行石油币的主要目的还包括规避美国对委内瑞拉的金

[①] 36 氪，https：//36kr.com/p/1721316048897。

[②] 委内瑞拉由于石油收入受挫，经济受到重创，主权货币贬值高达 96%。

融制裁，并在面对严重经济和金融危机时吸引外资以帮助委内瑞拉完成经济转型。石油币币值与委内瑞拉国家资源的国际价格挂钩，其中石油储备占比50%，黄金占比20%，铁占比20%，钻石资产占比10%。[①]石油币虽然不能直接兑换石油，但是能够作为个人或机构缴纳税费和购买公共服务的支付方式。同时，石油币的ICO（Initial Coin Offering，首次代币发行）不能以委内瑞拉的主权货币玻利瓦尔支付，只能以美元或欧元支付。委内瑞拉政府尽可能给予石油币与主权货币同等的价值地位，该国央行每日都会更新石油币兑其他国家法币的汇率。在流通环节，石油币采用单层流通框架，基本面向全体公民，并且交易场所也相对开放。截至目前，石油币仍在流通，但是受到他国抵制和本国公民抛售，发展前景不容乐观，并未真正实现拯救委内瑞拉经济的目标。

（3）巴哈马利用零售端法定数字货币提升支付效率并推进普惠金融。2020年10月，巴哈马中央银行宣布在全国逐步发行面向消费者的数字货币——沙元（Sand Dollar）。沙元的发行目的是建立覆盖700多个岛屿的支付网络，为银行存款不足和无银行存款的居民提供进入数字支付基础设施或银行系统的机会，提高金融普惠性。同时，巴哈马监管机构认为，推广法定数字货币将能降低纸币的发行成本、改善财政支出以及打击洗钱等非法行为。沙元与巴哈马元挂钩，巴哈马元又与美元挂钩。沙元是一种零售端的法定数字货币，只要在移动设备上安装央行批准的电子钱包，所有巴哈马居民都可以在任何商户使用沙元，交易手续费用低到忽略不计。沙元电子钱包支持脱机功能和离线支付，能够实现传统支付渠道和新渠道之间的互操作性。此外，沙元不计付利息，设置了持有和交易的最大限额，交易记录非匿名并完全可审核。沙元的发行过程分为两个阶段：第一阶段由银行与信用合作社通过检查企业和个人的信用状况来筛选适用客户范围；第二阶段于2021年上半年进行，重点是准备基础设施、拓宽沙元的服务渠道以及提高公众使用沙元的便利性。[②]

[①] 搜狐网，https://www.sohu.com/a/273317385_115239?_f=index_businessnews_1_8。
[②] 巴哈马中央银行，http://www.mofcom.gov.cn/article/i/jyjl/l/202010/20201003005825.shtml。

第一章 全球法定数字货币的发展现状与趋势

(三) 发行失败国家的原因分析

目前,除了立陶宛,已发行法定数字货币的国家均是人口较少、经济较不发达的国家。它们发行法定数字货币的目标主要有两方面:一是通过发行法定数字货币,拯救国内复杂的经济与政治局势;二是搭乘法定数字货币的技术快车,推进本国普惠金融的快速发展。但是,由于金融基础设施薄弱、金融体系不完善、国家信用不强和用户基础不足等,许多国家发行失败,没有达到上述目标。结合发行失败国家的现状,下文将总结它们的失败原因。

第一,发行失败国家的数字化技术和基础设施非常薄弱,致使法定数字货币的推广范围较窄。完备的数字化技术与基础设施是法定数字货币发行流通的基础保障。目前,各国都在积极研发和试点适用于法定数字货币的相关技术,例如可信计算技术、安全芯片技术和区块链技术等。虽然法定数字货币的技术准备已初具雏形,但其运行的可行性、稳定性和系统容量大小还缺乏长期的经验证据。而已发行国家既没有对相关的技术进行深度研发和试点,也没有构建完善的数字化基础设施。通过对以上各国的分析可知,它们发行的法定数字货币并没有使用最新的数字加密技术,更多的是本国货币的电子化。更重要的是,这些国家的金融基础设施也十分薄弱,国内大部分地区甚至没有覆盖银行网点,国内大多数人都没有银行账户。例如,塞内加尔设计 eCFA 的初衷是帮助数百万没有银行账户的非洲人民跳过银行网点时代,直接进入互联网金融时代。然而,法定数字货币的研发与推广需要大量的数字化技术创新、数字化技术人才和数字化基础设施。在金融基础设施和数字基础设施都相对薄弱的环境中,法定数字货币的发行和流通将十分困难。

第二,发行失败国家的经济和金融发展水平较低,金融体系的市场化发展较弱,不足以支持法定数字货币的稳定发行。现有尝试发行法定数字货币的国家基本都面临严峻的国内经济困境。一方面,它们的经济发展方式非常单一,主要依赖国内的自然资源,且经济发展受制于大国。另一方面,它们的金融市场化水平低下,金融服务和金融产品也非常单一。法定数字货币的发行和推广是一项庞大而复杂的系统性工程,依赖于稳定的经济发展环境与完备的金融市场。如果没有良好的经济环境与足够的金融市场深度和广度的支持,法定数字货币难以持续运行和广泛普及。

第三，发行失败国家的政府公信力较弱，无法为法定数字货币提供信用背书。法定数字货币的合法性是其可以大范围推广的首要保障。然而，部分已发行国家的政府对内缺乏政府公信力，对外缺乏国际影响力，其发行的法定数字货币很难得到本国国内民众的信任和国际金融市场的认可。例如，委内瑞拉的石油币遭受公民抛售和他国抵制，发展前景不容乐观。① 一方面，由于委内瑞拉社会长期处于波动混乱状态，政府公信力较低，无力保持石油币的币值稳定，本地居民偏好持有更稳定的国际货币。委内瑞拉公民通过比特币交易平台出售政府空投的石油币，导致其价格不断下跌，最后国民纷纷放弃将其作为支付手段。另一方面，石油币在国际金融市场上并不受国际主流国家的认可。美国在石油币正式发行的 1 个月后就禁止受美国司法管辖的公司或个人参与石油币交易。

第四，发行失败国家的发行准备比较仓促，对法定数字货币的推广没有良好的应对之策。已发行国家面临货币主权的挑战和严峻的经济困境，想要通过发行法定数字货币来寻求破局。然而，它们并没有考虑公众对法定数字货币的接受程度，以及法定数字货币如何广泛普及的问题。尤其在短时间内，由于支付习惯的制约，人们很难接受以法定数字货币来代替原有的纸币支付方式。例如，厄瓜多尔居民更加习惯使用美元支付，对厄瓜多尔币的接受程度较低。在厄瓜多尔币发行期间，该国居民共开设了 402515 个厄瓜多尔币账户，其中只有 41966 个账户（约占 10.4%）曾用于购买商品或付款，而多达 286207 个账户（约占 71.1%）一直处于闲置状态。② 公众较低的接受度导致法定数字货币发展初期的覆盖规模势必较小，政府无法快速回笼资金，财政短时间内无法负担发行法定数字货币所带来的赤字，因此法定数字货币的政策推行也将受到阻碍。

二 正在测试中国家和地区的研发进展

根据 BIS 和 CPMI 的调查与各国央行的政策报告，目前有 9 个国家

---

① 新浪财经，https：//finance.sina.com.cn/blockchain/roll/2020 - 02 - 05/doc - iimxxste9027577.shtml。

② 国际清算银行，https：//www.bis.org/publ/qtrpdf/r_qt1709f.htm。

正在测试法定数字货币。通过梳理各国的法定数字货币安排，我们发现发达与发展中国家和地区的研发目标并不一致（Boar and Wehrli，2021）。发达国家和地区主要专注于批发端法定数字货币的研发，而发展中国家和地区则对零售端更感兴趣。表1-2梳理了正在测试中国家和地区法定数字货币的设定安排，下文将分别介绍正在测试中的国家和地区的研发进展。

表1-2　　　　正在测试的国家和地区的设定安排

国家/地区	年份/名称	设定安排	国家/地区	年份/名称	设定安排
瑞典	2020 e-krona	零售端；双层流通框架；分布式账本	中国	2020 数字人民币	零售端；双层流通框架；不付息；可控匿名
日本	2017 Stella	批发端；分布式账本	新加坡	2016 Ubin	批发端；分布式账本
日本	2021 N/A	零售端；双层流通框架	泰国 & 中国香港	2019 Ithanon-LionRock	批发端；分布式账本
加拿大	2016 Jasper	批发端；分布式账本	阿联酋 & 沙特阿拉伯	2019 Aber	批发端；分布式账本
加拿大	2020 N/A	零售端			
欧洲央行	2016 Jasper	批发端；分布式账本	柬埔寨	2020 Bakong	零售端；双层流通框架；分布式账本
英国	2016 RSCoin	批发端；双层记账；分布式账本与中心化管理相结合；交易信息可审计	乌拉圭	2017 e-Peso	零售端；单层流通框架；不可分割；集中式账本；交易匿名化

资料来源：笔者根据公开信息整理。

（一）发达国家和地区的研发进展

正在测试的发达国家和地区有瑞典、日本、加拿大、欧盟和英国。

其中日本、加拿大和欧盟在批发端进行了多阶段的研究，研究成果较为成熟；瑞典、日本和英国则在零售端开启了概念测试。

（1）瑞典中央银行利用法定数字货币缓解现金需求下降带来的负面影响。2017年3月，瑞典央行启动了名为电子克朗（e-krona）的法定数字货币计划。e-krona计划推出的背景是近年来瑞典实物现金的使用率不断下降，流通中的现金占GDP的比例约为1%，据估计，到2023年，零售商可能会停止接受现金（Armelius et al.，2020）。由于担心私人移动支付服务商缺乏足够的信用背书以及服务弱势群体的动力，瑞典中央银行希望将e-krona作为现金补充和电子支付载体，用于消费者、企业和金融机构之间的小额支付。截至2021年8月，e-krona项目已经进行到第三阶段：第一阶段，起草了法定数字货币总体提案；第二阶段，建立了e-krona系统的治理结构；第三阶段，瑞典央行正在与埃森哲合作，使用基于分布式账本联盟R3的Corda平台在分布式账本环境中对e-krona的付款、存款、转账以及其他功能进行测试。[①] e-krona基于代币，使用分布式账本技术，采用双层流通框架以零售方式发行。在用户端，e-krona支持多种付款方式，包括移动应用程序、可穿戴设备等，瑞典央行正在设计e-krona的离线支付功能。此外，e-krona的服务具有可扩展性，不依赖于现有的传统结算基础设施和银行系统。

（2）日本央行利用法定数字货币应对国际法定数字货币竞争。[②] 2020年10月，日本央行发布了一份专题报告 *The Bank of Japan's Approach to Central Bank Digital Currency*，表示将在必要时刻发行"通用CBDC"（generalpurposeCBDC，即面向个人和企业等广泛终端用户的零售端法定数字货币）。[③] 2021年4月，日本央行表示已启动对CBDC为期一年的第一阶段验证性测试（PoC），将重点对CBDC的发行、流通、

[①] Riksbank，https：//www.riksbank.se/en-gb/payments--cash/e-krona/e-krona-reports/。

[②] 彭博社，https：//www.bloomberg.com/news/articles/2018-04-04/banks-rush-to-turn-japan-cashless-ahead-of-looming-tech-rivals。

[③] 日本银行：The Bank of Japan's Approach Central Bank Digital Currency，https：//www.boj.or.jp/announcements/release_2020/rel201009f.htm。

兑换等核心功能进行技术可行性分析。① 此后，PoC 将进入第二阶段实验，审查更加细节的附加功能，例如是否应限制每个实体可持有的 CBDC 数量。第三阶段是由私营企业和消费者共同参与的试验项目，他们将积极参与 CBDC 实际使用测试。根据上述报告，日本 CBDC 选择采用面向大众的零售形式并基于双层流通框架发行，预期功能包括作为现金支付工具的补充、提供零售支付服务和开发适合数字社会的支付结算系统。日本 CBDC 需要实现与其他支付结算系统的互操作性，而且需要具有足够的处理能力和弹性以应对未来 CBDC 的大规模使用。考虑到日本自然灾害频发，日本 CBDC 需要在网络故障和停电时支持脱机使用。日本央行表示未来需要研究的问题包括 CBDC 与物价水平和金融稳定的关系、中央银行与支付服务提供商之间的角色安排、隐私和处理终端用户信息的权衡以及跨境支付中的运用等。

（3）加拿大央行利用法定数字货币全面提升支付安全与效率。加拿大央行就批发端和零售端法定数字货币都进行了研究，在批发端研究了分布式账本技术在大额支付和跨境支付中的应用，在零售端提出了数字货币应急计划。在批发端，加拿大央行于 2016 年 6 月发起了 Jasper 项目，它是以数字货币为支撑、以支付为基本场景的应用试验，旨在厘清数字货币的本质及其对货币政策的影响。Jasper 项目已经经历了四个测试阶段，第一阶段测试分布式账本技术在大额支付系统中的适用性，第二阶段测试分布式账本技术在银行间大额支付结算的最终性、扩展性和灵活性，第三阶段拓展至证券和外汇领域，第四阶段与新加坡的 Ubin 项目进行跨境支付合作。在零售端，加拿大央行发布了一项数字货币应急计划，设想未来的零售端法定数字货币应满足三大核心属性：广泛准入、类似实物现金和作为加拿大央行的直接负债。② 加拿大央行虽然讨论了单层、双层和混合流通框架，但是尚未决定具体设计方案，可能使用上述三种的混合形式。至于技术路线，加拿大央行表示分布式账本技术并不是必需的，加拿大央行将同时考虑多种技术，根据性能选出优胜者。

---

① 日本银行，https：//www.boj.or.jp/paym/digital/index.htm/。
② 加拿大银行，https：//www.bankofcanada.ca/2020/02/contingency – planning – central – bank – digital – currency/#1 – Introduction。

（4）欧洲中央银行对批发端和零售端法定数字货币都进行了研究。在批发端，欧洲中央银行与日本中央银行从2016年开始合作Stella项目，目的是探索分布式账本技术作为支付和证券结算技术支撑的潜能。Stella项目共分为四个不同阶段：第一阶段将分布式账本技术用于处理大额支付；第二阶段在分布式账本技术环境中测试证券结算；第三阶段运用分布式账本技术提升跨境支付的效率；第四阶段在分布式账本技术环境中测试结算资产（如法定数字货币）的保密性和可核查性。在零售端，欧洲中央银行于2020年10月发布了一份政策报告 *Report on a Digital Euro*，表示该行计划于2021年年中就是否启动数字欧元项目做出决定。[①] 报告指出发行数字欧元的目的是支持欧洲经济数字化和欧盟战略独立性，以应对现金使用率显著下降的局面、丰富货币政策传导渠道、降低常规支付服务风险、提升欧元国际地位和降低支付系统总成本等。欧洲中央银行将数字欧元定义为以数字形式记录的央行债务，是对现金和中央银行存款的补充。数字欧元采用区块链技术以保证交易安全，也可与其他形式的欧元兑换。欧洲中央银行尚未对数字欧元的访问方式和流通框架做出决定，但是已经达成了以下共识：数字欧元的数量应始终在欧元体系的控制之下；数字欧元应以平等的条件广泛使用，不应限制私人服务商参与数字欧元设计与推广；数字欧元必须像其他任何形式的欧元一样得到信任。

（5）英国央行利用法定数字货币构建智能化金融市场。英国央行已经测试了数字货币原型系统RSCoin，然而对是否在零售端发行法定数字货币仍持观望态度。2016年3月，英国央行推出数字货币原型系统RSCoin，旨在解决私人数字货币可扩展性差和币值不稳定的问题。RSCoin采取分布式账本与传统中心化管理相结合的模式。中央银行作为中心管理者，直接掌控数字账簿和系统密钥，管理分布式账本的运行（刘蔚，2017）。RSCoin使用双层记账模式，中央银行完全控制货币的产生，并生成全局账本（Higher–level Block），向整个系统发布交易数据。央行授权商业银行收集和校验用户交易信息并打包生成低层账本（Lower–level Block）。最终用户和央行之间并不直接发生信息交互，而

---

① 欧洲中央银行，https://www.ecb.europa.eu/euro/html/digitaleuro–report.en.html。

第一章 全球法定数字货币的发展现状与趋势

是通过商业银行这一中间层代为传递。此外，RSCoin 使用交叉日志机制来保证交易账本具有较高的透明度和可审计性。然而，英国目前依然对法定数字货币的发行持观望态度。对于 RSCoin 的设计特征，英国央行 2020 年 3 月发布的报告称 RSCoin 将用于零售支付，可与现钞等价兑换，而且采用双层流通框架。不过，英国央行尚未就基于账户模式或基于代币模式达成共识。①

（二）发展中国家和地区的研发进展

正在测试的发展中国家和地区有中国、中国香港、泰国、新加坡、柬埔寨、沙特阿拉伯、阿联酋和乌拉圭。其中，中国、柬埔寨和乌拉圭的测试主要围绕零售端，而中国香港、泰国、新加坡、沙特阿拉伯和阿联酋主要关注批发端和跨境支付场景。

（1）中国的法定数字货币研发与推广领先世界。中国数字人民币从 2014 年开始研究，到 2021 年已经在多地开展试点，研发进程如图 1-1 所示。数字人民币的发展是在技术因素、社会需求因素和国际竞争因素共同驱动下进行的。技术因素方面，数字技术推动电子货币和移动支付迅猛发展，促进货币形态变革。社会需求方面，随着数字经济的发展，公众对于数字支付工具的需求进一步加强。而传统移动支付工具在普惠金融、支付效率和隐私保护方面存在改进空间。国际竞争方面，私人数字货币一旦大规模应用，将对我国货币主权和政策独立性带来挑战。基于以上背景，数字人民币的研发目标包括顺应数字经济时代的支付需求以及维护国家主权货币地位。根据中国人民银行发布的《中国数字人民币的研发进展白皮书》，现阶段的数字人民币定位于 M_0 的替代，处理零售客户的小额支付需求，使用双层流通框架，具有账户松耦合特征，能实现可控匿名。数字人民币保持技术中性，不预设技术路线；坚持公共产品定位，不计付利息；能实现双离线支付；产品形态多样，包括软件 App 和硬件钱包（卡片、可穿戴设备、具备 SE 安全元件的手机等）。②

---

① 英格兰银行，https：//www.bankofengland.co.uk/paper/2020/central－bank－digital－currency－opportunities－challenges－and－design－discussion－paper。
② 中国人民银行：《中国数字人民币的研发进展白皮书》，http：//www.gov.cn/xinwen/2021－07/16/content_5625569.htm。

```
                                                    2019年8月  穆长春介绍了
                                                    DC/EP的项目名称、M0定
                                                    位以及基本设定
                                                    2019年11月  范一飞表示
                                                    DC/EP已基本完成顶层设
                                                    计、功能研发、联调测试
                                                    等工作，将稳妥推进数字
                                 2017年1月  央行正式    人民币出台应用
                                 成立数字货币研究所
                                                    2020年4月以来  数字人民
                                 2017年2月  央行推动    币进入"十地一场景"封闭
                                 的基于区块链的数字票    试点测试阶段
                                 据交易平台测试成功，
                                 标志数字货币在数字票    2021年2月  中国人民银行数
        2014年  中国人民银     据场景的应用验证落地    字货币研究所加入多边央行
        行成立法定数字货币                            数字货币桥研究项目（m-
        专门研究小组           2018年1月  央行数字    CBDC Bridge），探索基于
                              票据交易平台实验性生    DLT的跨境支付应用
        2016年1月  首次对     产系统成功上线试运行
        外公开发行法定数字
        货币的目标

         萌芽阶段              准备阶段              发展阶段
      （2014—2016年）       （2017—2018年）       （2019年至今）
```

图 1-1　中国法定数字货币研发进程

资料来源：笔者根据公开信息绘制。

（2）中国香港金管局和泰国央行利用法定数字货币创建跨境支付新范式。中国香港金管局和泰国央行于2018年启动了法定数字货币联合研究项目Ithanon-LionRock，共同研究法定数字货币于跨境支付的应用。2019年12月，双方完成了以分布式账本技术为基础的概念验证。① LionRock项目是中国香港金管局于2017年开始的法定数字货币研究，重点关注分布式账本技术对现有金融系统的影响和处理跨境支付面临的难题。Inthanon项目是泰国央行独立开展的法定数字货币研究，共分为两个阶段。第一阶段研究了现金代币化、债券代币化、拥堵解决方案和自动化的流动性供给机制等领域。第二阶段研究了债券生命周期管理、银行间回购和交易的券款对付以及数据对账与合规。在Inthanon-LionRock联合研究项目中，中国香港金管局与泰国央行重点研究跨境券款对付和同步支付交收，包括跨境结算的效率、流动性管理的效率、本地监管合规性以及实现更广阔的应用场景。Inthanon-LionRock项目目前

---

① 毕马威：《全球法定数字货币概览：从迭代到实施》，https://www.vzkoo.com/doc/25656.html? a=3。

仍处于概念验证测试阶段，未来还将继续深入研究法定数字货币相关的技术、运营、监管和法律问题。

（3）新加坡金融管理局利用法定数字货币打造批发端数字化金融中心。新加坡金融管理局2016年推出Ubin项目，探索以区块链和分布式账本技术为基础的支付和证券交易清算与结算模式。[1] Ubin的主要目标是削减跨境支付和结算成本，缩短结算时间，确保交易安全。项目第一阶段研究了新加坡元数字代币在银行间支付的应用；第二阶段研究了分布式账本技术是否能满足实时全额支付系统的特定功能；第三阶段测试了跨区块链结算数字资产时的券款对付能力；第四阶段对跨境支付进行了试验；第五阶段证明了支持多币种支付的区块链网络模型可以提升跨境支付功能；第六阶段的技术研发将围绕交易和结算展开。此外，2020年6月，在上海陆家嘴论坛，新加坡金融管理局局长RaviMenon表示，新加坡愿意与中国在数字货币方面开展紧密合作。[2]

（4）柬埔寨央行利用法定数字货币促进金融普惠发展。柬埔寨央行于2020年6月发布了基于区块链的支付项目Bakong的白皮书。Bakong项目旨在推广电子支付、为消费者和中小微企业提供创新信贷产品、提高支付系统处理能力、增强金融监管能力以及弱化美元主导地位。截至2021年6月，Bakong电子钱包的用户达到20万人，共产生150万笔交易记录，交易金额约5亿美元。柬埔寨计划到2025年，将金融排斥程度[3]从27%降低到13%，将正规金融服务使用率从59%提升到70%，以提高家庭福利、支持经济增长。[4] Bakong主要满足零售端需求，采用双层流通框架和分布式账本技术。Bakong还使用"Yet Another Consensus"共识机制，保证每次交易时间在5秒及更短的时间内完成，交易网络吞吐量在1000—2000TPS，具有较强的扩容潜力。[5]

（5）沙特阿拉伯和阿联酋央行合力打造跨境法定数字货币支付体

---

[1] 新加坡金融管理局，https://www.mas.gov.sg/schemes-and-initiatives/project-ubin。
[2] 第一财经，https://www.yicai.com/news/100672135.html。
[3] 指在金融体系中人们缺少分享金融服务的一种状态。
[4] 日经亚洲，https://www.webull.com/news/44380703。
[5] 毕马威：《全球法定数字货币概览：从迭代到实施》，https://www.vzkoo.com/doc/25656.html?a=3。

系。2019年1月，沙特阿拉伯和阿联酋正式宣布了Aber项目，目的是创建一个沙特—阿联酋的联合法定数字货币，利用分布式账本技术结算两国辖区内商业银行之间的跨境交易，以方便两国贸易。2020年12月，阿联酋、沙特阿拉伯央行发布了Aber项目的试验报告。报告显示，法定数字货币的跨境支付不仅技术可行，而且在架构弹性方面优于集中支付系统。该报告提出了Aber下一步的研究计划，包括采用分布式账本技术来提高现有支付系统的安全性，以及扩大试验范围以囊括更多地区的合作伙伴。

（6）乌拉圭央行稳步测试法定数字货币的潜在优势与风险。乌拉圭央行于2017年9月至2018年4月测试e-Peso项目，发行了2000万数字货币形式的乌拉圭比索（e-Peso），并基于P2P、B2B和B2C付款场景分别测试了e-Peso的发行和分发。e-Peso项目是为了应对现金使用率不断降低和传统支付成本较高的问题，旨在建立数字支付基础设施和促进普惠金融发展。e-Peso支持离线付款功能、匿名交易和即时结算。每张e-Peso钞票都具有唯一的加密签名和具体的面额，不可以像其他数字货币一样分割。本次测试证明了使用e-Peso代替现金或支票支付可以节省约占GDP0.65%的成本。[①] 不过，由于首次测试中没有商业银行参与，因此难以评估e-Peso对金融系统以及货币政策的影响。乌拉圭央行正在准备进入下一测试阶段，评估e-Peso的匿名性、计息特征以及对乌拉圭经济的影响。

（三）正在测试国家研发进展的总结

总结正在测试国家对法定数字的研发进展，我们可以发现各国普遍处于较为初步的研发阶段。除了中国已经在"十地一场景"[②]展开数字人民币试点之外，其余国家的法定数字货币仍处于概念验证阶段。而且目前各国的概念验证还基于小范围和小场景，仅初步验证了法定数字货币底层技术和支付系统的可行性，对于法定数字货币的系统容量、安全性、隐私保护、是否计息以及对经济金融的冲击等尚未展开测试。此外，各国尚未决定如何调整法律和监管框架，以适应法定数字货币的大

---

① 国家金融与发展实验室，http://www.nifd.cn/ResearchComment/Details/2660。
② 雄安、苏州、成都、深圳、上海、长沙、海南、青岛、大连、西安和冬奥会场景。

范围使用。例如，根据《人民币管理条例》第二条"本条例所称人民币，是指中国人民银行依法发行的货币，包括纸币和硬币的规定"，现行法律中人民币的范畴并未包含数字人民币。因此，有关部门应在立法中将数字人民币作为形态之一纳入人民币范畴，明确数字人民币的定义、性质和定位（杨东和陈怡然，2021）。

发达与发展中国家和地区在货币类型和技术路线中呈现出不同的选择。在货币类型方面，发达国家侧重于研究批发端法定数字货币，而发展中国家更青睐零售端法定数字货币。这主要是由于各国研发法定数字货币的目的不同。发达国家的金融基础设施完善，研发法定数字货币主要是为了提高批发端的支付结算效率和跨境结算效率，因此更加重视批发端，比如加拿大的 Jasper 项目和日本与欧盟的 Stella 项目。而发展中国家的支付基础设施尚不完善，研发法定数字货币的主要目的是提高金融包容性，因此更加重视零售端，例如巴哈马的 Sand Dollar 项目和柬埔寨的 Bakong 项目。不过，当前随着无现金支付的普及，越来越多的发达国家和地区对零售端法定数字货币进行了评估，例如英国、欧盟和日本。在技术路线方面，发达国家为了提高支付结算效率，更愿意探索分布式账本技术，例如 Jasper 项目和 Stella 项目都针对分布式账本技术进行了多轮测试。而发展中国家更支持中心化管理，对于技术选择持中立态度，可能采用集中式账本和分布式账本的结合。例如，数字人民币不预设技术路线，既有可能基于分布式账本，也有可能在现有电子支付系统基础上研究新技术。

大部分开展了法定数字货币测试的国家呈现出追求合作、共建共赢的发展理念。一方面，各国积极寻求国际合作，共同丰富法定数字货币的跨境支付场景。例如，中国于 2021 年 2 月加入多边央行数字货币桥（m－CBDC Bridge）项目，与中国香港、泰国和阿联酋合作研究基于分布式账本技术实现法定数字货币跨境交易全天候同步交收结算，以便利跨境资金调拨和国际贸易结算，优化亚洲投资环境。[①] 此外还有日本与欧盟的 Stella 项目、阿联酋和阿拉伯的 Aber 项目等跨境合作项目。另一方面，各国中央银行在测试和推广法定数字货币时，积极与商业银行

[①] 人民网，http://finance.people.com.cn/n1/2021/0224/c1004－32035729.html。

和科技公司合作，利用私人部门的客户资源、技术优势和应用场景，共创法定数字货币生态。例如，英国央行将委托满足监管标准的私人"付款接口提供者"（Payment Interface Providers，PIP）提供支付界面、验证用户身份与零售商收款等服务。在东加勒比的 DXCD 项目中，科技公司 Bitt 负责提供操作系统与技术培训，金融机构负责管理零售 DX-CD 的访问权限，处理客户服务和管理支付风险等。[①]

总而言之，各国法定数字货币的测试仍处于较初级的阶段，对于大范围应用以及对经济的影响等研究还不深入，且发达和发展中国家和地区对货币类型和技术路线的选择各有侧重。不过，各国均采取积极的合作态度，共拓法定数字货币生态。

三 提出研发计划国家和地区的研发概况

BIS 与 CPMI 的调查认为，在未来 3 年内，代表世界 1/5 人口的央行很可能发行通用的法定数字货币。然而，虽然各国的研究逐渐兴起，但距离全球接受法定数字货币可能仍需要数年的时间。大约 60% 的受调查中央银行认为在短期和中期不发行任何类型的法定数字货币。此外，法定数字货币的合法性仍然是一个悬而未决的问题。48% 的央行不确定它们是否有权发行数字货币，而 26% 确定它们没有（Boar and Wehrli，2021）。总体而言，多数中央银行没有正式发行法定数字货币或者开展测试，只是提出了研发计划。表 1-3 列举了提出研发计划的国家或地区、项目以及主要设定安排。

表 1-3 提出研发计划的国家和地区的研发概况

国家/地区	年份/名称	设定安排	国家/地区	年份/名称	设定安排
乌克兰	2016 e-hryvnia	零售端； 分布式账本	土耳其	2019 N/A	零售端； 分布式账本
马绍尔群岛	2018 SOV	零售端； 分布式账本	加纳	2019 e-cedi	零售端； 双层流通框架
瑞士	2019 N/A	批发端；	英属维尔京群岛	2019 BVI-LIFE	基于代币； 分布式账本； 盯住美元

[①] 东加勒比央行，https：//www.cemla.org/actividades/2019-final/2019-11-semana-de-pagos/2019-11-semana-de-pagos-5.pdf。

第一章 全球法定数字货币的发展现状与趋势

续表

国家/地区	年份/名称	设定安排	国家/地区	年份/名称	设定安排
韩国	2019 N/A	零售端； 分布式账本	美国	2020 Didital Dollar	零售端； 双层流通框架； 分布式账本； 基于代币
东加勒比	2020 DXCD	零售、批发端； 双层流通框架； 分布式账本	澳大利亚	2020 N/A	分布式账本
欧盟	2020 e-Euro	零售端	法国	2020 N/A	批发端； 分布式账本
英国	2020 N/A	零售端； 双层流通框架	白俄罗斯	2021 N/A	零售端； 双层流通框架； 基于代币

资料来源：笔者根据公开信息整理。

四 各国研发现状总结与未来展望

总结各国的研发现状，我们可以发现发达国家、发展中国家和地区对法定数字货币的态度有所不同。在批发端和跨境支付场景取得研究进展后，发达国家开始评估零售端法定数字货币的效率和风险，持有相对谨慎的态度。例如，英国、欧盟和加拿大等对零售端法定数字货币的概念特征和运行模式进行了研究，表示要审慎评估零售端法定数字货币的支付安全、网络风险、对货币政策的影响以及可能引致的金融风险。而日本和瑞典对零售端法定数字货币的态度较为乐观，项目进展也相对较快。发展中国家和地区研发法定数字货币的动机则较为强烈。例如，已经发行法定数字货币的国家多是第三世界的小国，它们希望法定数字货币能够提高本国金融包容性和货币独立性。由于零售端法定数字货币技术要求低、更能满足大众支付需求，绝大多数发展中国家的研究围绕零售端法定数字货币而进行。

展望未来法定数字货币的研发趋势，我们可以总结出以下四点现象或规律。第一，法定数字货币的实质性推行必须以完善的法律框架和监管制度为基础。目前，全球还没有针对法定数字货币的规范法律框架和

法定数字货币：研发趋势与应用实践

监管制度，各国央行需要评估其法律框架在多大程度上以及何种条件下允许发行法定数字货币。国际货币基金组织和国际清算银行将组织主要国家共同协商统一的法定数字货币法律框架，供各国参考。第二，零售端法定数字货币是未来的研究重点。零售端法定数字货币可以提升零售支付效率，优化货币政策，提升普惠金融效率和金融监管效率。第三，各国央行研究法定数字货币的目标有所转变。发达国家研发初期是为了应对现金使用率下降和提升货币政策传导效率，而后期是为了抵御数字美元冲击和维护货币主权。发展中国家研发初期旨在提升国内支付效率，改善对中小企业的融资服务，而后期旨在增强金融稳定性和货币政策有效性。第四，随着研发目标的转变，研究内容的侧重点也将有所变化。各国的研究将在技术路线、运营框架和标准设定等基础内容上，更加重视法定数字货币的计息特征、隐私伦理、数据安全、经济影响和跨境支付等问题。

总而言之，随着数字人民币项目持续推进和数字美元项目的出台，各国将会愈加重视法定数字货币的国际竞争。数字美元项目是美国延续美元霸权的重要抓手，为了应对数字美元的冲击，各国可能合作研究法定数字货币的跨境支付应用，重构数字货币时代的国际货币格局。无论是竞争还是合作，法定数字货币发展日新月异，将给未来的金融体系带来全新面貌。

第三节　各国发行法定数字货币的目标与配套方案

通过跟踪各国法定数字货币的研发进展，我们将对目前各国发行法定数字货币的战略目标与配套方案进行系统性的总结。图 1-2 显示了法定数字货币不同层次发行目标需要满足的特征和配套的设计方案。根据各国央行对法定数字货币的不同需求，我们把法定数字货币发行目标从低到高划分为：提升支付体系效率和安全、改善货币政策操作框架和提升国际货币竞争能力。我们可以发现，较低层次目标所选择的设计方案将会成为高层次目标设计方案的基础。

法定数字货币的发行是一项非常复杂的系统性工程，不仅涉及技术问题，更需要考虑金融安全、经济发展和社会稳定。如图 1-2 所示，法定数字货币的特征选择和设计方案需要考虑三方面因素：法律法规和监管、风险管理和治理、基础设施和技术。这三个方面是保证法定数字货币平稳发行和推广的基础。盲目推出法定数字货币可能会威胁到国家经济和金融的安全。基于此，本节将系统总结各国发行法定数字货币的目标与配套方案。

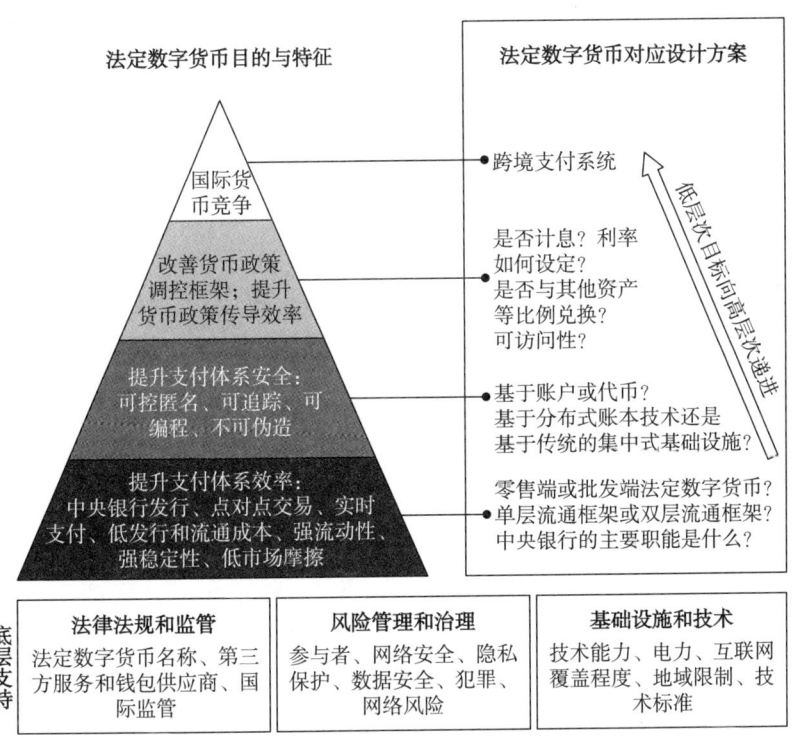

图1-2 法定数字货币的目标和配套方案

资料来源：笔者根据公开信息绘制。

一 初层次目标与配套方案

改善国内支付体系的效率与安全一直是各国发行法定数字货币最基础和最核心的目标。各国央行基于这一初层次目标，在制定法定数字货币配套方案时主要考虑货币类型、流通框架、支付系统与访问方式四个方面。

（一）法定数字货币类型的选择

当前，世界各国积极推行法定数字货币的首要目标就是优化支付体系，提升支付系统的竞争力、效率、弹性和安全。随着移动互联网技术和数字经济的发展，各国居民热衷使用更为便捷的信用卡和第三方支付工具等非接触式支付，世界各国的现金使用率正日益降低。为了保证法定货币在流通领域的地位以及借助数字货币提升支付效率和安全，各国央行在法定数字货币提案中推出两类货币："零售端法定数字货币"（面向公众发行）和"批发端法定数字货币"（面向持有中央银行存款的金融机构发行）（Löber and Houben，2018）。

零售端法定数字货币面向公众发行，既要满足现金的普适性特征，也需要拓宽现金的职能。已开始研究法定数字货币的国家中，目前多数国家首推零售端法定数字货币提案，如瑞典的 e-krona 项目、日本的通用 CBDC 项目、立陶宛的 LBCoin 项目、加拿大的 CADcoin、美国的 DigitalDollar 和中国的数字人民币项目。从以上国家的提案来看，零售端法定数字货币的定位主要是替代纸币，但对于法定数字货币是否能完全替代纸币地位，各国的研究还存在争议。当前条件下，零售端法定数字货币还不能满足现金的全部特征，它们必须依靠绝对安全的可信计算技术和安全芯片、稳定的运行环境以及配套的数字化设备。因此，零售端法定数字货币能否真正实现广泛推广和如何提高推广的经济效率是各国央行的主要顾虑。

批发端法定数字货币面向持有中央银行存款的金融机构发行，可以降低金融交易结算系统的运营成本、抵押品需求和流动性占用，从而提高支付结算效率（封思贤和杨靖，2020）。与零售端不同，批发端的访问将受到限制。为了保护交易的机密性，只有金融机构和中央银行才有权进入批发端市场。目前，计划推出批发端法定数字货币的国家比较少，而且对于新兴市场国家和发达国家，它们研发批发端法定数字货币的目的完全不同。对于新兴市场国家，研发批发端法定数字货币是为了推动本国金融的市场化发展，提高国内支付效率、支付安全和金融稳定，打造新型智能化金融中心，例如新加坡的 Ubin 项目、冰岛的 Rafkrona 项目和东加勒比的 DXCD 项目。对于发达国家，其批发市场货币已经完全电子化，整个支付结算系统十分成熟和完善，研发批发端法定数字货币是为了开拓新的跨境支付体系，在未来国际数字货币竞争中占有一席之地，例如加拿大的 Jasper 项目和日本与欧盟合作的 Stella 项目。

(二) 法定数字货币流通框架的选择

法定数字货币发行所面临的一个基本问题是：如何处理公众、金融中介与中央银行的关系。根据中央银行和金融中介的关系，法定数字货币的流通框架被分为三类：单层流通框架、双层流通框架和混合流通框架 (Auer and Böhme, 2020)。三者最大的区别是货币发行是否通过金融中介，即商业银行或其他金融机构。

三种框架各有利弊，各国央行需要结合已有的流通体系对其进行比较和权衡 (范一飞, 2018)。单层流通框架是指中央银行直接向公众发行法定数字货币。单层流通框架简单而直接，它消除了公众和企业对金融中介的依赖。然而，单层流通框架面临着中央银行和商业银行在资源分配方面，谁的效率更高的问题。此外，在技术上，中央银行也必须重新建立基础设施，这不仅需要巨大的投资，也可能会产生新的风险。双层流通框架是指法定数字货币的流通运行保留传统的"中央银行—商业银行"的二元模式，在传统的商业银行账户体系下引入数字货币钱包。双层流通框架可以降低法定数字货币发行对现有流通体系的冲击，调动商业银行积极性并分散风险。而双层流通框架的缺点在于中央银行只能获取到关于批发市场的信息，不能实时获取个人交易的信息。混合流通框架是指中央银行负责法定数字货币的发行，而具体的流通和管理则委托给商业银行或第三方支付机构负责。

当前，各国的法定数字货币提议倾向采用不同的流通框架。一方面，为了减少法定数字货币对现有货币体系的冲击，多国明确提出将采用双层流通框架，例如瑞典的 e-krona 项目、日本的通用 CBDC 项目与中国的数字人民币项目等。另一方面，为了提升法定数字货币的支付效率，也有国家尝试构建单层流通框架，例如立陶宛的 LBCoin 项目、乌拉圭的 e-Peso 项目和乌克兰的 e-hryvnia 项目。此外，也有部分国家和地区不限定具体的流通框架，而是尝试测试三种流通框架的可行性、效率和稳定性问题，综合得到最优的选择，例如欧盟的数字欧元项目和加拿大的 CBDC 应急计划。

(三) 法定数字货币支付系统的选择

法定数字货币的支付系统包括传统的集中式支付系统和基于分布式账本技术的分布式支付系统。图1-3显示了两者的区别，集中式支付系统需要一个核心的结算和清算部门，而分布式支付系统依赖于分布式账本。分布式账本是一个可以在多个站点、不同地理位置或者多个机构组成的网络里实现资产分享的数据库（钟伟等，2018）。分布式账本由分布在不同位置的多个节点共同组成，并且每个节点都记录了完整的账目，它们都可以参与监督交易的合法性，不需要核心节点（如银行或结算所）来维护其所拥有数据的真实性，因此效率更高。此外，某一个节点的崩溃不会影响整个支付系统的运行，因此分布式账本具有更高的稳定性和安全性。

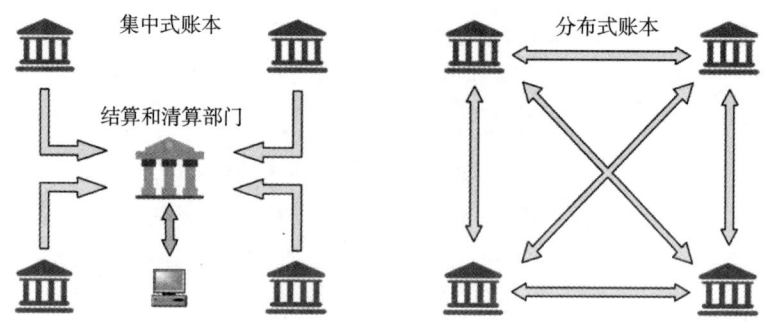

图1-3 集中式账本和分布式账本的区别

资料来源：笔者根据公开信息绘制。

分布式账本虽然可以提高交易效率和安全性，但是也存在缺陷。一方面，分布式账本操作成本很高。为了防止重复花费，交易验证者需要使用大量的工作来完成"验证"计算。另一方面，分布式账本不利于保护隐私。分布式账本中，所有的交易都公开记录在每个节点上，这并不适合许多金融市场的应用。

各国央行主要从"去中心化"、安全性、弹性、性能和长期代币化策略等方面对两类支付系统进行评估。首先，部分央行正在权衡"去中心化"和权力下放的好处是否大于风险。例如，立陶宛的LBChain项目、法国区块链项目 Ledgity 和巴哈马的沙元项目（Project Sand Dollar）都在评估"去中心化"的风险。其次，部分央行正在评估两类支付系统的安全性。大多数中央银行对于中心数据库的管理技术和经验已十分成熟，然而分布式账本需要管理多个副本，中央银行难以确保其安全性。出于安全性考虑，日本央行和欧洲央行合作的 Stella 项目正进行与分布式账本相关的多次测试。再者，部分央行正在评估两类支付系统的弹性。两类支付系统都不具备完全弹性，都将面临网络安全、硬件损耗、电力或网络中断和云服务中断等风险。分布式账本可以通过减少单点故障增强整体弹性，但难以抵御针对网络层或应用程序层的攻击。为此，新加坡的 Ubin 项目基于分布式账本技术构建了多个支付平台，并检验不同平台的风险与效率。最后，部分央行将评估两类支付系统的性能和代币化策略。分布式账本有利于实现数字货币代币化，因此，大多数央行计划采纳分布式支付系统，例如英国的 RSCoin 项目、瑞典的 e-krona 项目和乌拉圭的 e-Pesos 项目。

（四）法定数字货币的访问方式选择

在确定法定数字货币的流通框架和支付系统后，央行需要考虑的是如何以及向谁提供法定数字货币的访问权限。目前，法定数字货币的访问方式主要有两种：基于账户和基于代币，两者的区别在于是否有第三方运营商参与，详见图 1-4。账户主要指商业银行账户，即数字货币存储在与持有人相关联的银行账户中，只能在线访问。在基于账户的范式中，交易是资产从一个账户到另一个账户的转移。账户既可以由中央银行直接管理，也可以由金融中介机构进行管理。代币建立在分布式账本的基础之上，代表拥有并且可以转移给他人的数字资产，比如比特币、莱特币和 Libra 等。在基于代币的范式中，用户证明其合法持有法定数字货币即可进行交易，不需要绑定账户。

两种访问方式各有利弊，所依托的支付系统也完全不同。基于账户的法定数字货币需要存储或链接到持有者的账户中才可以在线访问，且仅限在线使用。基于账户的访问方式依赖集中式支付系统，账户的维护离不开中心机构，信用风险和结算风险始终存在且无法消除。基于代币的法定数字货币可以链接到物理介质，该物理介质可以但不一定是专用的（例如硬盘驱动器或支付卡），并具有所有权的特征。在交易时，代币的接受者可以使用私钥自行验证代币的真实性和交易的合法性，不需要第三方运营商的参与。但基于代币的访问方式也具有局限性。一方面，如果最终用户不能保密他们的私钥，就会面临较高的资金损失风险。另一方面，基于代币模式有更强的匿名性，反洗钱和反恐融资将会面临很大挑战。

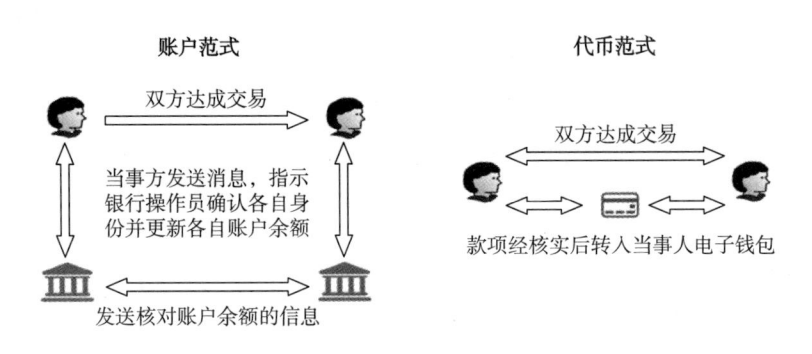

图 1-4　基于代币和基于账户的区别

资料来源：笔者根据公开信息绘制。

当前技术背景下，基于账户和基于代币的缺陷还很难弥补，大多数央行同时使用两种方案，或者在账户基础上引入代币系统。例如，2019 年，瑞典央行表示虽然 e-krona 项目还未最终决定，但不完全排除基于账户的法定数字货币，基于代币的方案也在测试中。2020 年，瑞典央行综合讨论了 e-krona 的访问方式及其依托的支付系统，提出了四种供给模式（Armelius et al., 2020），包括无中介的中心式模式（Centralizede-krona provision without intermediaries）、有中介的中心式模式（Centralized model with intermediaries）、有中介的分布式模式（Decentralized solutions with intermediaries）与合成模式（Synthetice-krona）。

二　中层次目标与配套方案

法定数字货币的中层次目标是改善货币政策操作框架和提升国际货币竞争能力。近年来，由于经济下行和疫情冲击，欧美频繁降息，货币政策操作空间受限，法定数字货币被寄予优化货币政策的厚望。西方学者提出，对法定数字货币计付利息可以打破流动性偏好引起的"零利率下限"①，为实施负利率政策创造条件（Barrdear and Kumhof，2021）。此外，法定数字货币的发行可能会改善货币政策传导效率（Davoodalhosseini，2021）。法定数字货币可以加速政策利率向货币、贷款和存款市场的传递。特别是若法定数字货币是一种富有吸引力的资产，那么其对货币政策的影响可能会更加明显。然而，法定数字货币对货币政策传导的影响程度依赖其设计特征。法定数字货币只有成为一种新的、流动性强的央行负债，才可能会对政策性利率向货币及其他市场的传导产生影响（Meaning et al.，2021）。

法定数字货币对货币政策传导效率的潜在影响体现在以下三点。第一，法定数字货币可能会改变货币需求对利率变化的敏感性（Fernández-Villaverde et al.，2021）。若法定数字货币可以提升金融包容性，使更多家庭和企业接触到对利率敏感的金融资产，则货币政策的效果可能会加强。第二，法定数字货币可能会改变汇率传导渠道（Meaning et al.，2021）。法定数字货币将促进中央银行进行更积极的货币管理，在给定的市场汇率变化下，这可能导致汇率波动加大。第三，法定数字货币可能会强化银行信用创造功能（Parlour et al.，2020）。若各国央行通过将法定数字货币注入银行体系为银行提供稳定的资金，货币政策则可以通过这种渠道影响银行的信誉和融资成本，银行信用创造也可以得到维持。

法定数字货币与其他金融资产间的替代效应是其影响货币政策传导的主要路径。法定数字货币的替代效应将影响不同类型的金融资产。无息的零售法定数字货币主要替代现金（基于代币的法定数字货币）和商业银行存款（基于账户的法定数字货币）。付息且易于转让的法定数字货币可以替代货币市场工具，例如政府票据、逆回购、中央银行票据和外汇远期等。然而，法定数字货币的替代效应将受到以下因素的影响：法定数字货币是否计息；法定数字货币的利率是固定还是浮动；法定数字货币利率是否随政策利率而变动；其利差是恒定还是变化。这些

---

① "零利率"陷阱也即凯恩斯提出的流动性陷阱。由于人们有流动性偏好，当利率低至一定水平时，人们宁愿持有现金，也不愿意将财富以资本的形式投资，货币需求弹性无限大，再宽松的货币政策也无法改变市场利率。

设计特征都将影响公众对法定数字货币的需求。如果法定数字货币对其他金融资产的替代效应有限，其对货币政策传导的影响也将有限。根据替代程度的不同，中央银行可能需要一个更大的资产负债表来实施货币政策。

各国央行对于法定数字货币是否付息还存有巨大的争议。大多数央行出于对未知风险的防范，决定不对法定数字货币计息，例如新加坡的 Ubin 项目、英国的 RSCoin 系统、日本和欧洲的 Stella 项目和立陶宛的 LBCoin 项目。我国认为，数字人民币应该坚持 M_0 定位，因此也不对数字人民币计息，防止数字人民币与银行存款产生竞争（范一飞，2020）。此外，部分央行也考虑在未来推出计息的法定数字货币，尤其是发达国家。瑞典央行提出 e-krona 暂时不计息，但也预留相应的功能，以便未来使用。美联储评估了计息的效率和风险，还处于观望态度。美联储提出法定数字货币的计息功能可能会加强货币政策传导。然而，作为一种计息工具，法定数字货币在很大程度上类似于银行账户，可能会使法定数字货币对银行的影响复杂化。加拿大央行也提出将考虑对法定数字货币付息，以改善货币政策传导效率。法国央行也认为对法定数字货币付息是有利的，但是针对不同类型的法定数字货币，其适用的付息方式不一样。

三　高层次目标与配套方案

法定数字货币的高层次目标是在国际竞争中占据主导权，为此各国纷纷测试法定数字货币在跨境支付中的应用。当前，全球跨境支付体系流程繁复、耗时长、效率低且费用高昂。在私人数字货币计划兴起之后，全球央行迫切关注数字货币能否提高跨境支付的效率并降低相关成本。法定数字货币可以为跨境支付体系的建设和改革带来诸多新机遇。特别是，数字化可以打通原有国际货币体系的硬边界，创造新的机会空间，使货币竞争发生根本性变化，打造新的国际货币体系。因此各国积极推进法定数字货币在跨境支付领域方面的研究。

新冠肺炎疫情暴发之后，美国开始重视对数字美元的研发，使得全球法定数字货币的竞争日渐白热化。美国拥有全球化的支付结算系统：纽约清算所银行同业支付系统（CHIPS）和美联储转移大额付款的系统（Fedwire），在跨境支付方面已经建立了金融霸权。美国垄断国际货币金融交易市场，利用其对跨境阶段系统的垄断单边制裁其他国家，使其他国家的国际贸易往来无法顺利进行，直接损害了其他国家正当利益。美国研发数字美元的主要目的是维持美元在国际货币体系中的主导地位。在数字化时代，美元要想继续保持世界主要储备货币的地位，必须成为一种数字化货币，保持对数字化商品的计价、交易和支付功能。美国积极筹谋建立数字美元的跨境支付体系，提出数字美元将与 Fedwire 并存，以代币化的货币资产补充现有基于账户的支付体系。数字美元通过支持原子交易（券款对付方式和同步交收方式），不仅可以提供基于账户之外的访问中央银行资金的方式，还可以缓解现有代理行模式下的时间延迟和高成本问题，提高数字美元国际支付的竞争力。

除了数字美元项目之外，Libra 的推出将强化数字美元的国际竞争力。2019 年 6 月，Facebook 发布了 Libra 白皮书，私人超主权货币的稳定性及其对各国主权货币的冲击使得 Libra 受到各国监管部门的强烈质疑。因此，2020 年 4 月，Libra2.0 摒弃了替代主权货币的计划，引入了大量合规设计，试图减弱各国抵制，融入世界主权货币体系（姚前，2020）。然而，无论 Libra2.0 如何重新定位，其都有可能与数字美元结合，通过借助美元信用强化自身的支付功能；而数字美元则通过 Facebook 的网络和技术优势强化自身地位。扎克伯格表示 Libra2.0 的储备金将主要是美元（最少占 50% 以上），它可以巩固美国在全球货币、金融和经济市场中的主导地位。

美国提出关于数字美元的研发计划后，其他国家和地区基于法定数字货币的跨境试点也开始提上日程，例如加拿大央行与新加坡金融管理局共同推出的 Jasper-Ubin 项目、日本央行和欧洲央行推出的 Stella 项目、泰国央行和中国香港金融管理局联合研发的 Inthanon-LionRock 项目。各国央行如果可以相互合作，围绕标准化的立法框架，构建法定数字货币的跨国支付体系，不仅将大大促进跨境支付效率，还能缓解数字美元的冲击。可以预见，未来各国都希望抓住主权货币数字化的机会，抢占国际数字货币的主导权。

第二章

法定数字货币与其他货币的比较分析

随着经济社会的发展与金融科技的进步，法定数字货币应运而生。如何界定法定数字货币与私人数字货币、电子货币、纸币等其他现存货币的特征差异，是各国中央银行在研发法定数字货币时需要考虑的首要问题。本章将详细分析法定数字货币与其他货币的区别，在此基础上探讨法定数字货币的优势与劣势，并尝试针对中央银行职责的转型提出建议。

第一节 法定数字货币与其他货币的区别

数字技术发展为法定数字货币的支付结算、价值创造、交易信用等问题提出了新的解决方案，赋予其区别于其他传统货币的独有特性。2018年，国际清算银行把法定数字货币定义为由央行发行的可实现移动支付的数字货币。法定数字货币可分为两类：零售端法定数字货币和批发端法定数字货币。零售端法定数字货币旨在让个人使用；批发端法定数字货币旨在让银行或其他金融机构进行大额交易与银行间清算（Boar et al.，2020）。本节将从价值内涵、技术手段和经济影响三个方面比较零售端法定数字货币与其他零售端货币类型的区别，以及比较批发端法定数字货币与其他批发端货币类型的区别。

一 零售端法定数字货币与私人数字货币的区别

私人数字货币是指由私人机构或部门采用区块链等技术发行的具有

"去中心化"、可编程性、匿名性等特征的数字货币,典型代表有比特币、莱特币和 Libra(姚名睿,2018)。零售端法定数字货币虽承袭了私人数字货币的可编程性等特征,但也具有区别于私人数字货币的特质(Ali et al.,2014)。下文详细阐述了两类货币在价值内涵、技术手段、经济影响方面的区别,并在表 2-1 中总结归纳两类货币在这三个方面的异同点。

表 2-1　零售端法定数字货币与私人数字货币的异同点

		零售端法定数字货币	私人数字货币
价值内涵	本质属性	法定货币	虚拟商品
	价值尺度	国家信用,计价稳定	私人信用,根据市场供需变化产生价值波动
	法律性质	法偿地位,流通环境下不得拒收,用于零售市场	无法偿性与普偿性,用于零售市场
	储存形式	数字	磁卡或账号
技术手段	安全性	较高	较低
	匿名性	可控匿名	可追溯
	支付工具	数字钱包、数字账户	私人线上虚拟账户
	支付结算系统	央行系统、互联互通平台(运营机构)	互联网特定支付清算平台
	支付方式	在线、离线	在线
	运行机制	"中心化"/"去中心化"	"去中心化",加密算法为核心的区块链技术
	运行环境	开源软件以及 P2P 网络	企业服务器与互联网
经济影响	发行动机	代表国家信用及社会整体利益	追求社会接受度最大化或利用最大化
	功能作用	货币政策传导、测度、调整等功能	私人支付媒介
	应用场景	现金替代品、存储、支付结算、国际结算	交易支付、投资
	结算成本	免费	较低

资料来源:笔者根据公开信息整理。

第一，从价值内涵来看，零售端法定数字货币弥补了私人数字货币在货币三大基本职能（价值尺度、交易媒介和价值储藏）方面的先天缺陷。在价值尺度方面，私人数字货币的价值没有保障，零售端法定数字货币则具有中央权威保障。私人数字货币一般由特定私人机构发行，它的信用由支撑技术与共识发行机制担保，难以作为稳定的衡量商品价值的工具（胡可，2020）。而央行可以根据宏观经济形势、全社会商品生产交易数据和货币流通情况，实时调控法定数字货币供应量，因此零售端法定数字货币的币值更加稳定（陈燕红等，2020）。在交易媒介方面，币值稳定是货币实现大范围应用的前提条件。私人数字货币的价值波动巨大，因此通常被学者与业界视为"投机产品"，不能成为广泛使用的交易货币。零售端法定数字货币的研发初衷之一就是作为现金替代品，改变零售端用户的交易生态，它可以被普遍使用。在价值储藏方面，私人数字货币存在价值泡沫，通常被视为投机资产，零售端法定数字货币则可以作为流动性资产被贮藏（乔海曙等，2018）。

第二，从技术手段来看，与私人数字货币相比，零售端法定数字货币的交易能耗更低、安全性更高且规模更大。在能耗方面，零售端法定数字货币的环保性更好。以比特币为例，比特币不依靠特定货币机构发行，它依据特定共识机制[①]，通过计算机硬件资源进行大量计算，获取比特币的位置，在通过全网其他节点验证后进行储存，这个过程也称为"挖矿"。根据 Jiang 等（2021）开发的比特币区块链碳排放模型（BBCE）可知，比特币"挖矿"过程中所产生的网络能耗和碳排放量非常巨大，会对环境产生重大影响。目前，已有许多国家将"环保"纳入研发零售端法定数字货币的考虑因素，力图改善底层核心技术机制，降低电力能源消耗与碳排放量。在安全性方面，私人数字货币的底层技术存在较高的安全隐患。网络攻击者可能会攻破私人数字货币的 PoW 机

---

① 共识机制是综合不同节点，促成共识的决策机制。目前，区块链技术的共识机制主要有 PoW（Proof of Work）、PoS（Proof of Stake）、DPoS（Delegated Proof of Stake）、PoA（Proof of Authority）、PBFT（Practical Byzantine Fault Tolerance）等。资料来源：翟冉、陈学斌：《区块链的共识机制研究》，《数据与计算发展前沿》2021 年第 3 期。

制[①]，引发密钥被盗、金钱欺诈乃至"假币"爆发等问题（陈鸿祥，2017）。为避免上述问题，零售端法定数字货币研发更加注重分布式账本技术[②]在货币大规模应用时的安全性。在研发零售端法定数字货币的过程中，政府会联合产业界与学术界着力构建多场景应用的原型系统，斟酌技术的稳定性和业务适配度（姚前和陈华，2018）。在交易规模方面，零售端法定数字货币的技术可以突破私人数字货币的交易规模限制，并承载现有货币体系的交易量。私人数字货币采用特殊"挖矿"机制和全天候交易模式，每个参与节点储存、验证、共享分布式账本。每笔交易信息的验证与系统确认之间存在时间延迟，这会影响私人数字货币系统的交易频率和交易数量，使私人数字货币难以适应大规模的商用试验（刘新华和郝杰，2019）。而零售端法定数字货币可以采用微小支付、非专业节点等方式提升数据处理的性能。同时，政府部门还可以增加对光纤等网络基础设施建设的投入以提升网络带宽，从而突破网络承载力不足的"瓶颈"，强化零售端法定数字货币处理海量数据的能力（戚聿东和褚席，2019）。

第三，从经济影响来看，与私人数字货币相比，零售端法定数字货币更容易受到监管，起到稳定金融市场和优化货币政策的作用。私人数字货币在支付和结算上具有完全的匿名性，而其又脱离传统金融监管视野，加大了各国防范金融犯罪和维护金融稳定的难度（刘川等，2021）。相对而言，零售端法定数字货币的流通数据由国家掌握，能够做到法律范畴下的可控匿名，更方便央行监管。一方面，央行监管机构可以实时追溯、监测每枚法定数字货币的具体流向和交易用途，阻止黑市洗钱、腐败赃款、欺诈交易等非法交易的发生（穆杰，2020）。另一方面，详细的交易数据信息可以加强中央银行对资金流的有效监测和管理。例如，通过绑定用户身份代码与私钥归属所有权，零售端法定数字

---

① PoW 机制是一种实现"去中心化"的共识机制，也称"工作量证明机制"。PoW 共识机制依据计算机性能的工作量分配资产，并促使节点之间共同协作，更新交易数据。资料来源：王群等：《区块链原理及关键技术》，《计算机科学与探索》2020 年第 14 期。

② 分布式账本技术是对参与者交易活动进行同步记载的技术方案，具有可连续性、加密性、不可篡改性、唯一性等特征。资料来源：Authority, F. C., "Discussion Paper on Distributed Ledger Technology", 2017.

货币可以提供用户生物特征信息（指纹、面部），强化高精度身份鉴别认证效果（陈鸿祥，2017）。由于私人数字货币并不受中央银行控制，它的使用范围一旦超过一定限度，将会影响中央银行货币政策的实施和传导（Nelson，2018）。同时，私人数字货币价值具有极大的波动性，容易造成交易市场恐慌，给金融体系稳定带来威胁（袁磊和耿新，2020）。零售端法定数字货币受中央银行控制，能够满足中央银行执行金融政策的现实需求。通过运用区块链、大数据、可控云计算等科技手段，零售端法定数字货币可以为货币政策的制定者提供更加充分而准确的数据信息，使货币政策传导机制更为顺畅（乔海曙等，2018）。

二 零售端法定数字货币与电子货币的区别

电子货币只是一种支付工具，本身并不是货币。广义的电子货币本质上是一种预付费支付工具，具有存储在电子设施中、可行使支付功能、不必依赖银行账户体系等特点（张松平等，2020）。而我们日常生活中接触到的主要是基于银行账户体系的狭义的电子货币。这种货币是将现金在银行或者其他发行者处登记为相应金额的数据，通过电子途径转移银行账户中的余额进行支付，本质上是现有法定货币的电子形态的支付工具。狭义的电子货币包括借记卡型电子货币（以银行活期存款为代表）、贷记卡型电子货币（以信用卡为代表）和第三方支付。表2-2中展示了零售端法定数字货币与电子货币的异同点。下文将依次阐述零售端法定数字货币与借记卡型电子货币、贷记卡型电子货币和第三方支付的区别。

表2-2　　　　零售端法定数字货币与电子货币的异同点

		零售端法定数字货币	电子货币
价值内涵	本质属性	法定货币	现金的电子化形式
	价值尺度	国家信用，计价稳定	国家信用，计价稳定；发行机构信誉好，实力强大
	法律性质	法偿地位，流通环境下不得拒收，用于零售端市场	无法偿或普偿性
	储存形式	数字	磁卡或账号

续表

		零售端法定数字货币	电子货币
技术手段	安全性	较高	较低
	匿名性	可控匿名	可追溯
	支付工具	数字人民币钱包	银行账户（活期存款、信用卡、第三方支付工具等）
	支付结算系统	央行系统、互联互通平台（运营机构）	央行大额系统、央行小额系统、央行网上支付清算系统
	支付方式	在线、离线	在线
	运行机制	"中心化"/"去中心化"	"去中心化"
	运行环境	开源软件及P2P网络	互联网和银行结算系统
经济影响	发行动机	代表国家信用	代表国家信用或市场利益
	功能作用	货币政策传导、测量、调整等功能	便利支付、优化货币政策传导机制
	应用场景	存取、转账、消费	存取、转账、消费
	结算成本	免费	银行端：央行清算系统手续费、银行清算手续费
			客户端：收单手续费、刷卡手续费等

资料来源：笔者根据公开信息整理。

（一）零售端法定数字货币与借记卡型电子货币的区别

借记卡是指发卡银行向持卡人签发的没有信用额度、持卡人先存款后使用的银行卡。借记卡型电子货币主要表现为借记卡中存放的活期存款，其通过银行账户实现金额转移，支付额度只能以借记卡内金额为限（印文和裴平，2016）。借记卡型电子货币与零售端法定数字货币的主要区别如下：

第一，从价值内涵来看，借记卡型电子货币具有投资性质，不付息的零售端法定数字货币则没有投资性质。虽然零售端法定数字货币与借记卡型电子货币都是央行对居民的负债，具有支付、贮藏和交易功能，但是借记卡型电子货币还具备投资功能。以银行活期存款为例，因为银行债券具有流动性和支付手段的职能特征，而且银行活期存款遵循银行的存款利息制度，所以银行活期存款可以被视作一种有货币职能的债权资产和一种保守的投资方式（孙文博，2020）。而目前各国央行对零售端法定数字货币是否付息存在争论，正在试点的国家均不付息，这些国家的零售端法定数字货币不具备投资性质。

第二，从技术手段来看，相比于借记卡型电子货币，零售端法定数字货币的交易弹性和交易量更大，而且匿名性更强。虽然借记卡型电子货币与零售端法定数字货币均采用点对点支付、即时支付的模式，但是零售端法定数字货币的支付系统压力更小。这是因为分布式存储和分散式计算技术可以有效提高零售端法定数字货币支付系统的弹性和容量，缓解央行集中式支付、结算和清算的压力（彭绪庶，2020）。此外，零售端法定数字货币还可以基于区块链等技术实现有条件的匿名，规避借记卡型电子货币转账系统下的实名制风险。

第三，从经济影响来看，零售端法定数字货币可能会对借记卡型电子货币产生冲击。一方面，零售端法定数字货币安全性高、无交易成本、具备无限法偿性，并且普通用户与商户的使用积极性更高。这将会冲击借记卡型电子货币转账汇款、银行卡消费、第三方账户绑定、银行卡专用账户等产品的使用（孙文博，2020）。另一方面，零售端法定数字货币钱包支持存取现金、转账与银行电子化货币，支付结算"零成本"。出于节省成本的考虑，个人客户可能将结算业务转移至法定数字货币处理，导致跨行汇款、取现等手续费收入进一步减少。此外，商户可能会积极引导客户更多使用法定数字货币消费，从而影响银行卡手续费、商户收单手续费等收入（Mersch，2020）。

（二）零售端法定数字货币与贷记卡型电子货币的区别

贷记卡是一种提供非现金交易付款方式信贷服务的电子支付卡。不同于借记卡先存款后消费的模式，贷记卡通常具备透支功能，允许持卡人在信用额度内先消费后还款。贷记卡型电子货币主要表现为信用卡服务，信用卡通常由商业银行或者其他金融机构发行，具有消费支付、转账结算、信用贷款等部分或者全部功能。[①] 零售端法定数字货币与贷记

[①] 中国人民银行官网："全国人民代表大会常务委员会关于《中华人民共和国刑法》有关信用卡规定的解释"，http://www.pbc.gov.cn/tiaofasi/resource/cms/2018/04/。

卡型电子货币的主要区别如下：

第一，从价值内涵来看，零售端法定数字货币是履行货币职能的法定货币，但是贷记卡型电子货币只是支付工具。零售端法定数字货币本身就是法定的货币主体，具有"价值尺度、交易媒介、价值储藏"三大货币职能。而贷记卡遵守"先透支、后收款"的金融逻辑，其本质是将现金以电子化的形式储存在卡中并提供小额贷款服务的支付工具。

第二，从技术手段来看，相比于贷记卡型电子货币，零售端法定数字货币具有更高的交易效率和安全性。零售端法定数字货币用户在支付结算前无须开立结算账户，只需要注册一个数字钱包，即可以脱离网络利用数字钱包完成支付行为。而贷记卡型电子货币的交易效率较低。以信用卡为例，信用卡离不开后台账户与网络连接的技术，只能通过网银支付、手机支付或者与非金融支付机构合作的方式进行网上支付，交易范围有限，交易效率较低（罗永明，2017）。此外，零售端法定数字货币的交易密钥与资金追溯技术也为交易安全性增添了保障。

第三，从经济影响来看，相比于贷记卡，零售端法定数字货币具有较高的经济效益。以信用卡为例，虽然使用信用卡节约了大量的现金管理成本，包括中国人民银行印刷发行现金的成本、商业银行管理现金的成本、商户管理成本、滞留资金的机会成本等（刘晓娅，2013）。但是，零售端法定数字货币的交易成本更小。由于零售端法定数字货币采用付款人与收款人之间点对点直接传输的方式，所以不需要中央银行清算。相反，交易双方能够根据预先设定的条件和规则进行自动付款（彭绪庶，2020）。因此，对于中心化程度较低、结算时间长的贸易融资和衍生品等交易内容，使用零售端法定数字货币进行支付结算可以显著降低双方交易的时间成本、沟通成本。

（三）零售端法定数字货币与第三方支付工具的区别

第三方支付工具是指独立机构搭建合法交易平台，通过与银行合作，促成交易双方基于银行支付结算系统的交易。零售端法定数字货币与第三方支付的主要区别如下：

第一，从价值内涵来看，零售端法定数字货币具备法偿性，但是第三方支付工具并不具备该法律性质。第三方支付工具实质上是一种基于商业银行与金融机构的预付费支付工具，其本身并不是严格意义上的数字货币，而是对现金的电子化。零售端法定数字货币是由央行发行的具有价值和流通属性的法定货币，其本质是财富的体现形式（张倪等，2017）。此外，零售端法定数字货币作为法定货币，能被赋予法偿性。简单来说，法律允许任何人拒绝使用支付宝或者微信等第三方支付工具转账，但在技术许可的情况下，法律要求所有人不得拒收法定数字货币。因为零售端法定数字货币本质上仍是我国的法定货币，其效力由国家背书，所以拒收法定数字货币属于违法行为。

第二，从技术手段来看，相比于第三方支付工具，零售端法定数字货币能够实现离线支付、匿名支付的服务。第三方支付工具与信用卡一样，都依赖于互联网网络的畅通，尽管微信、支付宝已经允许用户离线支付，但仍需要在网络环境下才能确认交易的完成。基于分布式账本的零售端法定数字货币可以作为一串密钥存放于电子钱包，并通过蓝牙、NFC等方式实现双离线支付与移动端支付，支持离线环境、跨银行、跨支付机构支付（杨建军，2020）。而第三方支付工具一般依赖互联网技术手段，通过银行划转款项进行，会受到银行账户的制约（胡可，2020）。

第三，从经济影响来看，相比于第三方支付工具，零售端法定数字货币具有更好的金融普惠性。零售端法定数字货币具有可离线操作的技术特点，因此它能被更广泛地普及各个群体。相对于第三方支付工具来说，零售端法定数字货币可以更好地保护老人、残障人士等存在数字技术使用困难的人群的货币自由使用权，节省金融普惠性成本（Pichler et al., 2020）。与第三方支付工具不同的是，零售端法定数字货币的交易不需要依托任何金融中介所构建的交易平台。用户使用第三方支付工具时，需在第三方机构搭建的平台上进行交易，经过一定时滞，后台银行系统才会进行结算并记录账目。但是零售端法定数字货币拥有独立的支付结算系统，可以同步进行支付与结算，减少了第三方支付工具的操作环节，降低了第三方支付工具对银行系统和网络基础设施的依赖程度。这会让用户的交易过程更加灵活便捷，降低金融服务交易成本，有助于不断扩大传统金融基础设施薄弱地区的金融服务覆盖面，让更多低收入群体享受金融服务（何宏庆，2020）。

三 零售端法定数字货币与纸币的区别

纸币是一种具有以下四种特征的信用凭证：①可以在任意个体之间交换（发行方不知情）；②任何人都可以拥有；③匿名性；④无利息（Náñez et al., 2020）。而零售端法定数字货币是对纸币的一种数字化替代。表2-3显示了两类货币的价值内涵、技术手段与经济影响的异同点。下文将详细阐述零售端法定数字货币与纸币的区别。

表2-3　　零售端法定数字货币与纸币的异同点

		零售端法定数字货币	纸币
价值内涵	本质属性	法定货币	法定货币
	价值尺度	国家信用，计价稳定	国家信用，计价稳定
	法律性质	法偿地位，流通环境下不得拒收，用于零售市场	法偿地位，流通环境下不得拒收，用于零售市场
	储存形式	数字	实体形态
技术手段	安全性	较高，不易丢失	较低，容易丢失
	匿名性	可控匿名	完全匿名
	支付工具	数字钱包、数字账户	实体支付
	支付结算系统	央行系统、互联互通平台（运营机构）	可线下交易，无特定系统
	支付方式	在线、离线	离线
	运行机制	"中心化"/"去中心化"	"去中心化"
	运行环境	开源软件及P2P网络	离线
经济影响	发行动机	代表国家信用及社会整体利益	代表国家信用及社会整体利益
	功能作用	货币政策传导、测量、调整等功能	便利交易、保护交易者隐私
	应用场景	存取、转账、消费	存取、转账、消费
	结算成本	免费	免费

资料来源：笔者根据公开信息整理。

第一，从价值内涵来看，虽然纸币与零售端法定数字货币拥有一致的货币职能，但是零售端法定数字货币还具有可控匿名性、不可伪造性、可追踪性和可编程性等特征。纸币本质上是一种"支付承诺"，是对政府公信力信任的结果。零售端法定数字货币具有与纸币一样的货币三大基本职能，但纸币是完全匿名的，零售端法定数字货币是在法律范围内的可控匿名。通过采用区块链技术与分布式账本，每笔交易都会被设定唯一、不可更改的时间编码，使零售端法定数字货币还具备不可伪造性、可追踪性和可编程性等区别于纸币的特质。

第二，从技术手段来看，零售端法定数字货币抵御危机的能力较弱，但交易安全性更高。在支付层面上，纸币是现阶段最广泛使用的支付手段，社会上每个人包括没有电子设备的人（如儿童或老人）都能轻易使用它。纸币具有良好的抵御危机的能力，在电子设备大规模故障的极端情况下，人们也可以使用实物钞票和硬币进行支付（Pichler et al., 2020）。零售端法定数字货币必须依靠电子设备进行存储与转移，不具备类似现金的抵御危机的能力。然而，纸币交易是完全匿名的，而零售端法定数字货币能够在法律允许的范围内实现有限匿名交易。纸币一旦脱离金融体系，匿名缺陷显而易见。尽管每张纸币都印有唯一的编码，但纸币没有隶属信息，单凭纸币编码无法分辨真币、假币，也无法得知交易明细，所以纸币的流通轨迹很难被监控和追踪（陈鸿祥，2017）。每枚零售端法定数字货币都拥有唯一的永久绑定的代码，且交易发生的时间、明细等都会被区块链技术和加密算法等前沿计算机技术进行加密并盖上不可篡改、不可伪造的时间戳（邓柯，2018）。这些技术手段能够更有效地保障零售端法定货币的真实性，稳定货币市场，进一步避免盗窃冒用等问题的涌现。

第三，从经济影响来看，相比于纸币，零售端法定数字货币不仅可以降低经济成本，还能更好地维护金融稳定，提高货币政策的有效性。一方面，零售端法定数字货币的交易成本比发行纸币要低。现有的纸币交易过程存在印制、流通、管理、回收成本过高、污染严重等问题。随着各类技术的不断突破，假币制造技术更新速度逐渐快于货币当局的纸币更新速度，这给金融系统反假工作造成了很大压力，浪费了大量人力资源和公共资源（张倪等，2017）。零售端法定数字货币的成本主要源于区块链等核心技术的构建与维护。长期来看，零售端法定数字货币的交易成本比纸币更低。除此之外，零售端法定数字货币还具有更高的货币流通效率和更优的环境友好性（胡可，2020）。另一方面，零售端法定数字货币可以强化货币政策的效果。传统纸币的体系缺少有效的技术手段去记录和监测货币运行交易，较难把控货币最终投向。但是零售端法定数字货币可以借助智能合约测算货币供应量与结构、货币乘数、流通速度等数据，有效控制货币流通领域和投放重点，维护金融市场的稳定（穆杰，2020）。零售端法定数字货币还可以利用上述数据掌控国内与国际真实的金融市场动态，做出及时甚至超前的调整，制定有效的货币政策（张磊磊等，2020）。

四 批发端法定数字货币与其他批发端货币的区别

批发端货币是指面向银行间市场（资金批发市场）的货币，主要用于商业银行间大额金额交易。传统的批发端货币包括金融资产、公开市场操作工具与存款准备金等。随着分布式账本技术的发展，法定数字货币的应用将逐步拓展到银行间市场，甚至冲击现有批发端货币体系形成替代效应。下文将逐一分析批发端法定数字货币与其他批发端货币类型存在的一些特征差异。

（一）批发端法定数字货币与证券等金融资产的区别

批发端法定数字货币可以改善金融资产交易的结算方式，但是减少了金融资产的投资功能。之前，所有的银行间市场交易的转账信息在同一个记账系统中记录，并由统一指定机构执行结算环节。随着批发端法定数字货币的出现，商业银行间金融资产交易市场不再需要依赖中央记账系统，这有效提高了金融资产流通与结算效率。金融资产价格波动较大，可作为投资产品给持有者提供即期或者远期的货币收入流量。但是，批发端法定数字货币只是法定货币，它的价值稳定，不具备投资功能。

目前已有许多国家的中央银行对批发端法定数字货币进行相应的研究和测试。根据封思贤和杨靖（2020）的发现，大部分国家的研究主要集中在如何将共识协议和分布式账本技术应用于证券与衍生品等金融产品大额交易的注册、交易和结算等领域；以及如何利用批发端法定数字货币提高原有金融资产的交易效率、加强交易安全性等。表2-4展现了批发端法定数字货币与金融资产在价值内涵、技术手段、经济影响三个方面的异同点。

表2-4　　　批发端法定数字货币与金融资产的异同点

		批发端法定数字货币	金融资产
价值内涵	本质属性	法定货币	单位或个人以价值形态存在的资产
	价值尺度	国家信用，计价稳定	计价不稳定
	法律性质	法偿地位，流通环境下不得拒收，用于银行间市场	资金批发市场
	储存形式	数字	股票、债券等
技术手段	安全性	较高，不易丢失	较低，容易丢失
	匿名性	可控匿名	完全匿名
	支付工具	数字账户	金融资产储存账户
	支付结算系统	央行系统、互联互通平台（运营机构）	互联网特定支付清算平台
	支付方式	在线、离线	在线
	运行机制	"去中心化"，以加密算法为核心	"中心化"
	运行环境	开源软件以及P2P网络	企业服务器与互联网
经济影响	发行动机	代表国家信用及社会整体利益	追求社会接受度最大化或利润最大化
	功能作用	货币政策传导、测量、调整等功能	私人支付媒介
	应用场景	存取、转账、消费	交易、结算
	结算成本	较低	较低

资料来源：笔者根据公开信息整理。

（二）批发端法定数字货币与公开市场操作工具的区别

批发端法定数字货币可以有效提高市场流动性[①]，但公开市场操作工具有助于央行更好地调控市场。公开市场操作工具是指中央银行在金融市场，通过买入和卖出有价证券，以调节银行体系的流动性，控制货币供应量与利率。公开市场操作工具是中央银行的主要货币政策工具之一，包括回购、现券交易、央行票据、短期流动性调节工具（Short-term Liquidity Operations）、常备借贷便利工具（Standing Lending Facili-

---

① 流动性是指一种能提供足够的金钱来应对支出性压力的能力。资料来源：韩剑：《流动性冲击与金融危机传染》，《上海金融》2009年第4期。

ty)、中期借贷便利（Medium-term Lending Facility）。这些工具可以通过影响商业银行的流动性数量和流动性成本，从而调控其发放贷款的意愿，与批发端法定数字货币也有两个关键的不同之处。其一，央行可以通过发行批发端法定数字货币，更加有效地调控市场流动性（谢星和封思贤，2019）。批发端法定数字货币可以被其持有者作为当日流动性，而公开市场操作工具则无法达到同样的效果。目前，囿于发行方式和技术的限制，还没有其他短期货币市场工具可以拥有和批发端法定数字货币一样的流动性和信誉。其二，央行不能完全控制批发端法定数字货币的数量。相较而言，央行的公开市场操作工具都能够以固定数量进行卖出和买入（Löber and Houben，2018）。表2-5展现了批发端法定数字货币与公开市场操作工具在价值内涵、技术手段、经济影响三个方面的异同点。

表2-5 批发端法定数字货币与公开市场操作工具等工具的异同点

		批发端法定数字货币	公开市场操作工具
价值内涵	本质属性	法定货币	短期债务凭证
	价值尺度	国家信用，计价稳定	国家信用，计价较稳定，强制性
	法律性质	法偿地位，流通环境下不得拒收	非法偿地位，用于银行间市场
	储存形式	数字	债券、票据等
技术手段	安全性	较高	较高
	匿名性	可控匿名	可控匿名
	支付工具	数字账户	商业银行在中央银行开设的账户
	支付结算系统	央行系统、互联互通平台（运营机构）	互联网特定支付清算平台
	支付方式	在线、离线	在线
	运行机制	"去中心化"，以加密算法为核心	"中心化"
	运行环境	开源软件以及P2P网络	银行系统
经济影响	发行动机	代表国家信用及社会整体利益	中央银行为调节商业银行准备金，而进行回购等交易
	功能作用	货币政策传导、测量、调整等功能	调节商业银行储备金，影响货币发行量
	使用场景	存取、转账、消费	存取、转账、结算
	结算成本	较低	较低

资料来源：笔者根据公开信息整理。

（三）批发端法定数字货币与存款准备金的区别

从交易时长与交易安全性上来看，相比于存款准备金，批发端法定数字货币具有显著优势。存款准备金是指为了保证存款用户的资金提取和清算，商业银行存放在中央银行的存款。存款准备金可以分为法定存款准备金和超额存款准备金，其中前者是商业银行根据央行对存款准备金率的要求存放的。一方面，批发端法定数字货币可以缩短存款准备金的交易时长。批发端法定数字货币可以实现全天候交易，但是存款准备金和官方结算差额则需要在银行规定的时间内进行银行间交易。另一方面，在交易安全性上，批发端法定数字货币也优于存款准备金。批发端法定数字货币的发行依赖区块链点对点分布式记账系统。在这样的交易系统中，用户可以通过密钥来识别自己对数据的所有权。用户只有拥有密钥才能读取相应的数据，获取个人信息。这种特性赋予批发端法定数字货币匿名性的特点，防止交易用户的隐私轻易被泄露，保障了交易安全性（张伟等，2019）。但是，准备金交易与官方结算差额的结算数据却无法得到有效匿名。总的来说，与存款准备金相比，批发端法定数字货币在结算交易方面可以显著提升效率，提高交易安全。表2-6展现了批发端法定数字货币与存款准备金在价值内涵、技术手段、经济影响三个方面的异同点。

表2-6　　　　　批发端法定数字货币与存款准备金的异同点

		批发端法定数字货币	存款准备金
价值内涵	本质属性	法定货币	基础货币
	价值尺度	国家信用，计价稳定	国家信用，计价较稳定，强制性
	法律性质	法偿地位，流通环境下不得拒收	银行间市场
	储存形式	数字	中央银行的账户
技术手段	安全性	较高	较高
	匿名性	可控匿名	无匿名
	支付工具	数字账户	商业银行账户
	支付结算系统	央行系统、互联互通平台（运营机构）	特殊支付清算平台

续表

		批发端法定数字货币	存款准备金
技术手段	支付方式	在线、离线	在线
	运行机制	"去中心化",以加密算法为核心	"中心化"
	运行环境	开源软件以及 P2P 网络	银行系统
经济影响	发行动机	代表国家信用及社会整体利益	防范风险,调整货币供应量
	功能作用	货币政策传导、测量、调整等功能	增强商业银行风险抵御能力,影响存贷款市场
	支付场景	存取、转账、消费	存取、转账、结算
	结算成本	较低	较低

资料来源:笔者根据公开信息整理。

第二节　法定数字货币的优势与劣势

法定数字货币的诞生适应了当前时代的技术水平,其发行将颠覆传统金融支付工具体系。然而,新兴事物的推进过程并非一帆风顺,法定数字货币也面临着更复杂的技术、法律、监管等要求。在这种情况下,中央银行如何扬长避短,吸收其他货币的发展经验,更好地发挥法定数字货币的优势成为重中之重。下文将着重分析法定数字货币的优势与劣势。

一　法定数字货币的优势

法定数字货币顺应了货币形态演进规律。通过对其他类型货币特征的扬弃,法定数字货币被各国中央银行赋予了更符合社会发展需求的特点,从而拥有其他货币不可比拟的优越性。本节将从政策影响、支付安全、支付效率、支付成本这四个方面阐述法定数字货币的优势,进一步说明发行法定数字货币的可行性。

(一) 法定数字货币可以提升货币政策传导有效性

法定数字货币可以改善现有的货币政策传导机制,主要表现为以下三方面:

第一,通过更精确地掌控零售端与批发端法定数字货币的具体流通状况，央行可以适时调整货币政策，增强货币政策效果。在传统纸币的发行与流通体制下，中央银行难以准确掌握货币的去向和用途，也很难有效监测基础货币的运行情况。这在很大程度上影响了货币政策执行和货币政策调整的及时性、有效性、精确性（陈燕红等，2020）。不同于其他支付工具的是，零售端与批发端法定数字货币的发行情况完全由央行控制，有助于央行更精确地实施货币供给，更好地监控货币运行状况，进一步发挥货币政策的前瞻性作用（袁曾，2021）。

第二，零售端法定数字货币的使用可以不断活跃金融市场要素，提高经济活动的透明度和货币政策传导效率。零售端法定数字货币可以通过政策工具的设定、货币价格、利率，还有金融市场波动来影响利率政策传导效率（蓝天等，2021）。在央行精确测算了货币流通速度、货币乘数、货币时空分布等指标后，央行就可以更加灵活地运用公开市场操作、存款准备金率、利率政策工具等货币政策工具，并将政策效应传导至实体经济（王定祥和何乐佩，2020）。央行还能够根据一些数据指标，全方位评估零售端法定数字货币和批发端法定数字货币的金融风险，从而提升货币政策制定的审慎性、有效性和科学性。

第三，批发端法定数字货币可以改善央行的流动性管理。一方面，批发端法定数字货币可作为新型流动性便利工具，补充现有的货币政策工具箱。批发端法定数字货币作为银行间市场的交易货币几乎没有延时性，可以发挥实时快速的优势来执行金融市场操作，帮助央行更有效地控制市场流动性（杨洁萌，2019）。另一方面，批发端法定数字货币可以改善金融政策机制传递速度较慢等缺陷（郝毅和王彬，2020）。在与分布式账本技术结合后，批发端法定数字货币可以更好地在资金批发市场中发挥作用，实现大额清算的"降费提效"，疏通货币政策的作用渠道，维护金融市场的稳定和安全。

（二）法定数字货币可以提高支付安全性

法定数字货币具有更高的支付安全性，主要表现在以下三方面：

第一，法定数字货币对账户的依赖性较低，可以降低银行账户所引致的交易风险。法定数字货币通常以"账户松耦合"的方式完成资金转移，即无须绑定银行账户，就可以实现转账交易（吴婷婷和王俊鹏，2020）。这种方式能够降低货币交易对传统银行账户的依赖，降低信用风险在支付系统中的集中度，提升支付交易的安全性（陈文等，2020）。

第二，法定数字货币的可控匿名性有助于金融监管。"账户松耦合"的方式既可以保护用户个人隐私，还有助于央行在可控匿名的范围内有效追踪数字货币交易（Claeys et al.，2018）。目前，通用虚拟货币通常由私人机构发行，这为不法分子进行"逃税"、"漏税"、转移赃款提供了犯罪空间。但是，法定数字货币克服了上述问题。法定数字货币是由央行支持的具有可溯源、可追踪性特征的货币，其资金轨迹可以轻易被区块链技术追踪和控制，有利于金融监管部门实时查询交易记录、追踪交易链条、实施有效监管（戚学祥，2020）。尤其是分布式账本等金融科学技术的应用，使金融监管部门能够实时查询零售端法定数字货币交易记录，时刻锁定资金去向，帮助国家更好地遏制逃税、洗钱和其他非法活动（Auer and Böhme，2020）。

第三，法定数字货币的系统安全性更好。传统的资金批发市场使用单一的中心化金融机构存储信息。一旦该中心发生故障，就可能会导致大量的信息丢失或者泄露。分布式记账技术可以把信息存储在不同的网络节点之中。即使一个节点受到攻击或损坏，也有其他节点存储信息，这样一来便可以有效分摊使用批发端法定数字货币的风险，增强金融系统抵御恶意攻击的能力（朱兴雄等，2018）。此外，批发端法定数字货币主要在金融体系内部进行交易，它的开发环境相对更加稳定。如果在开放或实验过程中出现漏洞或负面效应，批发端法定数字货币对经济总体冲击也相对较小，便于国家进行及时的监管和调控。

（三）法定数字货币可以提升支付效率

法定数字货币可以有效提升目前支付体系的支付效率，主要体现在以下两方面：

其一，零售端法定数字货币的发行能够省去后台清算、结算等环节，节约支付时间，提高支付速度。根据荣刚等（2017）的研究，零售端法定数字货币并不依靠中心化的机构处理交易信息，也无须中介担任独立的第三方来执行和监督交易过程。零售端法定数字货币是直接以点对点的形式由一方支付给另一方，从而实现在线资金的高效转移，做到信息流和资金流的高度统一，交易和结算的高度同步。此外，零售端法定数字货币在提高跨境贸易支付结算便利性方面也具有明显优势。零售端法定数字货币可以通过互联网等技术打破地域限制，减少跨境支付情境下汇率兑换与变更等时间成本，提升支付效率（陈燕红等，2020）。

其二，批发端法定数字货币在跨境支付等领域能够提供全天候服务。根据郝毅和王彬（2020）的研究，新加坡金管局已经对基于数字货币的跨时区交易进行了测试，初步实现了 7×24 小时的实时交易。测试结果显示，基于数字货币的跨时区交易可以显著提高跨时区国家的交易效率。此外，对于一些需要频繁进行资金批发市场的大额交易的国家来说，如果可以用批发端法定数字货币的交易替代"非实时交割"的方式，则有助于大额交易充分打破时间限制，并且减少非实时交割导致的效率浪费（邹传伟，2020）。

（四）法定数字货币可以降低支付交易成本

法定数字货币可以有效降低支付交易成本，主要表现在以下两个方面：

其一，在交易设备投入上，法定数字货币不再依赖传统设备，降低了传统纸币的印制、发行等成本，弥补了私人数字货币信息时滞的缺陷。对于纸币和硬币来说，在发行、清算、保管、运输、防伪等方面纸币和硬币会消耗大量的人力，物力，使用成本较大（蒋鸥翔等，2020）。为维持以纸币为核心的传统金融服务系统的正常运转，社会还需要建立起全方位的金融监管机构与完善的监管制度，这消耗了大量的社会资源。另外，私人数字货币也会因为各自发行系统设定的不同，加大经济交易时的使用难度，增加经济活动的成本（袁曾，2021）。法定数字货币系统不同于传统的金融服务体系，主要通过社会共识机制和智能合约提供基层金融服务，可以减少货币发行和流通中存在的信息不对称程度，进一步形成低成本、高效率的货币运行协调机制（姚前和汤莹玮，2017）。法定数字货币还可以使央行现有的清算系统被自动清算机代替，减少中间的结算环节，从而有效降低纸钞、硬币的印制、发行、贮藏等各环节的人力和其他资源成本（胡可，2020）。

其二，在交易费用方面，法定数字货币的发行可以大量降低交易双方沟通费用与流动性费用。这一点在批发端法定数字货币上表现得更加明显。一方面，在传统资金的批发市场中，往往存在交易费用冗杂、交易过程高度依赖央行单点式的"中心化"机构、交易信息的发送与传达延时较长等问题。之前，金融机构交易方之间经常会因为彼此信息不充分与不对称等问题，而进行长时间的协调与沟通，增加了摩擦性成本（王定祥和何乐佩，2020）。但是，批发端法定数字货币采用了区块链平台的"多点式"信息处理系统。当交易双方使用批发端法定数字货币时，交易双方可以脱离传统"单点式"信息处理平台，减轻中心点数据处理压力，简化信息处理流程，减少大量人工费用。除此之外，"多点式"信息处理系统还可以降低交易双方的手续费用和沟通费用，让金融机构间的大额清算交易更加便捷。另一方面，传统的跨境交易时常会因为各国服务时间不一致而被迫延长交易时间。当交易占据银行信息处理链条的时间越长时，它所占用银行的流动性就越多，也就会造成更高的跨境交易成本（吴婷婷和王俊鹏，2020）。相比于传统的跨境交易，批发端法定数字货币没有时间、空间、场景的限制，它可以在任何情况下用于交易，这样减少了时差、交易时间限制等因素带来的交易延时，降低跨境交易占据银行链条的时间，节约流动性成本（张伟等，2019）。

二 法定数字货币的劣势

随着科学技术的发展，法定数字货币固然拥有良好的前景与广阔的应用范围。但是，法定数字货币还引发了诸如研发技术不稳定、法律和金融监管变更、全球货币竞争加剧等新的问题和挑战。下文将着重从研发和推广成本、监管难度、金融体系稳定度这三个方面阐述法定数字货币的劣势。

（一）法定数字货币的研发与推广成本较高

法定数字货币的发行和推广是一项系统性的复杂工程，需要大量的投入，具体表现为以下三个方面：

第一，法定数字货币的研发和推广需要大量的数字化设备与技术的投入。尽管法定数字货币可以节省印刷、运输等方面的物理成本（相对于纸币和金属货币），但也会增加法定数字货币的技术设备维修成本或者电力等环境成本（Náñez et al.，2020）。对于零售端法定数字货币而言，如果要确保零售端法定数字货币交易信息的可靠性，就需要政府加强对可编程智能合约的研发投入（陈鸿祥，2017）。这样可以保证零售端数字货币网络的稳定，实时将交易双方的商业单据和金融单据收录到可编程的智能合约中，从而防止单据信息的伪造与篡改。

第二，现阶段，广泛推广的分布式账本技术与跨链技术不够成熟，批发端法定数字货币的技术维护与交易监管成本较高。根据穆杰（2020）的研究，由于共识机制以及分布式账本的特殊性，分布式账本技术往往需要处理大量冗杂的数据量。因此，在利用批发端法定数字货币进行跨境交易时，分布式账本的各节点之间需要构建统一的全球时间戳来记录交易数据与时间，有效梳理庞杂的数据量。这对构建批发端法定数字货币的统一时间戳提出了新的技术设计与技术维护的要求（戚学祥，2020）。根据欧洲央行的 Stella 项目、新加坡 Ubin 项目的研究，批发端法定数字货币的跨链技术机制设计也存在一定的缺陷。在银行间金融市场中，一旦交易方丢失或者泄露密钥就可能造成数额庞大的金融损失，影响一个国家乃至全球的金融安全（刘蔚，2017）。

第三，法定数字货币的推广需要大量的数字化人才。作为数字形式货币，法定数字货币在流通的任意环节都需要采用较高的数字技术。面对法定数字货币发行，传统金融机构需要改变经营模式，升级所有营业网点的软件和硬件，并成立专门组织机构来培养专业人才，提供法定数字货币存储、支取等基本服务（黄益平，2017）。假设法定数字货币以智能手机作为移动终端，即使我国手机网民已逾半数人口，但想要让绝大多数社会公众都拥有并熟练操作数字货币移动终端，依然十分困难（陈志鹏，2019）。因此，若要普及法定数字货币，央行需要配置相应的软硬件设备，并开展相关服务人员的培训。在这一过程中，如果前期缺乏相关宣传以及政策介入，企业、商户甚至个人都很可能会消极对待法定数字货币。

（二）法定数字货币增加了央行监管责任与难度

法定数字货币的研发会加重央行监管责任与难度，但由于零售端与批发端法定数字货币开发背景的不同，这两类法定数字货币在制度监管上也提出了不同的要求：

零售端法定数字货币的发行会增加央行对于隐私维护的监管风险与负担。央行如果想吸纳零售存款，开发面向用户的业务，就必须承担反洗钱、消费者保护和保密等领域的合规责任，以满足个人、家庭交易和支付的需求（Mersch，2020）。另外，零售端法定数字货币可能会面临用户隐私保障的制度建设问题。因为零售端法定数字货币的表现形式是加密字符串，它没有物理形态，传统的隐私保障制度很难适用于法定数字货币。根据蒋鸥翔等（2020）的研究，关心隐私性的用户可能会对零售端法定数字货币的发行持保留态度。一旦零售端法定数字货币所有权人的身份信息代码和私钥被泄漏，这将造成比传统法币更复杂的个人信息保护问题。除了升级技术保护外，针对零售端法定数字货币的相应的法律保障也要到位，在无形中增加立法与执法难度（柯达，2019）。

批发端法定数字货币会对央行跨境支付金融监管能力提出更高的要求。如果批发端法定数字货币采用匿名加密技术，这种匿名性特征将使得交易者更方便地隐瞒和掩饰资金的非法来源或受制裁的目的地，为不法分子进行洗钱、恐怖主义融资等违法的跨境资金活动和逃税漏税活动提供可乘之机（袁曾，2021）。在跨境流通场景中，批发端法定数字货币增加了外汇管制和资本流动管理的困难（宋爽和刘东民，2019）。一方面，批发端法定数字货币会增强各国货币政策变化与全球资金跨境流动的关联度，加大资金外逃风险（张伟等，2019）。另一方面，"账户松耦合"的方式也将使境外低成本资金的流入变得更加容易，加大外债风险（王大贤，2019）。

（三）法定数字货币将冲击金融体系

在法定数字货币的发展过程中，新型技术的使用和支付体系的变革可能会冲击现行金融体系，主要体现在以下三点：

第一，法定数字货币有可能加重商业银行的数字挤兑，加剧金融脱媒现象。法定数字货币降低了商业银行的"皮鞋成本"[①]，加快了商业银行活期存款转化为法定数字货币的速度，加剧了数字挤兑的可能性（Viñuela et al.，2020）。如果商业银行的存款向法定数字货币的转移，并不能被其他机构的法定数字货币向银行存款的"反向转移"所抵消，那么商业银行的资产负债表将萎缩，从而造成金融脱媒的风险（Ward，2019）。当经济大幅波动时，社会公众有可能将商业银行的存款转变成法定数字货币以规避风险，这可能会加大金融脱媒风险，减弱商业银行

[①] 皮鞋成本是指因为通货膨胀鼓励人们减少货币持有量而浪费的资源。资料来源：MBA智库百科，https：//wiki.mbalib.com/wiki/%E7%9A%AE%E9%9E%8B%E6%88%90%E6%9C%AC。

的信用创造能力，最终降低社会整体流动性。以零售端法定数字货币为例，零售端法定数字货币有强大的政府信用支持，且具有高便捷性、低风险性的特点，会吸引更多的个人、家庭乃至企业以等价兑换银行存款转持有零售端法定数字货币。这会扩大零售端法定数字货币挤占银行存款的规模，进而引发银行业的非中介化[①]，可能会出现经济效率低下等多种问题（Bindseil，2019）。

第二，法定数字货币提高了央行调控市场效率的要求，可能将削弱市场资源配置的作用。在以往的二元体系模式中，社会公众并未对央行造成过多威胁，市场效率主要取决于商业银行。在传统银行体系下，国家法定货币只能由中央银行发行和做信用背书，商业银行只是保障公众存款权益（何德旭和姚博，2019）。法定数字货币发行之后，虽然发行方式看似未进行调整，货币提取方式（货币可从商业银行、其他金融机构等提取）也没有变化，但是包括 M_0 和 M_1 形式在内的所有数字货币都会由央行私有云服务器进行管理（国世平和杨帆，2019）。如果中央银行在资源分配方面的效率不及商业银行，可能会影响中央银行在整个经济范围内提供高质量、高水平的资金配置服务的效率，影响市场资源配置。

第三，法定数字货币可能会降低商业银行的风险抵抗能力。中央银行和商业银行之间存在政企关系，央行主要起到监督商业银行合理进行金融活动和履行货币政策的作用，很少与商业银行产生竞争冲突。然而由于法定数字货币具有的央行账户货币特征，可能会加速央行与商业银行形成竞争局势（国世平和杨帆，2019）。例如，法定数字货币引起的商业银行资产负债表变动，将扰乱信贷的有效配置，迫使商业银行改变融资方式。商业银行需要将融资来源从客户处收取银行存款转换为在央行和资本市场进行融资，然而这样会增加融资利率，甚至会削弱商业银行的融资能力。如果在现代金融体系下，商业银行资金压力较大，或者经历更大幅度的资金波动，都有可能加速金融业的危机。当经济出现不

[①] 非中介化是指商业银行吸纳存款、发放贷款等筹集资金的能力，会随着金融市场发行债券等活动而逐渐下降。资料来源：封思贤、章洪量：《金融脱媒的界定、机理与测度》，《经济与管理研究》2016 年第 37 期。

确定性时，社会公众会更愿意持有法定数字货币而非商业银行存款来规避风险，这会进一步降低金融市场流动性，加剧金融行业风险，形成恶性循环。

（四）法定数字货币会冲击现行法律体系

由于法定数字货币的虚拟性特征以及对网络的依赖性，形成了区别于实物货币的发行、流通等方面的差异，对现行法律体系提出了更高的要求，主要体现在以下三个方面：

第一，法定数字货币挑战了现有法律对货币客体地位和所有权的定义范畴。法律层面上仍缺乏对法定数字货币的定位、投放、增长及运行等关键问题的权威性意见。一方面，由于法定数字货币具有无形性，能否将其确定为物权客体还有待商榷。根据宪法的基本原则，一旦法律客体的范畴不在法规做定义的范围之内，法律主体就无法对该客体拥有强制的执行力（Nabilou，2019）。因此，一旦发生消费者权益纠纷以及交易管辖权冲突等问题，法定数字货币的法律主体地位的缺陷就会加剧对公众经济利益的威胁，甚至冲击传统货币体系（刘蔚，2017）。另一方面，法定数字货币具备区别与传统法定货币的独特存储方式，因此它的所有权难以被界定。传统货币在法律上被视为动产，秉持种类物的"占有即所有"的所有权转移原则，而数字货币难以简单依照传统法币的转移方式来进行。每当发生法定数字货币的交易行为时，央行账户登记信息将随着交易的进行而产生改变，以保证与登记信息相符，因此法律应当将央行账户登记信息作为所有权归属的确定依据（张莉莉和徐冰雪，2021）。

第二，现有法律体系保障法定数字货币的法偿权威性的难度较大。法偿性就是法律赋予货币的"不可拒收性"和对现存债务的"强制清偿性"。[①] 但是由于法定数字货币的无形性，它只能在终端设备条件允许的情况下进行数字货币的流转，这意味着债权人总有理由以硬性条件不足为借口拒绝进行法定数字货币的支付与流转。如果在设施未达标的前提下强行推广法定数字货币，还可能会面临流通成本居高不下、货币

---

① 许多奇、王沛然：《货币法偿性制度的历史"原罪"与现实转向》，《政法论丛》2021年第4期。

流通安全性降低等威胁（李斌和房盼，2021）。这说明国家还需要考虑如何加强基础设施建设和制定明确的法律法规，更好地保障法定数字货币的法偿性，保护持有者的合法权益。

第三，现有法律制度难以有效遏制法定数字货币造假。在以纸币为中心的货币体系下，国家可以通过禁止仿照印刷、销毁假币等手段保护纸币安全性。但是，对于法定数字货币，现行法律还需要考虑网络安全法是否会为央行信息技术系统的完整性提供特殊保护，例如将黑客行为定位为犯罪（Bossu et al.，2020）。法定数字货币私钥的独一性与不可替代性可以作为占有权的标准之一，但这种方式是否真的使所有权的转移与传统法币一样具有高效，尚未有明确的结论。总的来说，法定数字货币与现有法定货币体系的关系亟须厘清。

第三节　基于法定数字货币特征的中央银行职责转型建议

由于法定数字货币与其他货币存在区别，中央银行的职责也随之发生变化。中央银行需要针对法定数字货币的特征，因势利导、趋利避害，承担控制、监督、管理法定数字货币的职责，更好地发挥法定数字货币的优势作用。在分析了法定数字货币与其他货币的区别，以及法定数字货币的优势与劣势之后，下文将根据法定数字货币的不同发行模式与应用场景，详细探讨中央银行职责转型的内容，并提出针对性建议。

一　零售端法定数字货币的发行模式与央行职责转型建议

零售端法定数字货币主要有三种发行模式：现金兑换为法定数字货币、经常账户①中的资金兑换为法定数字货币、银行存款兑换为法定数字货币（Kochergin and Dostov，2020）。如表2-7所示，在不同的发行方式下，零售端法定数字货币将与现金、经常账户中的资金和银行存款产生替代效应。由于零售端法定数字货币对货币体系和货币政策的影响

---

① 经常账户是指一国与他国之间实际资源的转移，涉及居民和非居民之间的商品与服务的国际交易，是国际收支中最重要的项目。资料来源：国际收支和国际投资头寸手册，http://www.imf.org/external/chinese/pubs/ft/bop/2007/bopman6c.pdf。

不同，央行的职责会发生变化。

表 2-7　　　　　零售端法定数字货币的发行模式与影响

发行方式	竞争关系	对货币体系的影响	对货币政策的影响
现金兑换为法定数字货币	法定数字货币与现金相互竞争	零售端法定数字货币将包括在 M_0 中	对中央银行和商业银行负债的影响较小
经常账户中的资金兑换为法定数字货币	法定数字货币与支付体系相互竞争	对 M_1 的组成结构将产生影响	增加中央银行在支付系统市场中的影响力
银行存款兑换为法定数字货币	法定数字货币与银行存款相互竞争	对 M_1 和 M_2 的构成将产生影响	中央银行和商业银行负债将发生重大变化

资料来源：Kochergin, D., Dostov, V., "Central Banks Digital Currency: Issuing and Integration Scenarios in the Monetary and Payment System", *International Conference on Business Information Systems*, 2020: 111-119。

现金兑换为法定数字货币是指允许居民直接运用现金兑换为法定数字货币。相比于现金，法定数字货币具有更高的安全性、私密性和流通性，在现有的应用场景中可以替代传统货币的功能。在法定数字货币的体系下，央行减轻了传统纸币发行的成本负担与防伪责任，但是需要承担更多稳定货币价值和监管的责任。

经常账户中的资金兑换为法定数字货币是指资金可以从经常账户直接流向法定数字货币的数字钱包。以跨境支付场景为例，零售端法定数字货币可以通过互联网转移，而不受外汇管制等监管限制，有利于迅速将本地资金转变为境外资金，更方便用户在境外快速支付（卢贵珍，2020）。因此，中央银行需要不断强化外汇管理，调整法定数字货币的发行和流通机制，满足用户实现跨境支付等应用的技术要求。

银行存款兑换为法定数字货币是指账户流转，即法定数字货币从银行等金融机构的个人账户流转到法定数字货币账户或钱包。零售端法定数字货币的使用会改变银行之间清算业务平台的底层架构，也改变了央行的职能（宋爽和刘东民，2019）。央行不再直接参与交易，而是由付款行和收款行自行处理、验证交易，央行仅在最终结算环节作为公正节点核实交易信息。在确保交易信息正确后，最终交易信息才会被记入付款行和收款行的账簿。因此，对央行来说，它的职责从原来的集账户管理、流动性优化和最终结算于一身，转变到作为第三方认证机构在结算环节发挥作用。央行需要承担起维护交易秩序,监督交易过程的责任(马更新,2021)。

二 批发端法定数字货币的发行模式与央行职责转型建议

批发端法定数字货币有三种形式来实现支付与结算业务,每种形式都将基于代币模式,包括:单系统的批发端法定数字货币、多系统的批发端法定数字货币、全球通用型的批发端法定数字货币(Kochergin and Dostov,2020)。每种形式由于需要有不同的治理机构来管理,中央银行在不同情况下承担的责任也存在显著差异,如表2-8所示。

表2-8　　　　批发端法定数字货币的发行模式与影响

发行模式	中央银行的职责	对货币政策和金融市场的影响
单系统的批发端法定数字货币	1. 中央银行将通过在辖区内提供结算服务来保持其地位。 2. 中央银行需要为金融机构制定规则和标准。 3. 中央银行需要对加入该系统的机构进行调查,可能将产生潜在的监管风险	1. 央行的职责范围将会扩大,负责批发端法定数字货币的供给。 2. 负责提供交易途径的中间银行可以构建银行间交易的利率
多系统的批发端法定数字货币	1. 由于批发端法定数字货币可以在多个司法辖区使用,央行对批发端法定数字货币的控制权将有所牺牲。 2. 中央银行需要为金融机构制定规则和标准。 3. 中央银行需要对加入该系统的机构进行调查,可能将产生潜在的监管风险。 4. 如果各国央行能够追踪批发端法定数字货币的发行者,可以评估其辖区内的支付量	央行负责批发端法定数字货币的供给,央行的职责范围将会扩大
全球通用型批发端法定数字货币	1. 央行法定数字货币的价格取决于货币篮子,中央银行需要更加积极地进行汇率管理。 2. 央行需要为金融机构制定规则和标准。 3. 各国央行将需要对法定数字货币交易所进行管理和监督。 4. 这种模式为中央银行提供了更多的信息,以分析在特定管辖区进行的交易额	

资料来源:Kochergin, D., Dostov, V., "Central Banks Digital Currency: Issuing and Integration Scenarios in the Monetary and Payment System", *International Conference on Business Information Systems*, 2020: 111-119。

单系统是指批发端法定数字货币只能在同一个司法辖区内支付与交易，不可以跨辖区。若一个地区的商业银行需要跨辖区交易，它可以与另一个辖区的银行签订协议，使用它们在中央银行开设的批发端法定数字货币账户。此时，央行的主要职责是管理好所有商业银行的批发端法定数字货币账户，同时管理好辖区内商业银行的进入和退出。

多系统是指批发端法定数字货币可以跨辖区兑换，即一国中央银行允许在其管辖区内出现不同国家的批发端法定数字货币账户（或数字钱包）。比如说，中央银行 A 发行的批发端法定数字货币（A – WCBDC）可以在 B 国与中央银行 B 发行的批发端法定数字货币（B – WCBDC）直接兑换。这样的话，每个与中央银行签订协议的商业银行，在与其他国家的商业银行进行跨境交易时，可以直接接收各国的批发端法定数字货币的付款。这种模式主要适用于两国或多国间的跨境支付，属于区域性的批发端法定数字货币区。此时，央行的职责不仅是管理好自己辖区内的数字货币账户，还需要与其他国家通力合作，一起管理在他国的数字货币账户。

全球通用型的批发端法定数字货币是指可以在全球流通的国际化货币。发行国际化的货币一般需要得到所有司法管辖区或各国中央银行的同意，并得到各国央行发行的货币篮子的支持。为了避免一国的垄断，通用型批发端法定数字货币可以由独立的国际专用交易所发行并规定数字货币之间的兑换汇率。这种模式最适合解决跨境支付结算中存在的花费时间长、交易流程繁复、交易成本高且效率低下的问题。然而，该模式需要全球的通力合作，共同构建数字基础设施和实施技术管理。由于参与国之间的金融摩擦或政治冲突，发行全球通用型的批发端法定数字货币较为困难，可能需要很长时间的协商才能达成。

三　不同应用场景下法定数字货币的特征与央行职责转型建议

零售端法定数字货币面向公众，具有很好的开放性，容易满足用户在多种应用场景下的使用需求。批发端法定数字货币主要面向中央银行与金融机构，适用于批发支付市场。不同的应用场景下使用不同的法定数字货币，这意味着央行需要承担不同的责任。结合两类货币的特征，本章将法定数字货币的应用场景分为消费支付、批发市场支付与跨境支付。下文将分别对以上应用场景进行详细分析并揭示央行相应的职责。

（一）消费支付场景

零售端法定数字货币可以在消费支付的场景中正常履行货币职能，实现点对点模式的交易行为。目前，零售端法定数字货币已在互联网、分布式账本等技术的支持下试点多类消费场景，包括全供应链、全交通工具支付、全球支付、全时交易等。根据卢贵珍（2020）的研究，在消费支付场景使用零售端法定数字货币，有助于提升商家与消费者群体的数量以及交易额的规模。

为了确保法定数字货币在消费支付场景稳定地执行货币职能，央行需要加强法定数字货币的市场信用性与技术安全性。一方面，央行需要提高法定数字货币的货币价值的稳定性。若市场加大对法定数字货币的需求，央行的资产负债也会随之扩大。一旦货币系统受到攻击，就会削弱社会公众对法定数字货币的信任，引发严重的社会影响。因此，央行要建立规范有效的操作规则，维护货币市场信用，确保数字货币价值的稳定（姚前，2018）。另一方面，央行需要不断完善基础安全技术、数据安全技术和交易安全技术等，为法定数字货币的安全建设提供强有力的运行技术保障。央行需要分析相似业务在金融科技公司的运行经验，分析其漏洞与风险，充分借鉴已有企业以及国际经验来弥补技术漏洞，以解决法定数字货币在运行过程中可能存在的问题（吴婷婷和王俊鹏，2020）。此外，央行可以成立数字货币的监测分析部门，通过大数据实时分析和交互分析等方法密切关注法定数字货币对金融体系的影响，为维护金融体系稳定提供强大数据支持（穆杰，2020）。

（二）批发市场支付

批发端法定数字货币主要运用于以下两种场景：

央行运用批发端法定数字货币实施精准放贷，缓解小微型企业小额贷款的困难。通过智能合约生成借贷双方不可伪造、公开唯一的电子合同，批发端法定数字货币可以略过以特定的实物票据或中心系统控制的步骤，直接进行点对点交易，使票据、资金、理财计划等相关信息更加透明（姚前和汤莹玮，2017）。此外，批发端法定数字货币通过将民间融资活动置于可控匿名的监管框架中，不仅可以缓解传统货币体系下小微企业进行小额贷款的困难，还可以加强对小额贷款行为的监管，避免小额贷款变成非法集资，减少发生非法集资的风险（武雪婷等，

2020）。

批发端法定数字货币还可应用于证券交易场景。在证券交易应用场景中，付券端和付款端的双方结算会按照协议转让证券与资金的所有权。付券端指将证券从证券卖出方转移到证券买入方，而付款端是指将资金从证券买入方转移到证券卖出方。在传统的证券交易过程中，结算双方会面临由于资金支付与证券转移的不同步而产生的双方本金风险。因此，证券交易强调券款对付（DvP）原则，即证券交割与资金支付的同步性。基于分布式账本技术，批发端法定数字货币能通过互联网分布式系统处理高并发（High Concurrency）的证券交易，实现信息公开透明、交易可追溯，降低信息不对称，提高证券交易的安全性（Kochergin and Dostov，2020）。

基于以上两类场景，央行的职责也存在区别。一方面，央行需要着重发挥批发端法定数字货币的"普惠"价值，为小微型企业的融资保驾护航。因此，央行在推广零售端法定数字货币时，需要重点加强对偏远山区、老年群体、低收入群体、低教育水平群众等弱势群体的推广力度，避免产生"货币鸿沟"，最大化地发挥法定数字货币的公共服务功能（戚聿东和褚席，2019）。另一方面，央行需要承担债券融资市场监管的责任。法定数字货币融资具备去中心化的特点，这会缩小银行的间接融资规模。因此，法定数字货币环境中的债券融资会有较大的发展。央行需要加强债券融资市场的监管力度，维护批发端法定数字货币的信用水平（武雪婷等，2020）。

（三）跨境支付场景

零售端法定数字货币和批发端法定数字货币都可以在跨境支付中使用。零售端法定数字货币可以让跨境交易更加简便。由于"账户松耦合"模式的使用，零售端法定数字货币在跨境支付的场景中不再依赖银行账户，而是可以脱离时间地点的约束，以全网作为共同担保，在全球范围内实行资产转移，减少跨境交易的复杂性（邹传伟，2020）。零售端法定数字货币的信息优势还可以帮助外汇管理部门追踪跨境资金流向，全面监测、快速评估跨境资金流动风险（王靖萱和王大贤，2020）。

基于分布式账本技术，批发端法定数字货币可以用于跨境转账业务，提高跨境交易安全性，降低跨境交易成本。使用批发端法定数字货币进行跨境汇款时，系统会实时跟踪交易链条。即使系统中有个别节点故障，也不会影响整个系统的运行，这提高了资金的安全性。根据施婉蓉等（2016），区块链技术可以降低跨境支付业务中的成本，包括参与方的交易成本、中转银行的支付网络维护成本以及外汇汇兑成本。批发端法定数字货币的引入可能会解决基于实时全额结算支付指令（RTGS）和（CLS）货币结算的基础设施的问题。批发端法定数字货币能够在中央银行管理的 RTGS 系统的基础上提供支持，发挥区块链去中心化的优势，实现价值的数字化传输，提高跨区域支付效率（邹传伟，2019）。

总的来说，在跨境支付的应用场景下，央行需做到以下两点。其一，央行需要提高国际合作水平，严厉打击违法犯罪行动。央行应加强命运共同体意识，与世界各国共同建立起共享沟通机制，在全球建立严密的监管网，实时监控与防范洗钱或涉及恐怖主义的交易（谢端纯和苗启虎，2021）。其二，央行需要加强对外汇局审慎管理，建立完善的基于宏观审慎目标的跨境资金流动管理体系。由于法定数字货币的支付结算方式能够提高跨国之间资金流动速度，各国货币政策与全球资金跨境流动的联系也越发紧密，这可能会加剧全球性金融恐慌和跨境资金流动金融风险的发生（王大贤，2019）。因此，央行需要更加审慎地管理外汇，加强全球流动性的统计监测、信息披露和宏观政策监督协调。

第三章
法定数字货币的支付系统

支付系统是社会资金运行的大动脉，其稳定、安全运行对金融市场发展具有重要的影响。法定数字货币的支付系统是其流通框架和访问方式构建的重要基础。为此，本章详细介绍了支付系统的概念，分别探讨了集中式支付系统和分布式支付系统的设计特点、优劣势与应用实践，并尝试对我国建立分布式支付系统提出政策建议。

第一节 支付系统的概念

目前，数字人民币的支付系统有两种可能存在的形态：一是直接使用既有的集中式支付系统，适当调整以适应于数字人民币；二是以分布式账本技术为基础，建立新的分布式支付系统（钟伟，2018）。

一 什么是支付系统

支付系统（Payment System）是由中央银行建立和主导，能够实现交易者之间债权债务清偿与资金转移功能的系统（梁静，2017）。支付系统通常由资金转移规则、提供支付服务的机构、实现支付指令传送与资金清算的工具共同组成（CPSS，2005）。广义上的支付系统还包括实现资金转移的一系列工具、程序和规则（梁静，2017）。支付系统是资金往来的基础，覆盖资金结算等支付业务以及存款准备金缴纳等非支付业务。法定数字货币及其背后的分布式账本技术，被认为具有重塑全球支付系统的潜力，将给传统支付结算体系带来深刻变革（Dow，2019）。

如表3-1所示，一般来说，支付清算主要有三个标准化过程：交易、清算与结算。以零售支付业务为例，交易环节是整个支付流程的前端环节，主要完成支付指令的生成、发送与确定，参与者为买卖双方。清算环节是支付流程的中间环节，主要完成交易双方支付指令的交换，以及尚未结算的债权债务的计算与清分，参与者为交易双方账户所在机构和清算中介机构。结算是支付流程的底层环节，依据清算结果，交易双方账户所在的机构完成货币债权的最终转移。参与者为交易双方账户所在机构和支付系统（CPSS，2005）。

表 3-1　　　　　　　　支付清算三个标准化过程

过程	主要内容
交易	生成、发送和确认支付指令
清算	账户所在机构间交换支付指令；计算待结算的债权债务
结算	根据清算结果在账户机构间完成货币债权的最终转移

资料来源：CPSS：《支付体系比较研究》，中国金融出版社2005年版。

支付交易清算过程中的参与主体包括支付机构、清算中介机构和支付系统。图 3-1 展示了零售支付业务全流程，其中支付机构主要负责开设和管理账户、处理客户支付信息，包括银行和非银行支付机构等。清算中介机构主要负责处理交易双方账户所在机构的支付业务信息流，并向支付系统发送轧差后的净额支付指令，包括银联和网联。支付系统接受清算中介机构发来的支付指令，进行资金划拨（CPSS，2005；周金黄，2015）。

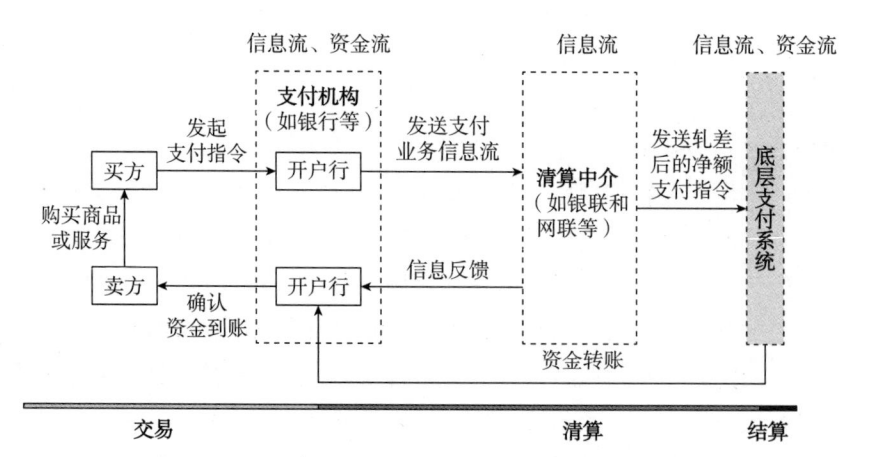

图 3-1　支付业务流程及参与机构（以零售支付业务为例）

资料来源：CPSS：《支付体系比较研究》，中国金融出版社2005年版。

二 法定数字货币支付系统的分类

支付系统稳定安全运行是货币政策高效传导和金融市场快速发展的重要保障。构建与法定数字货币相适应的支付系统是法定数字货币成功发行的重要前提。根据全球法定数字货币研发最新进展，法定数字货币的支付系统主要划分为集中式支付系统与分布式支付系统。如图3-2所示，两者的差别主要表现在以下两个方面：①是否分层级；②各节点是否可以直接清算和结算。

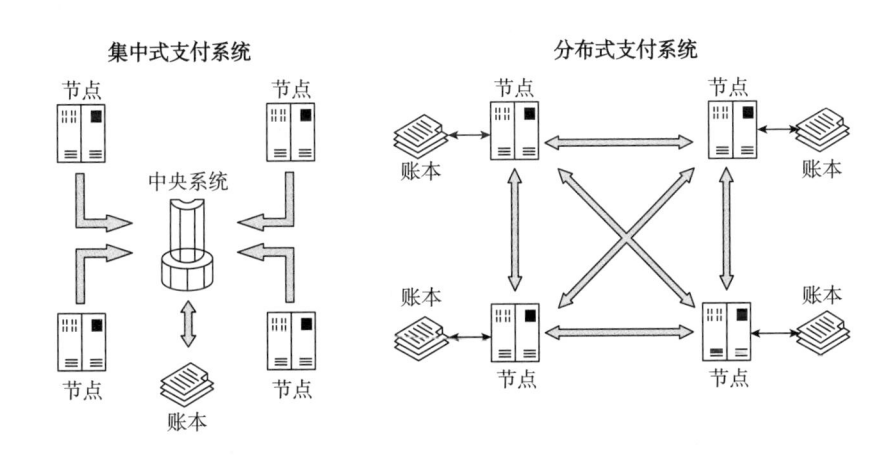

图3-2 集中式支付系统和分布式支付系统运行过程的简要对比

资料来源：Ward, O., Rochemont, S., "Understanding Central Bank Digital Currencies (CBDC)", Institute and Faculty of Actuaries, 2019。

集中式支付系统存在一个权威的顶层节点，对其他节点进行统一管理。该模式存在层级划分，依赖中介机构进行清算和结算（Maniff, 2020）。集中化的制度下，参与者必须依赖于代理中介机构的公平、及时和准确的运作，而银行等代理中介机构则受到中央银行等国家机构监管，并遵守相关法规。这些法规在确保金融稳定时，也构成了进入壁垒，从而赋予银行定价权，包括作为经济体主要交易媒介的定价权（Barrdear and Kumhof, 2021）。

分布式支付系统不存在层级划分，网络上的节点可以直接进行清算和结算，不依赖于中介机构。分布式支付系统依托分布式账本记录交易信息。分布式账本是可以在多个站点、不同地理位置，在由多个机构组成的网络里实现共享、复制和同步的数据库。① 当账本更新时，拥有记账权的节点构造新的副本，通过协商一致的算法，节点之间确定副本的正确性。一旦各节点达成共识，所有节点都会使用新的分类账副本进行自我更新。分布式账本的安全性是通过加密密钥和数字签名来实现的，这就需要对等网络、一致性算法等技术来确保跨节点复制（Ward and Rochemont, 2019）。

目前，私人数字货币所依赖的区块链往往也被视为分布式账本的一种形式。区块链是指以时间为顺序将数据编排在链式结构的数据块中，并借助密码学的加密技术进行保护的分布式账本（马昂等，2017）。区块链系统包含：数据层（加密数据块与时间戳技术等）、网络层（数据分组、数据传输和数据验证）、共识层（共识算法）与激励层（发行和分配机制）（赖茹，2021）。与分布式账本大类相比，区块链自身的特点包括：①区块链上的数据只能通过块链式数据结构进行验证和储存，分布式账本则不拘泥于某种单一的数据结构。② ②区块链包含以经济激励为主要发行和分配手段的激励层，也就是完全的去中心化机制。然而，分布式账本允许某个节点拥有特殊的权限，即它可以在应用上实现可控去中心化。③

第二节 集中式支付系统

在分布式支付系统成熟和推广之前，各国的支付清算系统主要是集中式支付系统。为了稳健推进法定数字货币的发行和推广，集中式支付系统是各国在研发法定数字货币初期的首要选择。为此，本节将详细介绍集中式支付系统的构成，并分析集中式支付系统的优势与劣势。

一　集中式支付系统的架构

由于单一的系统难以支撑庞大的金融业务量，传统的集中式支付系

---

① 中国人民银行《金融分布式账本技术安全规范》。
② Towards Data Science 网站，https：//towardsdatascience.com/the – difference – between – blockchains – distributed – ledger – technology – 42715a0fa92。
③ Medium 网站，https：//medium.com/blockchain – review/whats – the – difference – between – blockchain – distributed – ledger – technology – 19407f2c2216https：//towardsdatascience.com/the – difference – between – blockchains – distributed – ledger – technology – 42715a0fa92。

统往往划分为多个子系统，分别处理不同的金融业务。根据中国、美国、英国、日本、韩国和新加坡等国家的支付体系，集中式支付系统往往由大额支付系统、小额（零售）支付系统、证券结算系统以及外汇结算系统等多个子系统构成。下文将对四个主要的支付子系统进行介绍。

（一）大额支付系统

大额支付系统主要处理大额和优先支付的相关业务，具体业务可以大致划分为三个方面：①大额支付系统连接全国的银行业金融机构，为各银行业金融机构提供跨行支付清算的渠道。②大额支付系统直接为债券交易市场、同业拆借市场等金融市场提供资金结算服务。③大额支付系统还可以为零售支付系统、同城票据交换系统等其他支付系统提供资金结算服务。

如图3-3所示，大额支付系统的转账过程一般包括以下五个步骤：①参与者提交支付指令。②系统储存支付指令，再根据一系列的因素确定发送顺序，这些因素包括指令延迟成本、流动性成本、风险管理、排队管理和排队释放算法等。③支付指令一旦提交后，支付系统便检查指令是否满足结算的基本条件，即付款方结算账户中是否有足够的资金（或透支额度）。若无则将支付指令退回发起行或暂时储存在中央处理器中。④若满足结算条件，则对排队指令的释放提供可选算法。⑤分

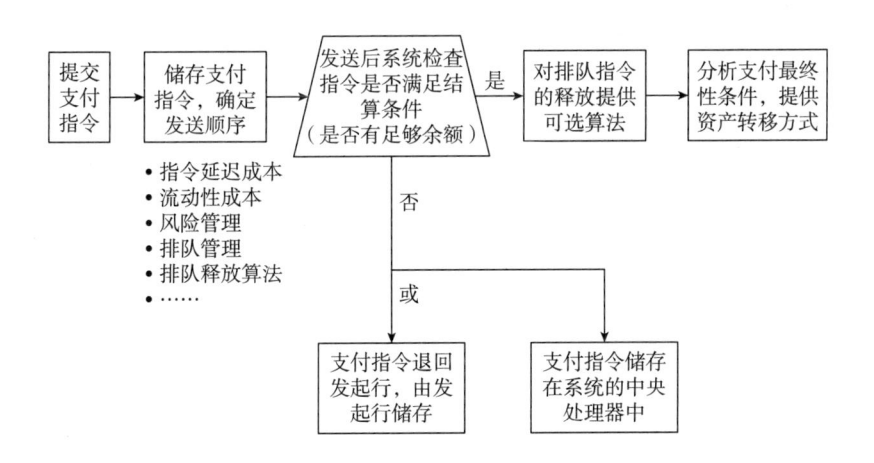

图3-3　大额支付系统支付处理基本步骤

资料来源：周金黄：《现代支付体系和支付经济》，中国金融出版社2015年版。

析支付是否具有不可撤销性和最终性,并提供结算资产在发送方和接收方之间转移的方式(周金黄,2015)。

在大额支付系统的模式选择上,自20世纪90年代开始,全额实时结算系统(RTGS)逐渐取代延迟净额结算系统(DNS),成为绝大多数国家大额支付系统的主要选择(王玉雄,2009)。RTGS系统是能够连续进行资金转账指令处理和最终结算的全额实时结算系统。全额指每笔业务独立结算,而非借贷双方总额轧差;实时指结算持续无间断进行,营业中的任何时刻均可结算(尹庆红,1998)。为了实现实时、全额结算,银行需要持有更多的流动性资产来保证支付指令实时无延误的被处理,对银行的流动性要求更高。当前RTGS系统在国家支付体系中扮演着极为重要的角色,2020年中国大额实时支付系统处理支付业务5.13万亿笔,金额达5648万亿元,占支付系统的68.91%,为2020年GDP总额的55.59倍。①

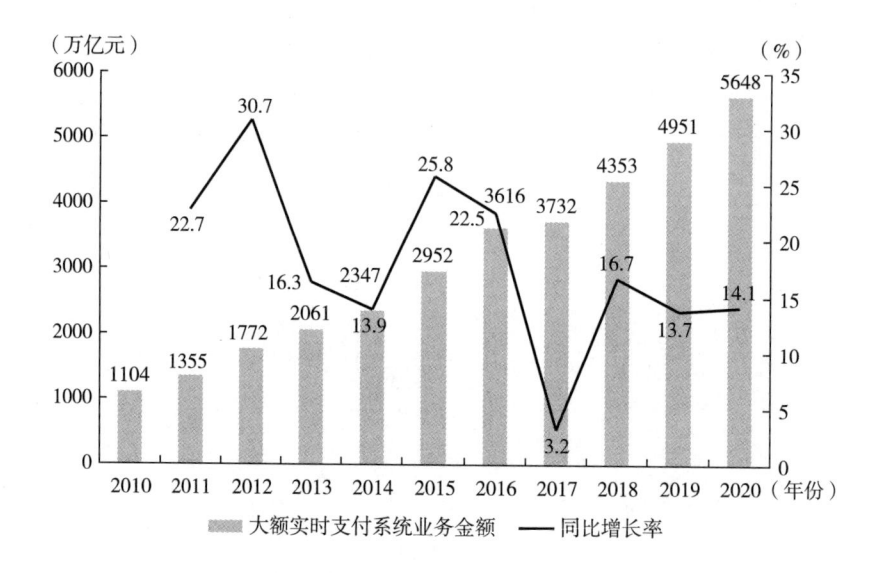

图 3-4 2010—2020年中国大额实时支付系统业务金额

资料来源:Wind 数据库。

---

① Wind 数据库。

尽管相比起 DNS，RTGS 的结算风险有所降低，但在运行过程中仍面临一定的风险。具体而言，RTGS 的结算风险主要包括：①信用风险，即交易中的一方在到期时发生违约行为造成损失。②流动性风险，虽然无违约行为发生，但交易中的一方到期时延后结算，导致收款方资金流动性受影响。③系统风险，一个或多个参与者未能履行结算义务，产生多米诺骨牌效应导致支付网络中的参与者之间出现一系列支付违约行为（尹庆红，1998；周金黄，2015）。

（二）零售支付系统

零售支付系统主要处理金额相对较小的支付业务。除了传统借记贷记业务，零售支付系统还可以被应用在与日常生活紧密相关的业务中，如工资发放、公用事业费收取、养老金发放、跨行通存通兑等日常支付业务，提供业务量大、成本低的支付清算服务，满足社会的多样需求（周娜，2009；徐华龙，2019）。

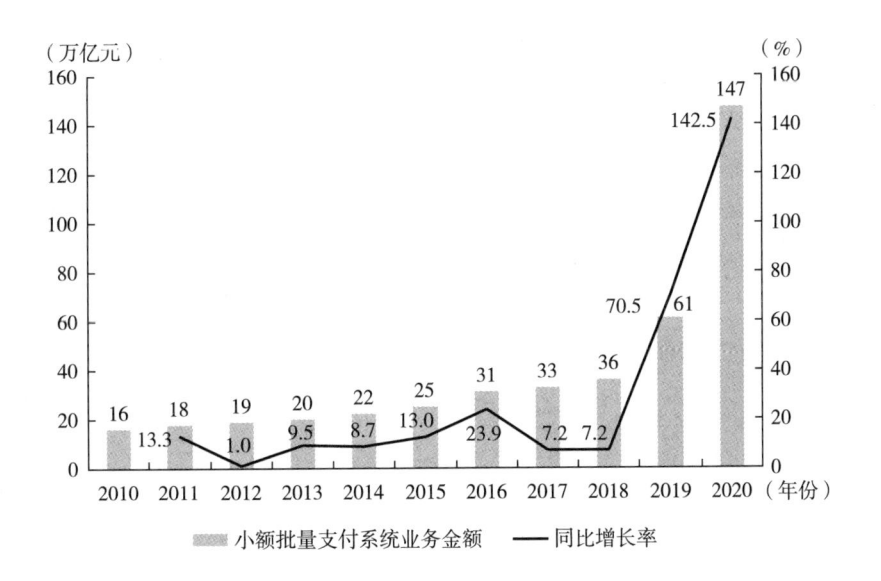

图 3-5　2010—2020 年中国零售支付系统业务金额

资料来源：Wind 数据库。

不同于大额支付系统，各国小额支付系统仍多采用延迟净额结算系统（DNS），净额结算系统批量发送支付指令，实时进行轧差，但在一个给定的营业周期（一般为一个营业日）的期末才进行净额清算，完成参与者之间债权（债务）的最终转移。相比 RTGS，DNS 的流动性更强，但结算风险也更大。净额结算系统在营业日的期末才进行结算，意味着交易的一方需要为另一方提供日间信用，结算间隔拉长导致结算风险提升。综上，大额支付领域采用实时、全额结算的模式，牺牲一部分流动性效率而降低结算风险。而小额支付领域则采取定时、净额结算的模式，以信用风险增加作为代价，提升系统的流动性（周金黄，2015）。

与大额支付系统相比，小额支付系统所处理的支付业务笔数多，但单笔金额较低，2020 年中国小额批量支付系统处理支付业务 34.58 万亿笔，总金额为 146.88 万亿元。[①]

（三）证券结算系统

证券结算系统主要处理证券交易交收和清算业务。在证券交易完成后，证券结算系统核定和计算交易双方应收应付的证券的价款，将证券从卖方转移至买方，将资金从买方转移至卖方（徐士敏，2006）。

证券结算分为全额结算和净额结算两种方式，兼具 RTGS 和 DNS 两种模式的特点。全额结算是最基本的交易方式，以单笔交易为单位，逐笔清算双方已达成的证券交易，清算后逐笔交付证券和资金，若其中一方债券或资金不足则系统停止结算。全额结算在单笔交易额度较大、参与人较少的情况下适用，例如银行间市场。全额结算风险小、及时性高，但对做市商有更高资金要求，结算成本更高。1989 年，为了降低证券交易的风险，各国证券清算领域的专家们提出券款对付（Delivery Versus Payment，DvP）[②] 原则，即证券的交割与资金的清算同步进行的原则。此后，德国、日本、中国香港等国家和地区将证券结算系统与大额实时支付系统连接以实现券款对付。

[①] Wind 数据库。
[②] 券款对付（Delivery Versus Payment）：指债券和资金同步地进行相对交收并互为交割条件的一种结算方式。购买证券的现金支付发生在证券交付之前或者之后，类似于两个交易对手在约定的时间会面以交换约定的资产。此时一项资产的转移以另一项资产的转移为条件，不存在买方完成付款但没有收到应交付的证券或者卖方已交付证券但没有收到款项的情况，交易风险下降。

净额结算以单个市场参与人为单位，不对单笔交易进行清算，而将参与人买入与卖出的证券和资金余额进行轧差，根据轧差后的净额结果与参与人进行交收。净额结算更适合单笔交易额度较小、参与者众多、交易频繁活跃的市场，要求结算系统与资金清算系统之间有紧密的合作关系。

根据是否引入中介结算机构，净额结算可以进一步细分为双边净额结算（Bilateral Netting）和多边净额结算（Multilateral Netting）。双边净额结算是指对交易双方达成的全部交易的余额进行轧差，交易双方按照轧差得到的净额进行交收。而多边净额结算则以结算参与人为单位，对其所有交易的应收应付证券和资金予以冲抵轧差，每个结算参与人根据轧差所得净额与证券登记结算机构进行交收。相比而言，多边净额结算效率更高但风险也更大。为了控制风险，多边净额结算中往往引入权威中介"中央对手方"[1]为每个参与者提供最终的证券交割和资金交付服务。由于具有更高的运行效率，当前大多数证券市场采用多边净额结算模型。[2]

表3-2　　　　　　　证券结算系统全额结算和净额结算对比

	全额结算	净额结算
结算单位	单笔交易	单个市场参与人
结算频次	逐笔全额清算	交收轧差净额
结算时间	实时	定时
适用情境	单笔交易额大、参与人少	单笔交易额低、参与人多
资金周转效率	低	高
结算风险	低	高，往往引入权威中介交收担保

资料来源：赢家财富网，http://www.yjcf360.com/gushifocus/696805.htm。

---

[1] 中央对手方（Central Counter Party，CCP）：又称共同对手方或共同交收对手方，在多边净额结算中为所有结算参与人唯一的交收对手。CCP承担对结算参与人的履约义务，即使买卖中有一方不能正常向共同对手方履约，共同对手方也应当先对守约方履约，再对违约方采取处置措施以弥补损失。

[2] 赢家财富网，http://www.yjcf360.com/gushifocus/696805.htm。

（四）外汇结算系统

外汇结算系统主要处理跨边境外汇资金结算业务。外汇市场结构可以划分为两个层次：一是零售市场，市场主体包括外汇交易商和客户；二是批发市场，也称为交易商间市场或银行间市场。外汇交易商、外汇经纪商和客户是外汇市场上常见的三类主体。

当前世界应用最为广泛的外汇结算系统为连续联结清算系统（Continuous Linked Settlement，CLS），以外汇实时结算为主要优势。CLS是一家多货币外汇清算银行。1994年，汇丰、JP摩根、巴克莱在内的20家全球主要外汇交易银行集团共同建立了CLS。2002年9月，CLS开始正式运作，总部在纽约，受美联储监管，伦敦和美国为主要运作地（汪蔚菁，2003）。跨境支付的流程为：在CLS主要货币对应国家的中央银行开设清算账户，并接入不同国家的实时支付系统，通过当地的RTGS系统实现不同币种的清算以及空头头寸集资。CLS通过同步支付确保外汇结算中双边转账能够同时进行，从而消除了"赫斯塔特"[①]（邱浩然，2003）。

CLS依赖全球银行间金融电信协会（Society for Worldwide Interbank Financial Telecommunications，SWIFT）实现与成员之间的通信连接。作为银行间非营利性国际合作组织，SWIFT是一个通信网络，国际收付体系中的电讯通道，在跨境交易中主要承担信息传递的功能，而不涉及资金转账。SWIFT所推出的电文标准格式，为国际银行间数据交换提供了标准语言，使世界上不同金融机构可以用统一的方式进行收付款说明或者交流其他信息（陈捷等，2019）。近年来，SWIFT系统垄断或切断目标国跨境支付通道已经成为美国实施金融制裁的主要手段，由此对各国金融安全带来威胁（陈尧、杨枝煌，2021）。

二 集中式支付系统的优势与劣势

集中式支付系统具有悠久的历史，各方面设置已很完备。然而，随着金融科技的发展和公众支付需求的多样化发展，集中式支付系统的弊端也日益显现。下文详细分析集中式支付系统的优势与劣势。

[①] 赫斯塔特：由于不同地区存在时差，外汇交易中一方比另一方提前完成结算，导致一方被迫面对另一方不能完成结算的风险。

（一）集中式支付系统的优势

集中式支付系统便于集中式管理和操作，其优势主要表现在以下三方面：

（1）权威机构统筹管理，系统运行基础较为稳固。中心化机构的存在是集中式支付系统的核心特点之一。各国中央银行在支付体系中往往处于核心地位，发挥多重作用。首先，中央银行提供信用保障。人们需要相信货币会被普遍接受且付款会被执行，这种信托主要通过中央银行及其管理的集中分类账实现。其次，中央银行提供金融监管。中央银行设置系统准入标准，并对参与支付结算的金融机构进行检查监督。最后，中央银行进行宏观调控和创新引领。中央银行基于经济发展状况推出货币政策影响宏观经济走势。同时，中央银行肩负金融创新的责任，不断探索新技术新方向以提升系统运行效率（张丰麒，2020）。

（2）支付系统结构完整，结算体系较为完善。集中式支付系统划分为多个子系统，分别对应不同领域的金融业务处理，基本能够覆盖庞杂的金融交易需求。从日常零售小额支付，到银行间大额资金转账，再到跨境外汇结算，均能找到对应的部门、对应的系统完成交易处理。部分子系统之间建立起联结通道，实现优势互补。例如，在美国、日本、德国、英国以及中国香港等发达经济体中，证券结算系统均与大额实时支付系统连接，实现 DvP 结算。在此之外，支付服务组织的多样化、专业化发展进一步延伸了支付系统的服务功能。支付服务组织包括政府、行业协会、新兴金融科技公司等。信息技术的广泛应用为非银行机构进入支付服务领域提供了契机。原有第三方支付机构纷纷转型，在原有支付业务基础上叠加财务管理、市场营销等业务，服务更加多元与全面。多元支付服务组织兴起有助于构建起一个健康与共赢的支付生态协作体系。

（3）相关法规制度健全，支付结算法律支持充分。健全的支付结算法律法规，是支付结算系统健康运行的保障。集中式支付系统发展过程中，管理法规作为配套制度亦不断完善。当前集中式支付系统已建立起较高水准的现代化运行管理法规，不仅在参与者准入、支付指令、轧差安排、结算最终性等方面构建起相应的法律体系，针对电子票据、信用卡支付、网银支付等新兴电子支付业务的相关法律法规也在不断健全。完善的法律支持能够有效防范支付系统运行过程中的潜在风险（侯鸿璠，2020）。

(二) 集中式支付系统的劣势

集中式支付系统需要集中结算和清算，致使其在应用场景上有缺陷，其劣势主要表现在以下三方面：

（1）系统间资金转汇时无法直接通汇，资金周转速度慢。传统的集中式支付系统采用中心化方案。在单个子系统内，点对点之间难以实现直接通汇，需要依赖中介机构进行信用背书，资金周转效率受限。具体而言，X银行开户的客户A想给在Z银行开户的客户B发起一笔支付，若X银行没有在央行开设清算账户，则X银行处理该笔业务需要依赖在央行有清算账户的Y银行作为代理行。再由Y银行和Z银行通过央行清算账户处理这笔业务，客户B才能收到客户A的转账。如果是跨境支付，资金转账过程更为烦琐，涉及开户行、各国央行和境外银行（委托的代理行或者银行在境外设立的分支机构）多个参与方。每笔跨境交易需要在机构账簿记录并进行对账，交易步骤繁多，交易效率低（任哲、胡伟洁，2016）。

（2）各国支付系统跨境互联，风险传染隐患高。当前的跨境支付系统均有多国中央银行和商业银行共同参与。为了实现跨境结算，不同国家的银行机构往往存在直接或者间接的连接。由此，系统中某个参与者无法清偿其债务，抑或系统本身遭到破坏，可能会导致系统中的其他参与者陷入无法及时清偿债务的风险。支付系统互联的程度越高，风险传染的程度就越深。系统失灵可能会带来广泛的流动性问题和信用问题，从而威胁整个系统乃至整个金融体系的稳定（王亮，2018）。

（3）集中式支付系统可能会削弱法定数字货币的金融包容性。金融包容性是各国中央银行关注的重要议题之一。支付系统属于金融市场基础设施（Financial Market Infrastructure，FMIs）的重要部分，也是发展金融包容性的重要环节。集中式支付系统下用户对法定数字货币的访问将变得困难，引发各国央行对金融普惠性的担忧（Nabilou，2020）。一方面，集中式支付系统的覆盖率并不能满足各国普惠金融的需求。尤其是在经济发展相对落后的国家和地区，现代化的支付体系无法深入贫困人群。另一方面，在集中式支付系统中引入法定数字货币，需要大量的人力和物力对法定数字货币的访问权限进行新的设置和维护。此外，集中式支付系统并不利于全球金融包容性的提高。当法定数字货币用于改善跨境支付时，集中式账户的选择并不能很好地解决当前全球结算系统之间的分歧和局限性（Juškaitė et al.，2019）。在一定的安全边界之内，全球跨境支付市场更青睐于支付效率高的工具。然而，中央银行的账户体系是着重于本国的货币安全，以风险最小化为原则进行设计，效率较为低下。更重要的是，各国账户体系的差异也增加了全球金融包容性的难度。

综上所述，集中式支付系统拥有多年的技术积累和实践经验，在中央机构的统筹运营下逐步搭建起完善的框架体系，并构建起系统运行所需的配套设施。现有的集中式支付系统不仅能够覆盖不同类型资金转账的需求，而且能够相对高效、稳定地完成日常交易全流程。然而，集中式支付系统也存在一定的缺陷。由于集中式支付系统往往由不同分支系统构成，各国支付系统跨境互联，一方面资金周转效率受到影响，另一方面风险传染隐患高。与此同时，当前集中式支付系统在交易方式、交易区域等方面存在限制，无法实现兼容，一定程度上削弱了金融包容性。

而建立在分布式账本上的分布式支付系统，在解决交易效率、风险控制、金融普惠等方面的现有问题上具有巨大潜力，受到各国政府的关注。中国、新加坡、日本、欧洲等国家（或地区）率先展开了技术验证和应用实践。

第三节　分布式支付系统

一　分布式支付系统的核心技术

分布式账本是可以在由多个站点或多个机构组成的网络里实现共同治理及分享的资产数据库。[①] 在分布式账本中，每一个节点都记录了完整的交易记录，都可以参与验证交易的合法性和有效性，避免了单一记账人或节点被破坏而导致交易记录毁损的风险，保障了数据的安全性

[①] 中国电子技术标准化研究院：《信息技术区块链和分布式账本技术参考架构》。

（蔡亮等，2020）。分布式账本技术需要解决的核心问题是：在缺乏第三方作为信用保障的交易环境中，支付交易和协议应该如何进行。

分布式账本的核心技术主要包括密码算法、点对点通信、共识机制、智能合约与分布式存储。这些技术共同决定了分布式账本去中心化、信息不可伪造或篡改、信息可追溯等特性。接下来对分布式账本的核心技术进行详细介绍。

（一）密码算法

密码算法是实现加密和解密操作的数学函数。密码算法是保障交易机密性、真实性、安全性和不可否认性的基础核心技术。在转账支付过程中，发送方将要传出的消息为"明文"，将明文转换为无意义的随机消息，也即"密文"，这一过程称为加密。将"密文"重新转换为"明文"的过程则为解密。加密和解密都通过"密钥"来实现（朱建明等，2019）。

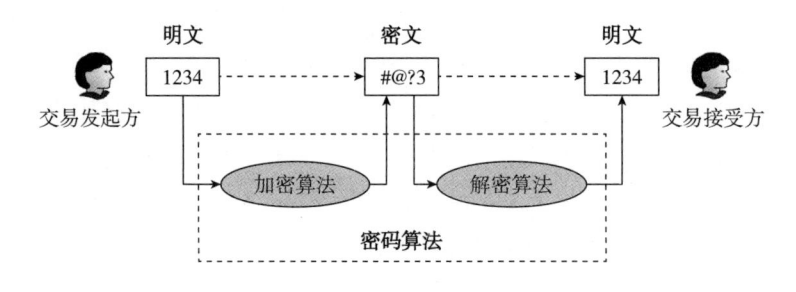

图3-6　密码算法运行原理

资料来源：朱建明等：《区块链技术及应用》，清华大学出版社2019年版。

常见的密码算法包括对称密码算法、非对称密码算法、密码杂凑算法等。

（1）对称密码算法是指用于加密和解密的密钥相同，或者可以相互推导得出的一种算法。该算法中通信双方共同享有密钥，典型的对称密码算法包括数据加密算法（Data Encryption Standard，DES）、高级加密标准（Advanced Encryption Standard，AES）、国际数据加密算法（International Data Encryption Standard，IDES）等。1977年美国宣布以DES作为加密标准，之后对称密码算法快速发展并得到广泛应用。而根据数据处理方式的不同，对称密码算法又可以分为分组密码算法和流密码算法。分组密码算法将明文数据划分为等长的"数据块",以组为单位进行加密。流密码算法运用密钥形成密钥流,之后利用密钥流对明文进行加密,采用"一次一密"的原则,以 bit 作为单位进行加密。前者扩散性好,加密不随时间变化,但错误传播率相对较高,主要应用在商用领域。后者扩散性差,加密随着时间变化,但错误传播率低,主要应用在军用领域(朱建明等,2019)。

(2)非对称密码算法是指用于加密和解密的密钥不同的一种算法。该算法中从加密密钥无法推出解密密钥,因此加密密钥可以公开。典型的非对称算法包括 RSA、ElGamal 等。与对称密码算法相比,非对称密码算法计算更为复杂,更为安全,但加密、解密速度较慢(林喆,2012)。

(3)杂凑算法又称为哈希(Hash)算法/哈希函数,是指将没有固定长度的输入信息串转变为有固定长度的输出信息串的函数,其中,输出信息串为该段信息的"杂凑值"。杂凑算法具有抗冲突(不同输入信息串不能生成相同的输出信息串)、不可逆性(根据输出信息串无法逆向推导出输入信息串)。杂凑算法在数字签名、消息验证等领域应用广泛(丹尼尔,2020)。

值得注意的是,2010 年,我国自主研发出 SM1、SM2、SM3、SM4 四种密码算法,能够实现对称、非对称和杂凑三种算法的功能,替代了国际通用算法。

(二)P2P 网络

对等计算机网络(Peer-to-Peer Networking,P2P 网络)是一种消除了中心化,将所有网络参与者视为对等者,在他们中间分配任务和工作负载的网络结构(华为区块链技术开发团队,2019)。

传统的通信中往往采用客户端/服务器网络架构(Client/Server,C/S),通信过程中服务器负责数据存储、检索和通信服务,处于中心地位。而客户端负责发送通信请求或者接受通信服务,处于次级地位。C/S 架构中心化明显,不仅能够保持服务的一致性,也能够便捷地进行服务维护和升级。但 C/S 架构亦存在缺陷,若服务器发生故障,系统运行很可能陷入瘫痪。因此,为了确保系统的稳定性和可靠性,C/S 架构对服务器及网络回路的性能要求高。

与 C/S 架构不同，P2P 架构下每一个用户节点之间的关系是对等的，同时作为客户端和服务端在对等网络上进行信息交换，不依赖于中心节点。即使其中少数节点发生故障，整体网络的运行不受影响，不容易发生瘫痪情况。相比起 C/S 架构，P2P 架构具有更高的开放性和灵活性，突破了集中式架构的性能瓶颈，提升了系统运行的整体效率。P2P 通信是点对点交流功能实现的基础，也是分布式网络去中心化得以实现的基础（张宏莉等，2017；孟凡淇，2016）。

表 3-3　　　　　　　　C/S 架构和 P2P 架构对比

	C/S 结构	P2P 结构
节点关系	主次分明	对等
安全性	低	高
基础设施成本	高	低
扩展能力	低	高
服务质量可控性	高	低

资料来源：张宏莉等：《P2P 网络测量与分析》，人民邮电出版社 2017 年版。

P2P 网络中，服务器退出后面临一系列实际的问题，如节点之间以何种链路联通、节点如何加入和退出网络、如何高效检索资源和定位节点等。目前成熟的 P2P 网络又可以分为四类：

（1）集中式 P2P 网络。在 P2P 网络中设置中心节点，与其他节点建立联系。网络上的其他节点将所拥有的资源信息都存储在中心节点上，当某个节点需要查询时，只需向中心节点提交关键字，中心节点对所有资源进行检索，定位出能够提供内容服务的节点。节点与节点之间自行建立联系并完成信息传输。与 C/S 架构不同，这里的中心节点主要的作用是提供信息检索服务，不负责传输，由此服务器的负载大大降低。但是，中心组件的存在使系统在性能和可扩展性上仍存在"瓶颈"。

（2）分布式无结构 P2P 网络。为了突破中心组件的限制，该网络取消了服务器，资源信息被分散到所有节点。当需要进行查询时，节点向邻居节点广播请求，邻居节点检索自身资源，若无对应内容则以泛洪①、随机漫步②等方式进行转发。转发次数有限，节点基于查询结果获取信息。虽然消除了中心组件，但是该网络完全随机，信息查询速度慢、消耗大且结果不完全，不适合大规模商业应用。

（3）分布式结构化 P2P 网络。为了克服 P2P 网络搜索的盲目性，该网络让节点按照某种结构进行组织，典型的算法有 DHT③。在 DHT 中，每个节点都被赋予一个逻辑地址，信息资源根据逻辑地址分散到每个节点中，节点对自己所负责的信息资源提供存储和查询服务。在该网络上资源和节点之间连接精确，只适用于精确资源的查找，同样不适合于大规模的商业应用。

（4）混合式 P2P 网络。该网络综合了集中式和分布式 P2P 网络的特点，将节点分为两类：普通节点和超级节点。普通节点与超级节点之间通过星型结构连接，超级节点之间则通过无结构的随机方式连接。超级节点负责所管理的普通节点的查询请求。该模式下查询速度加快，尽管超级节点的存在仍对系统安全性造成威胁，但相比 C/S 架构威胁大大下降。因此混合式 P2P 当前被广泛应用（华为区块链技术开发团队，2019；张宏莉等，2017；孟凡淇，2016）。

（三）共识机制

共识机制，也称为共识算法，是指 P2P 网络中彼此之间缺乏信任的节点遵循预设机制就网络的数据状态达成一致性的过程（韩璇、刘亚敏，2017）。分布式网络上，如何促成分散节点达成共识成为核心难题之一。去中心化带来的节点之间的互相不信任，可能导致数据分歧、恶意节点等问题。通过共识机制，对等网络中的节点依赖于一套获得广泛认可的数学算法建立起信任。技术背书取代中心化机构以及节点之间

---

① 泛洪：一种数据流传递技术，将从某个接口收到的数据流向除该接口之外的所有接口发送出去。

② 随机漫步：指任何无规则行走者所带的守恒量都各自对应着一个扩散运输定律，接近于布朗运动，是布朗运动理想的数学状态，现阶段主要应用于互联网链接分析及金融股票市场中。

③ DHT：Distributed Hash Table，分布式哈希表，是一种分布式存储方法。在不需要服务器的情况下，每个客户端负责一个小范围的路由，并负责存储一小部分数据，从而实现整个 DHT 网络的寻址和存储。

的相互信任创造出新的信用，实现了网络的"自信任"。在分布式账本技术架构中，根据不同的应用场景可以选用不同的公式算法。

当前常见的共识机制主要包括工作量证明机制（PoW）、权益证明机制（PoS）和委托权益证明（DPoS）等：

（1）工作量证明机制（PoW）。分布式网络中任何节点都可以参与记账，根据中本聪的设计，每笔交易的记账权归属于最先完成"工作量"的节点。这里的工作量具体指挖矿，即利用电脑算力去解决一个复杂的数学难题。获得记账权的节点更新账本后，网络上的其他节点再进行同步更新。为了鼓励节点参与维护账本的一致性，比特币协议中设立相应的激励机制，取得记账权的节点可以获得一定数量的比特币作为奖励，从而激励节点开展算力竞争，共同维护网络的稳定。该机制的优点是保障了系统的安全性和去中心化，节点身份数量不影响共识结果，因此可以自由进出。缺点是PoW人为提高了确认交易的计算成本，一方面造成了算力和能源的浪费，另一方面也延长了结算的周期，以比特币为例，每秒最多结算7笔交易，商业应用难以推行。

（2）权益证明机制（PoS）。PoS运用权益证明取代了PoW中的算力证明，拥有最高权益的节点获得记账权，而非拥有最高算力的节点。权益的多少由"币龄"量化表示，币龄等于货币数量乘以货币持有时间。节点持有的货币数量越多，持有货币的时间越长，币龄也越长，由此拥有更多的权益，参与者挖矿的难度根据币龄等比例降低。该机制的优点是避免了PoW中资源浪费的问题，缺点是容易造成马太效应，拥有更多财富的人权益更大，获得记账权以及记账激励的可能性更大，导致财富愈来愈集中的情况。当最终财富高度集中时，系统的安全性难以得到保障。

（3）委托权益证明（DPoS）。DPoS在PoS的基础上，将所有持币者的权益转化为等额的"选票"，让持币者投票选出一定数量的节点作为"受托人"，开展验证和记账工作。网络上的每个节点经由每次交易投票选出受托人对区块进行签署确认。DPoS通过技术保护以确保受托人能够准确地完成工作。该机制的优点是大幅提升了达成共识的效率，速度可以达到秒级，DPoS的民主程度高于PoS，缺点是参与交易确认的节点太少，"去中心化"更多体现在投票过程（黄步添、蔡亮，

2016；朱建明等，2019）。

（四）智能合约

智能合约是指在满足设定的条件下，即可自动对合约条款进行验证、执行的一套计算机程序（欧阳丽炜等，2019；华为区块链技术开发团队，2019）。20世纪90年代，Szabo首次提出智能合约的概念，并将其概括为以数学形式定义的一套承诺，由计算机自动执行合约条款的程序协议（欧阳丽炜等，2019）。智能合约的运行过程为：首先，根据合约条款编好程序代码，之后计算机从外界获取数据以辅助判断。接着，当系统发现设定的条件已经满足，则开始自动执行合约条款，实现资产的转移。智能合约将合同条款转化为程序代码，该代码成为法律合约的载体。不同于法律合约，智能合约能够实现自执行和自强制约束，具有较高的实际应用价值。但由于缺乏实践平台，智能合约在起初并未受到重视。

区块链的兴起为智能合约的发展提供了契机。分布式网络中没有中心机构进行统一管理，而智能合约能够减少交易过程中的人为干预，以事件作为驱动，根据程序代码对账本上的数字资产进行保管和转移，从而代替中心机构实现传统系统的部分功能。智能合约在主流的区块链系统中得到广泛应用，这些系统为智能合约提供了开源平台，并支持对应的合约编程语言。其中，比特币（Bitcoin）、以太坊（Ethereum）和超级账本（Hyperledger）是当前最为成熟的智能合约平台（范吉立等，2019）。

智能合约的优点在于：①提升交易效率。交易过程不需要中间人，提升了合约验证和执行的效率。②确保合约执行。一旦部署到区块链后则无法更改，只要条件满足则会执行到最后，人为干预无效（Khan et al.，2021）。但当前智能合约发展仍处在初级阶段，其在应用上具有一定的局限性：①程序代码存在安全漏洞。智能合约执行依赖于所编写的计算机程序，一方面传统合同转换为机器语言时原意可能被扭曲，另一方面已经成型的合约代码也可能存在编码错误的风险。②区块链平台限制执行性能。当前区块链平台数据处理能力和可扩展性有限，依托于平台运行的智能合约难以避免受到相同限制（夏沅，2018）。

二 分布式支付系统的优势与劣势

（一）分布式支付系统的优势

目前，各国中央银行对分布式账本在改进现有支付体系和交易流程上的潜力十分关注，并纷纷开始探讨运用分布式支付系统发行法定数字货币的可行性。分布式支付系统的优势主要体现在以下三方面：

（1）分布式支付系统下，货币流通环节大幅减少，金融运行效率提升。通过分布式支付系统，资金转账可以避开繁杂的系统，无论是境内转账还是跨境转账都可以在收款人和付款人之间创建直接的交易通道，在降低系统性风险的同时还具有成本优势和效率优势。区块链技术可以大幅提升现有支付系统的运行效率，给金融体系带来变革作用。其中，成本高且效率低的跨境支付是区块链技术在支付系统中应用的极佳场景之一。旧有跨境系统面临跨币种、跨国界和经济合约等多重障碍，区块链能实现"交易即结算"，在交易过程中自动完成结算过程，大幅提升跨境转移的效率（任哲、胡伟洁，2016）。

（2）创建"去中心化"的信用机制，为金融交易模式创新提供契机。分布式账本技术通过共识机制和密码算法在系统中自发产生信用价值，而不依赖于中心机构背书，实现了"去中心化"。该机制对旧有第三方支付、资金托管等商业模式形成冲击，但也为新兴金融交易提供了契机。例如，在互联网领域，区块链技术被广泛应用在互联网保险、股权众筹、网络借贷等模式之中。在股权众筹平台上应用区块链技术，可以实现投资者与企业之间的同行交易，解决合规性和资金管理安全的问题（Wang et al., 2016）。综上，在金融支付系统中引入区块链技术，有助于推动新的业务模式或商业模式产生。

（3）分布式支付系统可以提升支付系统流动性，降低交易资金成本。在分布式账户下，所有对等交易都可以即时进行。"点对点"（个人—商家）支付结算模式下的法定数字货币对银行账户的依赖度大大降低（王大贤，2019），并且一年365天、每天24小时都可以使用，显著提高了市场参与者的资金流动性。分布式账户可以采用正利率或者负利率，这种计息特性使基于代币模式的法定数字货币优于现金货币（Shirai，2019）。因此，国家支持的数字货币可以在最终用户中被广泛接受，并实现充分的流动性，取代数千种数字货币。个人和公司使用法定数字货币代替现金还可以降低维持实物货币供应和防止伪造的成本。

（二）分布式支付系统的劣势

然而，以分布式账本技术为基础的分布式支付系统发展才刚起步，还很不成熟，不足以承担关键的大规模支付系统，其劣势主要表现为：

（1）分布式支付系统仍面临一定的技术风险，系统账户安全性存在隐患。首先，系统的底层技术本身仍存在一定的缺陷和漏洞。例如区块链技术存在软硬分叉风险和密钥丢失风险，遭受黑客攻击可能会导致系统瘫痪，系统中数据被偷窃、篡改或者资产被盗。密码算法技术存在被破解的风险，密码算法本质上是数学问题，数学分析攻击[①]是对基于数学难题的各种密码算法的主要威胁。量子计算可以在相对较短的时间内针对数学问题产生大量的结果，在未来10—15年量子计算逐步发展，其很有可能绕过支撑分布式账本的安全机制（Mondello et al.，2020）。其次，系统中单一环节出现故障可能会导致整个系统瘫痪。分布式支付系统所有环节均通过互联网实现，对计算机和网络技术要求非常高。无论是算法设计、系统运行、设备维护中哪一个环节出现疏忽或故障，都会破坏法定数字货币系统，造成巨大损失。

（2）分布式支付系统自动化和编程化，在运行后不可更改，灵活性较差。分布式账本技术非常复杂，包含了一系列相互兼容的协议，大部分的交易步骤由程序自动完成。前期写入编码，系统开始运行之后便很难对潜在的漏洞进行修复或对区块链原始协议进行调整，即使是开发者提出修改也无济于事。这样的特点在减少人为干预，提升交易效率方面发挥了一定的作用，但也导致整个区块链系统灵活性不及其他系统（丹尼尔，2020）。不少学者表明分布式系统所能产生的业绩目前低于大多数发达国家现有的计算系统（集中式），传统的基于中央银行的支付系统通常比基于分布式账本的支付系统更为高效。

（3）分布式支付技术可能对金融稳定产生影响。分布式支付技术具有"多边互信""去中心化"等特征，交易活动容易脱离中央清算机制，导致交易各方之间的风险敞口增加，风险监测和管控难度增大。

---

① 数学分析攻击：在不知其钥匙的情况下，利用数学方法破译密文或找到钥匙的方法，https：//www.sohu.com/a/450973036_653604。

同时随着用户对银行等传统金融中介的依赖度下降，既有金融机构的竞争力可能会受到影响。一些科技企业在未受监管的情况下涉足金融业务，容易带来市场的不公平竞争。在系统层面，还可能增加机构之间的关联性和金融体系的复杂性，强化羊群效应和市场共振，增强风险波动和顺周期性。在资金流动效率提升的同时，风险的传导速度也逐渐加快，市场参与主体的行为更加趋同，从而影响金融稳定。这对央行的司法审查和运行监管提出了更高的要求，央行代币必须设计得当，以降低成为金融不稳定来源的风险（Kahn et al.，2019）。

（4）分布式支付系统配套政策法规尚未完善，法律约束力较弱。法定数字货币依靠类似区块链技术建立后，将有更多的支付、交换、合同是直接在链上运行。现行法规对于智能合约等技术性的规范合约该如何规制尚无明确规定，对货币技术迭代的应对能力也渐趋不足。我国正处于向更高技术水平层级跨越的关键性历史节点，缺乏法律进行规范的技术很可能引发多种问题（袁曾，2021）。完善的法律配套措施能够有效防范支付系统运行中潜在的风险，约束一系列可能对支付系统运行产生损害的行为。我国支付系统服务群体广泛，其支付安全关系着我国整个货币体系的稳定。一旦支付系统出现安全问题，将会对我国经济社会整体带来不可估量的灾难性损害（杨毅鹏，2020）。

第四节 基于分布式系统的数字人民币的实践建议

当前许多国家正在进行法定数字货币的研究和技术试验。目前，主要发达经济体和新兴经济体的许多中央银行都试图使用分布式账本技术复制批发支付系统：Jasper 项目（加拿大银行，2018）、Ubin 项目（新加坡金融管理局，2016）、Stella 项目（日本央行和欧洲央行，2016）和 Khokha 项目（南非储备银行，2018）。此外，许多国家也在认真研究分布式账本的工作原理以及如何将它们用于生产性用途，并考虑相关基础设施的构建（Mohamed，2020）。许多国际大型互联网金融机构也正在积极利用分布式账本技术和其他创新方法开发新的支付网络。这种快速、高度互操作的支付技术很可能在未来十年内主导一些主要经济体。鉴于此，本节将详细介绍基于分布式账本系统的法定数字货币研发的国际实践，并据此提出我国进行分布式系统构建的建议。

一　分布式账本系统在法定数字货币应用上的国际探索

近年来，众多中央银行开始对该技术进行测试，研究其工作原理以及如何应用于生产性用途。其中由新加坡启动的 Ubin 项目以及由欧洲和日本联合推动的 Stella 项目走在世界前列，已经完成基本测试步骤，为分布式账本技术的应用探索提供了良好的素材。

（一）Ubin 项目

Ubin 项目是新加坡金融管理局于 2016 年开启，旨在构建以分布式账本技术为基础的法定数字货币项目。Ubin 项目采取多阶段模式，第一阶段旨在实现新加坡元的代币化，第二、三、四阶段尝试运用分布式账本实现原有集中式支付系统的数字化转型，第五阶段则专注于基于区块链的支付网络的应用可行性和特殊优势。通过五个阶段，Ubin 项目验证了将分布式账本应用在支付领域的可行性，验证了分布式账本对支付系统潜在的变革作用。

1. 第一阶段：新加坡元（SGD）代币化

Ubin 阶段一设立了双重目标。如表 3-4 所示，双重目标包括：①技术上 Ubin 项目旨在建立一个基于分布式账本的银行间转账系统的概念原型，银行余额以央行存款准备金作为支撑。②应用上 Ubin 项目旨在识别分布式账本技术在实际应用中的非技术影响。本章主要介绍技术流程部分。

表 3-4　　　　　　　　Ubin 代币化的两大流程

基于 DL 的银行间转账系统	1. 建立能追踪参与者余额的分布式账本 2. 在分布式账本上参与者能够实时开户、转账和销户 3. 在分布式账本上参与者可以 24 小时全天候进行转账 4. 分布式账本与现有中央银行的基础设施进行整合
DLT 的非技术性影响	1. 分布式账本上的现金对货币政策和市场规则的影响有哪些？ 2. 分布式账本上的现金是否会对货币供应和系统风险或金融市场基础设施（PFMI）准则产生影响？ 3. 哪些监管和风险应当被纳入考虑？

资料来源：新加坡金融管理局，https://www.mas.gov.sg/schemes-and-initiatives/project-ubin。

技术流程以技术原型概念验证（Proof-of-Concept，PoC）为重点。阶段一的结构中包含两个单独的系统，"MEPS+"和区块链系统（基于以太坊的私有链）。"MEPS+"用于处理银行间的转账，区块链系统用于参与者钱包之间的转账。为了实现两大系统的连接，在保留原有"MEPS+"系统的 CAS 账户、RTGS 账户之外，以"MEPS+"系统中的 FAST 账户为参考在分布式账本上创建了新账户——存托凭证监护账户（Depository Receipts，DR），使得转账资金可以合并到存托凭证，进而实现两大系统的有机结合。

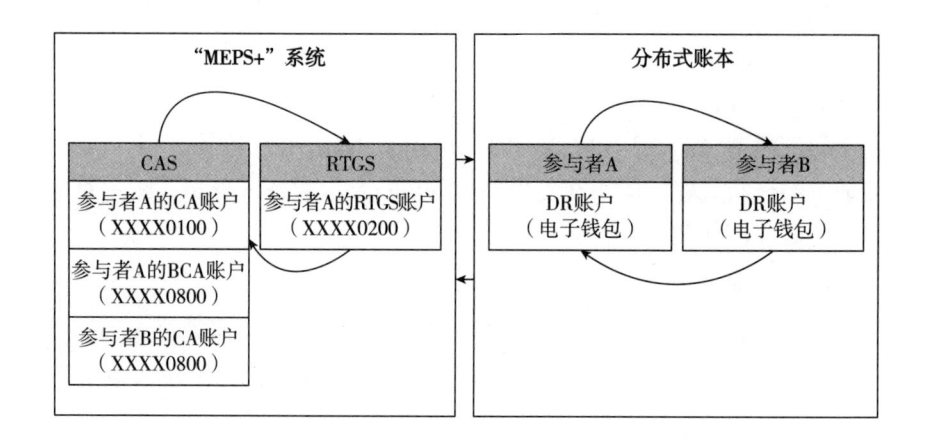

图 3-7 "MEPS+"系统与分布式账本的链接

资料来源：新加坡金融管理局，https：//www.mas.gov.sg/schemes-and-initiatives/project-ubin。

第一阶段取得了成功。首先在技术上：①在以太坊私有链上建立了一个银行间转账的概念原型。②开发了新的智能合约代码库，发展了加拿大 Jasper 项目的货币模型。③成功实现以太坊私有链网络与 MEPS+端对端的连接。其次在应用的非技术影响：①不存在信用风险，参与者之间的转账以其 MAS 的资金抵押为基础。②不存在流动性风险，银行在支付总额的基础上为预期支付提供资金。①

---

① 资料来源：新加坡金融管理局，https：//www.mas.gov.sg/schemes-and-initiatives/project-ubin。

2. 第二阶段：境内跨行转账

第一阶段验证了新加坡元代币化，并使用 DLT 完成跨行转账的可行性，该阶段中 DLT 和 RTGS 为独立的两个系统。而第二阶段主要测试如何在 DLT 上实施 RTGS 系统，在分散的网络中执行流动性节约机制（LSM）[1] 同时不损害隐私。

目前，能够在 DLT 平台上执行 RTGS 功能的概念原型主要包括 Corda、Hyperledger Fabric 和 Quorum 三个，它们共同运行在微软的 Azure 云平台。原型主要用于实现原有 RTGS 的三大功能：①资金转账；②排队机制；③交易拥堵解决。阶段二对三大原型的执行效果进行评估。

表 3-5　　　　　　　　　DLT 平台的运行方式

DLT 平台	Corda	类似于"点对点模型"，基于"需要知道"来分发分类账，而非全局广播。其关键特点在于 UTXO 模型，通过为每个输出事务按其散列引用一个或多个入站事务，从而创建一个不可变的事务状态（历史）沿袭链
	Hyperledger Fabric	提供了创建通道功能，只有参与者才能共享自己知情的交易分类账，以保持交易的隐私
	Quorum	在分布式分类账上传输数字资产时使用零知识证明（ZKP），不披露有关信息；采用以投票为基础的 Raft 共识机制取代以太坊的证明机制

资料来源：新加坡金融管理局，https://www.mas.gov.sg/schemes-and-initiatives/project-ubin。

阶段二结果表明，三个工作流都可以在分散网络中实现资金转账、交易排队和拥堵解决，与此同时通过平台机制可以较好地保护交易隐私。基于 DLT 的 RTGS 系统的性能得到充分验证。这表明在不损害交易隐私的前提下，在分散式网络中运行 RTGS 系统是可行的。[2]

---

[1] LSM 是 RTGS 系统的关键功能，能够消除交易僵局，最大化支付网络整体流动性，LSM 通常是集中处理的。

[2] 新加坡金融管理局，https://www.mas.gov.sg/schemes-and-initiatives/project-ubin。

3. 第三阶段：境内券款对付

第三阶段主要目的是利用DLT进行代币化资产之间的结算。例如，实现新加坡政府证券（SGS）和资金存托凭证（CDRs）的券款对付（DvP）。为此，第三阶段将SGS和CDRs放到不同的DLT平台进行应用研究。每个平台上引入仲裁员（RMO）对分类账和交易双方进行监督。

在DLT的环境下执行DvP存在以下四种场景：①结算成功，此时买卖双方都按照交易步骤履行交易义务。②结算失败，自动复原。若未按照场景①中的交易步骤进行，结算可能失败，在智能合约作用下交易状态自动恢复。买卖双方可以在限定时间下对分类账上的现金/证券进行解锁，使其返回原有账户。③结算失败，要求仲裁。若未按照场景②的步骤进行合同解锁，可能导致一方同时持有现金和证券，另一方付出现金也收不到证券的争议情形，此时弱势的一方会要求仲裁。④结算失败，仲裁机构介入，弱势方可以要求仲裁机构帮助，从卖方那里获得商定数额的证券或收回已经支付的资金。

在DvP中使用DLT有助于降低交易风险。一方面智能合约能够确保交易双方同时履行权利和义务，而RMO扮演仲裁员的角色，能够进一步确保投资者的资金安全。另一方面结算周期也能得到压缩，进而降低一系列交易风险，包括本金风险、流动性风险和交易对手风险。①

4. 第四阶段：跨境对等支付

在Ubin第四阶段加拿大银行（BOC）和新加坡金融管理局（MAS）两大央行共同开展技术实验，探索是否能在异质的分布式账本平台之间实现跨境大额转账，以降低跨境交易可能存在的风险。

Ubin第四阶段有三种实现同步跨境转账的概念设计，包括：①引入中间人，中间人往往是银行，作为支付的第三方存在，可以使用国内和国外的网络，在国内网络上从付款方获取资金，在国外网络上向收款方发送资金。该模式下信贷风险和结算风险可以降到最低，且由于与现有代理银行模式接近，可以参考原有的法规和流程。②放宽央行负债的准入条件，也即允许交易方直接获取央行的负债。但在监管、法律、经济和货币政策，再到银行的商业成本和收益，都有许多悬而未决的问

---

① 新加坡金融管理局，https://www.mas.gov.sg/schemes-and-initiatives/project-ubin。

题。由于缺乏可行的技术模型，该领域的研究相对受限。③建立多货币结算网络，即在单一网络上可以使用多种货币进行交易，付款方可以直接在国内网络中用国内的货币自由兑换国外的货币。

在上述三种概念设计中，新加坡和加拿大央行选择引入中间人这一模式进行概念验证，该模式不复杂，且与当前国家之间账本相互独立的现实相契合。阶段四成功在 DLT 平台上完成跨境转账，引入中间人的模式得到验证。①

5. 第五阶段：实际应用研究

前四个阶段专注于区块链技术的可行性研究，而在第五阶段，Ubin 项目专注于区块链技术的应用价值研究，以为未来的行业实践奠定基础。具体的目标有三个：①技术开发；②应用案例；③连接性和集成测试。

阶段五分为两个并行的工作流，技术开发工作流由 J. P. Morgan 领导，用例开发工作流由 Accenture 领导。随后两个工作流合并以进行连接和集成测试。技术方面，J. P. Morgan 运用企业级区块链 Quorum 平台、银行间信息网络（IIN）② 所承载的部分生产能力以及其 JPMCoin③ 产品开发了一个可用于生产环境的支付网络"UbinV"，最大化模拟真实世界的需求，支持不同货币的结算。用例开发方面，Accenture 选择了可能从与 UbinV 的集成中获益的 124 个项目，之后筛选 16 个做进一步探索，主要分为四个领域：资本市场、贸易和供应链金融、保险以及非金融服务。尽管不同行业的业务不同，但都面临相似的问题，一是信息交流不畅；二是信任缺失，需要可信的中间机构介入。

该阶段基于以上 4 个行业 16 个案例分别开展连接性和集成测试，探索其未来在商业上成功的可能性。应用案例在与 UbinV 集成后效益显著。这表明区块链技术在商业上具有可行性，在商业场景中应用前景广阔。④

---

① 新加坡金融管理局，https：//www. mas. gov. sg/schemes – and – initiatives/project – ubin。
② IIn 是一个由 Quorum 提供支持的生产级、可扩展的点对点（P2P）网络，2019 年起部署。
③ JPM Coin 是一个区块链应用程序，通过一组智能合约提供代币发行和货币移动功能。Ubin V 网络利用并扩展其基本功能，以提供多货币支付和与区块链应用程序集成所需的附加功能。
④ 新加坡金融管理局，https：//www. mas. gov. sg/schemes – and – initiatives/project – ubin。

表3-6　　　　　　　16个应用案例及其所属行业和领域

行业	领域	案例
资本市场	私募股权	1exchange、iSTOX
	债券	STACS
	联合贷款	iLex + IHSMarkit
	多阶段投资和支付	Allinfra
	跨境结算	Sygnum
贸易和供应链金融	供应链数字化	DigitalVentures、Invictus、MarcoPolo、essDOCS
	供应链金融	Crediti
保险	医疗保险	DigitalAsset
	汽车保险	Inmediate
非金融服务	媒体和广告	Aqilliz
	工资支付	Octomate + Adecco

资料来源：新加坡金融管理局，https://www.mas.gov.sg/schemes-and-initiatives/project-ubin。

（二）Stella项目

Stella项目由欧洲央行和日本央行联合开展，旨在评估DLT是否能够应用于金融市场基础设施领域，完善现有的基础架构以便实现更安全、更快速、更廉价的金融交易。Stella项目启动于2016年，主要划分为四个阶段，研究领域包括证券结算系统、同步跨境转账、平衡机密性和可审计性。

1. 第一阶段：分布式账本环境下的流动性节约机制

第一阶段旨在评估在分布式账本的应用环境中，当前大额实时结算系统的特定功能如流动性节约机制（LSM），能否安全高效地运行。

程序首先在非DLT的环境中运营以提供基准数据，之后将智能合约部署在不受分布式网络影响、没有共识机制的单个网络节点上运行，最后将智能合约置于具有共识机制的分布式网络环境中运行，三组数据进行对比分析。测试时每个虚拟参与者都拥有一个存储信息的分类账，测试采用模拟数据进行。

结果表明，第一，RTGS系统的性能要求在DLT程序中可以得到满足。DLT应用程序与欧洲和日本的RTGS处理效率相当。第二，节点数量和节点间的距离对 DLT 的性能造成影响。节点数量越多、网络规模越大，交易处理时间也越长；节点距离对 DLT 性能的影响则与网络结构有关，达成共识所必要的最小节点数越接近，网络其余部分的分散程度对延迟的影响越有限。第三，运用 DLT 有潜力可以增强支付系统的韧性和可靠性。尽管 DLT 有可能出现节点障碍、数据格式有误等问题，但是系统的整体性能不会受到太大影响或者能够得到恢复。[①]

2. 第二阶段：分布式账本环境下的券款对付

第二阶段旨在探索如何在 DLT 的技术环境下执行 DvP，完成两个关联偿付义务之间的结算。与 Ubin 项目相似，为了获得对分布式账本上 DvP 功能的实际理解，研究使用三种分布式账本平台开发了原型，分别为 Corda、Elements 和 Hyperledger Fabric（以下简称 Fabric）。分析所设定的程式化情景为两个交易对手（银行 A 和银行 B）在没有中央管理系统的情况下以现金交换同等金额的证券。DLT 环境中执行 DvP 主要有两种不同的方法，一是单账本 DvP，二是跨账本 DvP。

单账本 DvP 中，现金和证券在同一分类账上。交易时双方对转账指令的内容达成一致，两个关联偿付义务合并成一个交易。随后双方使用加密签名直接进行处理，不需要 DLT 的特定匹配功能。跨账本 DvP 中，现金和证券记录在两个单独的分类账上，通过适当的机制联系两项资产，由此进一步细分为两种类型：一是有账本连接的跨账本 DvP，在本次研究中并非重点；二是无账本连接的跨账本 DvP，不需要中介机构，依赖数字签名和 HTLC 实现跨链原子交易。该阶段对 DvP 过程中的安全性、流动资金使用效率、结算速度、隐私、基础设施设计等方面进行了检验。

阶段二结果表明，DvP 可以在 DLT 的环境中运行，且 DLT 为 DvP 提供了一种新的方案，跨账本 DvP 模式中分类账之间不再需要任何连接和制度安排即可实现分类账之间的互操作性。然而研究也表明，当前无连接的跨账本 DvP 在交易速度、交易操作和交易风险上仍存在一定的挑战。[②]

[①] 欧洲央行，https：//www.ecb.europa.eu/pub/pdf/other/ecb.stella_project_report_september_2017.pdf。

[②] 欧洲央行，https：//www.ecb.europa.eu/pub/pdf/other/stella_project_report_march_2018.pdf。

3. 第三阶段：同步跨境转账

阶段三旨在探索如何使用新技术改善跨境支付，特别是安全性方面。跨境支付涉及多个司法管辖区的不同实体，与国内支付相比速度慢、成本高，低效率问题明显。因此第三阶段目标是为跨境支付探索新的解决方案，提高跨境转账的安全性。由于参与实体既可能采用分布式账本，也可能采用集中式账本，因此第三阶段与前两个阶段不同，其研究范围并不限定在分布式账本的环境中。而引入一种与账本无关的"中间人协议"ILP（the Interledger Protocol）。

实验分为使用 ILP 和不使用 ILP 两种，前者用来研究一个分布式账本和一个集中式账本之间、两个集中式账本之间和两个分布式账本之间的转账，后者用来研究两个分布式账本之间的转账。各参与者之间主要有五种转账方式，分别为信任线（Trustlines）、使用 HTLC 的链上托管（On-Ledger Escrow Using HTLC）、第三方托管（Third Party Escrow）、简单支付通道（Simple Payment Channels）和使用 HTLC 的条件支付通道（Conditional Payment Channels With HTLC）。

表 3-7　　　　　　　　　同步跨境转账的付款方式

付款方式	在分类账内/账外	托管/锁定	有条件支付的执行	特定分类账要求 处理散列时间锁合同	特定分类账要求 处理支付渠道
信任线	外	否	不强制执行	否	
链上托管	内	是	按分类账强制执行	是	否
第三方托管	内	是	由第三方强制执行	否	
简单的支付渠道	外	是	不强制执行	否	是
有条件支付渠道	外	是	按分类账执行	是	是

资料来源：欧洲央行，https://www.ecb.europa.eu/paym/intro/publications/pdf/ecb.miptopical190604.pdf。

第三阶段，五种转账方式得到充分测试。在安全性上，基于 HTLC 的链上托管、第三方托管和支付通道三种转账方式凭借强制性机制避免了本金风险。在流动性效率上，信任线、基于 HTLC 的链上托管、第三方托管和支付通道流动效率依次下降。第三阶段还研究了分类账的处理速度和操作可用性、自由选择权等问题。①

4. 第四阶段：平衡分布式账本的机密性和审计性

第四阶段旨在探索分布式账本环境下如何在保密性和可审计性之间取得平衡。在过去，交易信息的隐私性是分布式账本技术的研究重点之一，由此开发了许多解决方案以限制未经授权方对信息的访问，通常称为隐私增强技术（PETs）。然而这给审计带来了挑战，第三方审计机构难以获得审核活动所必需的信息。基于 DLT 的支付和结算系统要成功应用，其审计水平应与集中系统相似。为此，第四阶段研究了 PETs 如何在维护信息机密性的同时保障审计的有效性。

第四阶段首先根据增强隐私的方法将 PETs 分为三类，随后给予审计原则对每一类 PETs 的可审计性进行评估。

机密性方面，隐私增强技术包括：①隔离技术。该模式下交易信息仅在"有必要知道"的基础上共享，采用隔离技术的 DLT 包括 Corda、Hyperledger Fabric、账外支付通道。②隐藏技术。在该模式下，存在一个共享账本，然而通过隐藏技术可以限制未经授权的第三方访问交易信息，从而增强机密性。采用隐藏技术的 DLT 包括 Quorum、Pederson、零知识证明。③切断联系技术。在该模式下，未经授权的第三方可以查看参与者的交易金额，但无法确定哪个是发送方，哪个是接收方，公共账本上的交易关系被切断。采用切断联系技术的 DLT 包括一次性地址、混币、环签名。PETs 之间并不互斥，叠加使用可以进一步提升系统运营的保密性。

可审计性方面，在集中模式下，中央运营商可以根据审计师的要求披露交易信息，从而实现可审计性。基于 DLT 的模型根据 PETs 的具体实施效果，其可审计性的实现途径和实现效果不同。交易信息的可审计性的评估维度主要有三个，分别是信息的可获得性、信息的可靠性以及审计过程的效率。基于以上三个维度对每种 PETs 的可审计性进行评估。

---

① 欧洲央行，https：//www.ecb.europa.eu/paym/intro/publications/pdf/ecb.miptopical190604.pdf。

表3－8　　　　　　　　未经授权的第三方交易信息

类别	PETs	交易信息 付款方	交易信息 收款方	交易信息 交易金额
隔离	Corda	否	否	否
隔离	Hyperledger Fabric	否	否	否
隔离	账外支付通道	是	是	否
隐藏	Quorum	是	否	否
隐藏	Pederson	是	是	否
隐藏	零知识证明	否	否	否
切断联系	一次性地址	否	是	是
切断联系	混币	否	是	是
切断联系	环签名	否	是	是

资料来源：欧洲央行，https：//www.ecb.europa.eu/paym/intro/publications/pdf/ecb.mip-topical200212.pdf。

表3－9　　　　　　　　各种PETs的可审计性对比

类型	PETs		是否满足信息可获得性	是否满足信息可靠性	是否满足审计效率
隔离	Corda		是	是	是
隔离	Hyperledger Fabric		是	是	是
隔离	账外支付通道	有hub	是	是	是
隔离	账外支付通道	没有hub	是	不是	—
隐藏	Quorum		是	是	是
隐藏	Pederson	获得参数和交易金额	是	是	是
隐藏	Pederson	获得参数	是	是	不是
隐藏	零知识证明		不是	—	—
切断联系	一次性地址		不是	—	—
切断联系	混币	基于中间服务商	是	是	是
切断联系	混币	基于P2P网络	是	不是	是
切断联系	环签名		不是	—	—

资料来源：欧洲央行，https：//www.ecb.europa.eu/paym/intro/publications/pdf/ecb.mip-topical200212.pdf。

从评估中可以推断出不同类型的 PETs 在可审计性上的一般规律：①隔离 PETs 没有共享账本，每个参与者仅能看到与自己相关的交易信息。因此有效审计要求审计师能够访问分类账的所有子集，或者获得其他记录了所有交易信息的载体。②隐藏 PETs 存在共享账本，因此有效审计的关键是确保审计师能够拥有访问共享账本的权限。③切断关联 PETs 很难通过共享账本明确交易关系，因此有效审计需要审计师能够获取存储交易关系的原始信息集。①

二 基于分布式系统的数字人民币的实践方案建议

目前，全球主要经济体国家都在合作开发法定数字货币跨境支付系统。我国法定数字货币的研发一直处于世界前列。然而，我国基于法定数字货币支付体系的讨论还比较少。鉴于此，我们参考世界各国的案例，结合中国的实际情况，提出我国设计基于分布式系统的数字人民币的方案，包括三个方面：①利用数字化技术对现有集中式系统进行优化；②在数字化技术发展的过程中积极践行数字化转型；③以维护国家和金融安全为基础，筛选合适的跨境支付体系模式。

（一）利用数字化技术，继续优化现有集中式系统

1. 第一阶段：在现有集中式结算和清算系统下构建数字化支付基础设施

我国可以在现有的国内清算系统（CNAPS）下引入区块链技术，将新技术集成到现有基础架构中，构建数字化支付的基础设施。具体步骤如下：

第一，中国人民银行构建基于分布式账本（DLT）的平台，探索分布式账本技术的可行性。中国人民银行可以积极与不同的大型科技企业合作，在 CNAPS 系统（集中的 RTGS 系统）下研发相关的分布式账本技术，开发不同类型的 DLT 平台。

第二，中国人民银行基于不同的 DLT 平台，研发相关的智能合约。智能合约是分布式系统构建的重要基础。技术智能合约的研发可以是基于 CNAPS 系统或者新的 DLT 平台。中国人民银行可以在多个平台测试

---

① 欧洲央行，https://www.ecb.europa.eu/paym/intro/publications/pdf/ecb.miptopical200212.pdf。

智能合约的安全性与效率。

第三，中国人民银行可以积极探索基于 DLT 的 DvP 支付模型。DvP 结算主要用于证券交易，在金融市场基础设施中占有极为重要的地位。基于分布式账本的 DvP 支付模型是跨境支付的基础。为此，中国人民银行应该积极研究分布式账本技术如何运用在大额资金交易和证券交易，为批发端数字货币设计和构建奠定基础。

第四，中国人民银行可以从效率和安全的角度，评估这些 DLT 平台相比于集中式 RTGS 系统的优劣势。中国人民银行可以基于隐私性、安全性和效率三个方面，评估不同类型的 DLT 平台的优劣性。同时，对比现有的集中式 CNAPS 系统，筛选出最优方案。

2. 第二阶段：在分布式账本平台基础上，探索跨平台支付技术（Interledger Payments）

随着数字化基础设施逐步健全，我国可以继续探索和研发不同类型的跨平台支付技术。具体步骤如下：

第一，中国人民银行可以根据跨链支付的主要特征，评估不同跨链技术的效率与安全性。目前，各国运行的跨链支付的特征为：账内支付 vs 账外支付，强制执行 vs 非强制执行，锁定支付链资金 vs 非锁定支付链资金等。中国人民银行可以积极探索和研发可用于中介的跨链支付技术。此外，中国人民银行还可以在不同场景下评估各类跨平台技术的同步支付和资金锁定能力。根据已有的集中式账本平台和分布式账本平台，测试和评估这些技术在连接两个集中式账本、集中式账本与分布式账本、两个分布式账本时的绩效与安全问题，尤其是测试它们在同步支付和资金锁定方面的能力。

第二，中国人民银行可以积极探索跨两种以上平台的技术。在跨两种同类型或不同类型的平台技术基础上，进一步探索跨三种或以上平台的技术。在简单模型的基础上探讨复杂网络下跨平台技术的可能性。更重要的是，需要确定分布式支付平台和集中式支付平台的链接，分布式支付平台与集中式支付平台的链接，多个分布式支付平台的链接。

第三，中国人民银行可以借助自贸区和监管沙盒评估不同跨平台支付技术的效率和安全性。首先，中国人民银行可以根据不同的技术，构建不同跨平台支付协议（Interledger Payments Protocol）。评估各类协议的优劣势，比较新技术的使用是否能优化当前的支付体系，尤其在风险控制方面。其次，借助自贸区和监管沙盒试点不同协议的安全性。从法律和监管角度，分析不同协议的合规性。探索不同协议的风险，做好相关的立法和监管工作。最后，评估不同协议构建的技术成熟度和成本收益情况。谨慎评估不同技术的未来发展前景，搭建平台所需的成本和收益情况，筛选出合适的协议。

（二）伴随数字技术的发展，主要参与者应该积极践行数字化转型

前一阶段主要研发和检验不同跨平台支付技术。随着支付技术的创新，跨链协议的参与者职能也会随之转变。我国跨境支付体系主要包含：商业银行、中央银行和 RTGS 运营商。当前我国的 RTGS 运营商是跨境银行间支付清算有限责任公司，受央行指导和监管。

1. 商业银行应转变运营模式

商业银行作为法定数字货币的重要中介，应该充分利用国家数字化支付的基础设施，加快自身的数字化转型。首先，商业银行应该根据支付技术的转变，探索相关的盈利模式，转变自身的运营模式。同时，商业银行也应该注重数字化人才的引进，推动自身数字化技术的研发。其次，商业银行应该积极参与数字化跨境支付体系的研发，提升自身关于跨境流动性管理的方法，为客户提供更透明的服务。商业银行应该积极参与中央银行关于数字化跨境支付体系的研究，根据央行提供的跨境支付体系框架，改善已有的跨境服务，增加我国数字化跨境支付体系的国际吸引力。再次，商业银行应该配合跨平台技术的实施，改善运营系统以支持跨辖区营业时间的延长。商业银行应该优化营业系统，能够根据最终用户（客户）的时间和业务要求提供跨境支付结算服务。最后，商业银行应该积极推动自身金融服务的数字化创新，提升跨平台交易的效率，并降低跨平台交易的成本。数据标准化和流程自动化可以减少跨地区的管辖权分歧，提高跨境支付运行的稳定性和可预测性，提升与新技术集成和互操作的能力。

2. 中国人民银行可以不断优化支付系统

中国人民银行作为支付系统的中心位置，应该起到领头人的作用，推动相关数字化技术的研发和落地。首先，中国人民银行可以积极负责管理实时全额支付系统（RTGS）和 CIPS 系统，监管商业银行和国内实

时全额支付系统（CNAPS）运行情况，并积极推动支付体系创新和改革。其次，中国人民银行可以监管和保证不同的DLT支付技术的可视性，为后续问题解决提供更广泛的经济分析。再次，中国人民银行可以保证任何数字化技术在实施过程中，可以实现整个交易流程中所有参与者的支付状态是可视的，并跟踪付款所提供的有关数据，构建相关数据库，为后续研究提供条件。最后，中国人民银行可以增强国内和国际支付体系的支付能力，延长两个系统的营业时间和截止时间。新的数字化技术是基于现有的基础设施，为了保证数字化技术推广，央行需要进一步强化现有基础设施的支付能力。

中国人民银行还可以优化支持商业银行业务转型的结算体系，降低金融系统中积累的结算风险。随着商业银行的数字化转型，中国人民银行也可以实时优化国内外的支付体系，配合商业银行业务的转变，探索如何降低商业银行转型所带来的风险问题。此外，中国人民银行还可以探索不同跨平台协议所需要的标准化体系，便于国际推广。中央银行可以提升国内和国际支付系统的互操作性，构建一致的信息传递标准、运营标准和处理服务水平协议（SLA），根据不同司法管辖区引入配套的治理结构。

（三）以维护国家和金融安全为基础，筛选合适的跨境支付体系模式

目前，基于法定数字货币的跨境体系的构建可以有三种模式：中介模式、扩大央行负债表模式与多币种结算模式。根据技术难易程度和对现有架构的冲击程度，由易到难，循序渐进构建不同体系。

第一，根据前两步骤的积累，探索基于法定数字货币的中介型跨境支付体系。首先，中国人民银行可以构建设有准入门槛的跨平台协议，在旧有中介模式中引入法定数字货币特征。当前我国跨境支付体系主要是中介模式，在不改变现有跨境的基础上，运用跨平台协议，构建基于法定数字货币的中介模式。其次，中国人民银行可以构建基于法定数字货币的统一信息传递标准，定义交易规则，保障交易流程的可视性。积极参与国际关于法定数字货币跨境支付的相关规则制定，促进建立跨平台或跨境支付的共同规则和标准。最后，中国人民银行可以评估法定数字货币背景下的中介模式与原有模式在效率与安全方面的优劣性，优化

基础设施。利用法定数字货币的特性倒逼支付体系基础设施的建设，推动支付体系进一步改善。

第二，中介模型发展日益成熟，以此为基础，央行可以探索基于法定数字货币的扩大央行负债表模式的跨境支付体系。首先，中国人民银行直接提供流动性，实现法定数字货币在本国管辖范围之外流通和交换。扩大央行负债表模式，就是直接扩大中央银行负债访问，允许交易方直接访问国内的数字钱包。其次，在适当的权限协议下，允许另一个辖区的法定数字货币在本国的法定数字货币平台流通。随着本国法定数字货币在他国法定数字货币平台的流通，允许两国的参与银行相互持有和交换两个中央银行发行的法定数字货币。最后，构建专门的外汇市场，实现法定数字货币的外汇转换。各国央行商讨法定数字货币兑换利率，使得每个参与商业银行都在其辖区的中央银行开立和拥有不同法定数字货币的账户，作为与其他银行进行跨境交易的一部分。

第三，当扩大央行负债表模式在各国推广，探索基于法定数字货币的多币种结算模式的跨境支付体系。中国人民银行可以积极与周边国家合作，各国央行共同创建一个"通用"的法定数字货币。多币种结算模式也是扩大中央银行负债访问的一种模式，直接构建"一篮子"货币支持的单一通用的法定数字货币。其次，商业银行在国内法定数字货币平台中同时拥有本币和外币数字货币钱包，可以直接在国内实现外币资金融通。一旦本币和外币在国内可以通过数字货币钱包兑换和交易，意味着允许交易方直接使用国内的数字钱包，央行就需要转变为超级代理行，实现资金跨境跨行转移。最后，各国共同协商"通用"法定数字货币与各自单一法定数字货币的汇率。各国央行还需要积极讨论如何管理汇率框架，创建专门发行和管理的交易所。

第四，在试点和评估不同模式下，法定数字货币对现有体系的挑战，包括监管和法律挑战、经济和货币政策问题与商业银行的成本和收益。首先，法定数字货币跨境支付的三种模式都是循序渐进的，对技术、经济和金融实力、货币政策操作框架都有不同的要求。央行可以根据现有的技术和经济基础，一步一步推进法定数字货币跨境体系构建，切忌冒进。其次，中介模式是现有模式的代币化，可以缓解现有体系的缺陷，但是不利于法定数字货币的推广。中介模式可以依赖现有的法规和流程，将信用风险和结算风险降到最低。然而，中介模式要求中间人同时存在于本币和外币数字货币平台上，大大减少了能够发挥中介作用的金融机构的数量。再次，扩大央行负债表模式需要考虑法定数字货币在其他司法管辖区流通时对货币供应和货币政策的影响。扩大央行负债表模式需要扩大中央银行对非监管或外国金融机构的准入范围，这将对我国国家和金融安全与稳定带来了一些挑战。最后，多币种结算可以最全面地解决当前我国跨境支付存在的问题，但是也带来诸多政治问题。一方面，这种模式需要多个国家通力合作，中央银行面临很多国家间的协调和安全管理问题。另一方面，构建基于一篮子货币的新法定数字货币可能会出现很多摩擦，中央银行将需要进一步管理和监测现金供应、国内实时全额结算系统和国际型法定数字货币的供应，致使这种模式的研发和推行需要很长的时间。

第四章
法定数字货币的流通框架

针对法定数字货币的发行，各国中央银行首要解决的问题是如何将法定数字货币从中央银行发行库投放至公众手中，即如何选取法定数字货币的流通框架。本章将在介绍流通框架的概念和运行机制的基础上，分析不同流通框架的优势和劣势，梳理国内外选取流通框架的应用实践，并尝试对我国流通框架的构建提出建议。

第一节 流通框架的概念

随着各国法定数字货币的研发和试点不断推进，流通框架的可行方案逐渐增多。目前各国基本认可三种可行方案：单层流通框架、双层流通框架和混合流通框架。本节介绍流通框架的概念与三种流通框架的基本原理。

一 什么是流通框架

流通框架是指法定数字货币从中央银行发行库到最终用户的运行过程（范一飞，2016）。该过程涉及个人信息认证、债权债务结算、支付交易处理、客户数据管理与隐私保护等一系列服务。

流通框架需要满足一系列条件。流通框架的稳健有效运行需要中央银行、商业银行与其他金融机构（第三方支付机构）等部门的协调配合。流通框架的设计一般要预留可拓展空间，以便灵活应对未来经济发展需求的变化。流通框架的选取也需要在效率与安全之间进行权衡，确保其符合本国国情。合适的流通框架应该能够满足本国支付需求，助力经济发展并有效抵御外部冲击（范一飞，2018）。

二 流通框架的分类

根据中央银行与金融中介的关系,法定数字货币的流通框架可以分为三类:单层流通框架、双层流通框架和混合流通框架(Auer and Böhme,2020)。不同的流通框架下,参与主体之间的债权债务关系和职能分工存在差异,如表4-1所示。

表4-1　　　　　　　　三种流通框架对比

	央行直接负债	货币兑换机构	零售支付提供者
单层流通框架	是	中央银行	中央银行
双层流通框架	否	商业银行	商业银行
混合流通框架	是	商业银行	商业银行或第三方支付机构

资料来源:Auer, R., Böhme, R., "The Technology of Retail Central Bank Digital Currency", *BIS Quarterly Review*, March, 2020。

(一)单层流通框架

单层流通框架(Direct CBDC)是指"中央银行—公众"的一元信用创造机制,中央银行直接向公众发行法定数字货币,并提供货币流通和维护服务(范一飞,2016)。单层流通框架下,法定数字货币是中央银行对最终用户的直接负债,中央银行负责管理零售支付服务(Barontini and Holden,2019)。

单层流通框架的基本原理如图4-1所示。中央银行根据宏观经济

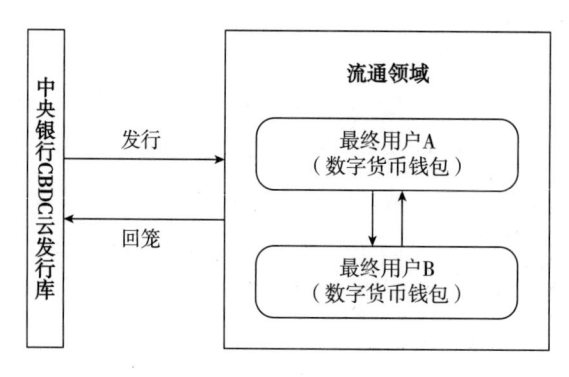

图4-1　单层流通框架的基本原理

资料来源:笔者根据公开信息绘制。

形势和货币政策调控的实际需要,通过资产购买的方式向企业和个人发行法定数字货币。中央银行的资产负债表直接面向非金融企业和个人开放,企业和个人可以在中央银行开户,使用数字货币钱包保管法定数字货币(乔海曙等,2018)。中央银行可以保存并跟踪所有的用户信息、交易记录和账户余额变动情况。

各部门的职能分工如表4-2所示。除了发行法定数字货币之外,中央银行还可向企业和个人提供传统的电子支付服务,如银行卡、支付应用程序、支付信息查询和支付授权等。这种"一站式"解决方案类似于目前商业银行为其储户提供的支付服务。当然,关于客户服务满意度调查(Know Your Customer,KYC)和服务方案改进的工作可以外包给商业银行或第三方支付机构。但是中央银行是唯一处理支付服务的机构(Auer and Böhme,2020),商业银行或第三方支付机构仅仅扮演"看门人"的角色。

表4-2　　　　　　　　单层流通框架中各部门职能

部门	职能
中央银行	建设法定数字货币基础设施,发行法定数字货币,提供用户身份核验、私钥管理、信息登记与零售支付结算等服务
商业银行或第三方支付机构	承担部分外包职能,例如客户服务满意度调查与客户服务方案改进等
金融科技公司	提供支付终端软硬件的技术支持、大数据分析、支付场景改造与支付系统的运营维护等服务

资料来源:Beniak,P.,"Central Bank Digital Currency and Monetary Policy:A Literature Review",*MPRA Paper*,2019。

(二)双层流通框架

双层流通框架(Indirect CBDC)是指法定数字货币的流通运行保留传统的"中央银行—商业银行"的二元模式。具体来说,商业银行向中央银行缴纳存款准备金,中央银行将法定数字货币兑换给商业银行,商业银行再将法定数字货币兑换给公众。商业银行不仅提供法定数字货币的兑换和存取服务,还和中央银行一起维护法定数字货币发行与流通体系的正常运行（姚前，2018）。在双层流通框架下，法定数字货币是商业银行对最终用户的直接负债（Armelius et al.，2020）。[①]

双层流通框架的基本原理如图 4-2 所示。中央银行确定法定数字货币的最优发行量，并将其由中央银行发行库投放至商业银行业务库，商业银行再将其投放至流通领域。为了保证法定数字货币不超发，商业银行需要向中央银行缴纳 100% 准备金（范一飞，2018）。在双层流通框架下，最终用户在商业银行账户体系中同时拥有银行存款账户和数字货币钱包，银行存款和法定数字货币可以在商业银行系统中自由兑换。同时，用户之间的法定数字货币支付与结算也经由商业银行系统完成。

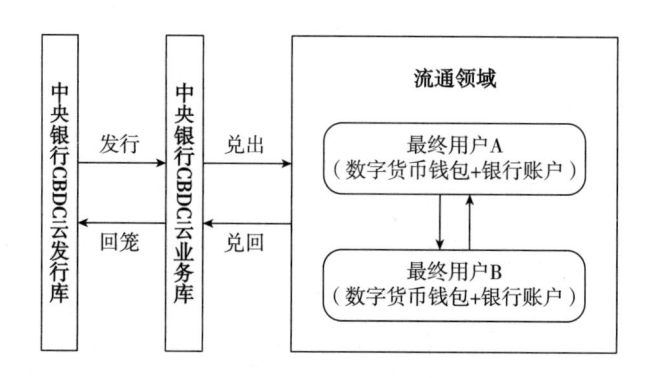

图 4-2　双层流通框架的基本原理

资料来源：笔者根据公开信息绘制。

双层流通框架中各部门的职能分工仍然是现行的"核心—终端"模式。中央银行保留核心职能，只负责建设批发层的法定数字货币服务系统，记录法定数字货币的发放信息，并为商业银行提供银行间支付清算服务。商业银行负责终端职能，建设零售端的法定数字货币服务系统，为零售客户提供信息登记、身份核验、账户维护、货币兑换与支付处理等服务，并保存零售用户账户和交易等信息。

[①] 为防范数字货币超发，负责兑换法定数字货币的商业金融机构需要向央行按 100% 全额缴纳准备金，因此法定数字货币本质上最终仍是中央银行的负债，只不过是间接的。资料来源：范一飞：《关于央行数字货币的几点考虑》，《第一财经日报》2018 年 1 月 26 日。

(三) 混合流通框架

混合流通框架 (Hybrid CBDC) 是一种介于单层和双层流通框架之间的解决方案。一方面，混合流通框架下法定数字货币是中央银行对最终用户的直接负债。另一方面，混合流通框架允许商业银行等中介机构提供零售支付服务。

混合流通框架的基本原理如图 4-3 所示。中央银行在支付市场的批发层占主导地位，但不处理零售业务。商业银行或第三方机构需要负责帮助用户开立或注销数字货币钱包，提供访问法定数字货币所需的设备以及提供法定数字货币的零售支付服务。

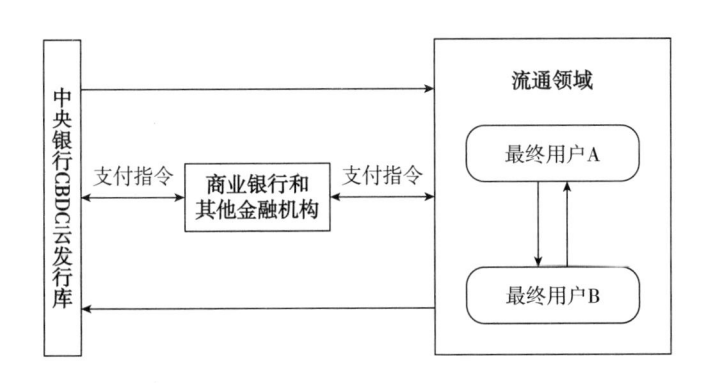

图 4-3　混合流通框架的基本原理

资料来源：笔者根据公开信息绘制。

混合流通框架稳健运行的关键在于保证最终用户的数字货币钱包与商业银行或第三方支付机构的资产负债表相互隔离，以及保证法定数字货币能够在不同机构之间转移。为此，一方面，立法部门需要制定规范的法律框架，明确规定用户的法定数字货币与金融中介资产负债相互隔离而且允许转移。另一方面，中央银行必须具备转移法定数字货币的技术能力，保证在商业银行或第三方支付机构出现技术问题或财务危机时，可以将用户的法定数字货币资产转移至正常机构，维持整个支付体系的正常运转 (Auer and Böhme, 2020)。

总而言之，三种流通框架的区别主要在于债权债务关系和支付服务提供主体。单层流通框架中，法定数字货币是中央银行对最终用户的直接负债,中央银行提供零售支付服务。双层流通框架中,法定数字货币是商业银行的直接负债,商业银行提供零售支付服务。混合流通框架中,法定数字货币是中央银行的直接负债,商业银行提供零售支付服务。

第二节 三种流通框架的运行机制

三种流通框架中法定数字货币的流通路径不同,各主体之间的债权债务和支付结算关系不同,因此三种流通框架的运行机制不同。本节基于个人和商户之间的支付结算场景,参考 Armelius 等(2020)建立的不同流通框架模型,介绍三种流通框架的运行机制,以便读者更加深入地了解单层、双层和混合流通框架的运行和结算逻辑。

一 单层流通框架的运行机制

单层流通框架的运行机制依赖于最终用户进行结算的方式。不同的结算方式代表着银行储蓄和法定数字货币需要在不同的结算系统之间进行兑换。单层流通框架的运行机制如图 4-4 所示,图中 CBDC 代称法定数字货币。

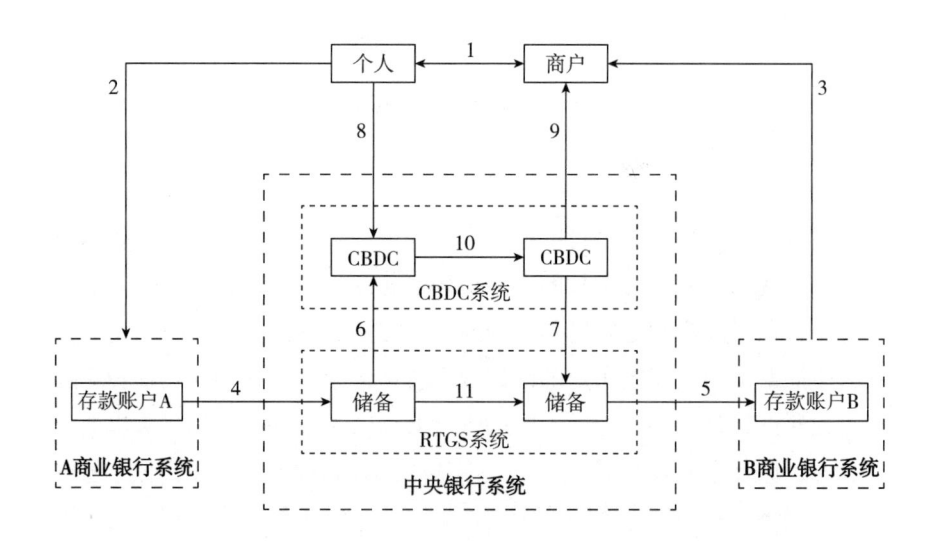

图 4-4 单层流通框架的运行机制

资料来源:Armelius, H., et al., "E-Krona Design Models: Pros, Cons and Trade-offs", *Sveriges Riksbank Economic Review*, 2020, 2: 80-96。

（1）交易双方选择结算方式。个人进行消费后，可以运用以下四种不同的方式进行结算（步骤1）：①双方都使用法定数字货币交易；②个人使用银行储蓄，而商户使用法定数字货币；③个人使用法定数字货币，而商户使用银行储蓄；④个人和商户都使用银行储蓄。

（2）如果双方都使用法定数字货币进行结算，支付流程只需要在法定数字货币系统即可完成。个人向中央银行的法定数字货币系统发出支付指令（步骤8），法定数字货币系统将个人数字货币钱包中一定金额的法定数字货币划拨入商户钱包并通知商户（步骤10和步骤9）。

（3）如果个人使用银行储蓄交易，而商户接受法定数字货币，支付流程需要突破法定数字货币系统。个人需要向其开户银行A发出指令（步骤2），将一定储蓄金额兑换为法定数字货币（步骤4和步骤6），这一过程会使中央银行对开户行A的负债（存款准备金）减少，转化为中央银行对消费者的负债（法定数字货币）。上述过程在实时全额结算（Real Time Gross Settlement，RTGS）系统中完成。消费者兑换得到法定数字货币之后，再在法定数字货币系统完成对商户的支付（步骤10和步骤9）。

（4）如果个人使用法定数字货币，而商户接受银行储蓄，支付流程同样需要突破法定数字货币系统。个人向中央银行的法定数字货币系统发出支付指令（步骤8和步骤10），商户在接收到法定数字货币后指示开户行B将法定数字货币兑换为银行储蓄（步骤7、步骤5和步骤3）。同理，这一过程会使中央银行对商户的负债（法定数字货币）减少，对开户行B的负债（存款准备金）增加；法定数字货币和银行储蓄的互换需要法定数字货币系统和RTGS系统同时参与。

（5）如果个人和商户只采用银行转账的方式进行支付，不涉及法定数字货币，支付结算只需要在RTGS系统中进行（步骤2、步骤4、步骤11、步骤5和步骤3）。

综上所述，如果支付双方全部采用法定数字货币的话，支付在法定数字货币系统中即可完成。如果任何一方拒绝使用法定数字货币，而要求使用银行储蓄的话，支付必须借助RTGS系统。

二 双层流通框架的运行机制

双层流通框架与现行的流通框架一致，流通框架的运行机制也相对简单,如图 4-5 所示。在双层流通框架下,法定数字货币和银行储蓄的兑换可以在银行内部系统进行,不需要像单层流通框架那样跨系统兑换。

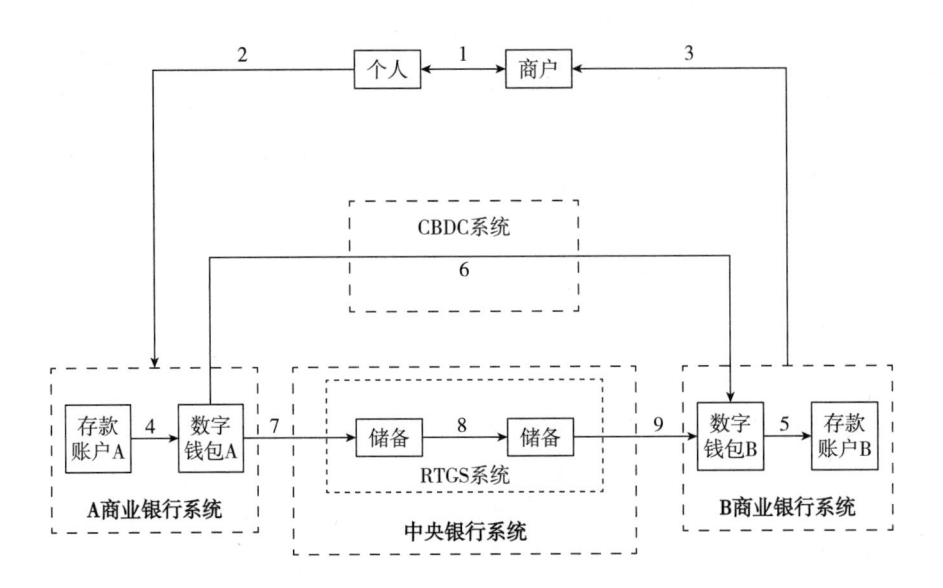

图 4-5　双层流通框架运行机制

资料来源:Armelius, H., et al., "E-Krona Design Models: Pros, Cons and Trade-offs", *Sveriges Riksbank Economic Review*, 2020, 2: 80-96。

（1）双方选择结算方式。个人和商户进行交易时可以运用以下三种不同的方式进行结算（步骤1）：双方都使用法定数字货币、个人使用银行储蓄而商户使用法定数字货币、个人使用法定数字货币而商户使用银行储蓄。

（2）如果双方都使用法定数字货币进行结算,支付流程在法定数字货币系统完成。个人可以指令他的开户行 A,将其数字货币钱包 A 的余额划转一定金额至商户的数字货币钱包 B 并通知商户（步骤2、步骤6和步骤3）。该过程伴随 A 银行在中央银行的储备减少,B 银行的储备相应增加（步骤7、步骤8和步骤9）。由于流通中法定数字货币总额未发生变化,商业银行存放至中央银行的储备总额不变。该过程在 A 银行资产负债表体现为借记个人数字货币钱包余额,贷记 A 银行中央银行存款；在 B 银行资产负债表体现为借记 B 银行中央银行存款，贷记商户数字货币钱包余额。

（3）如果交易结算涉及法定数字货币和银行储蓄的兑换，兑换过程在商业银行内部系统即可完成。如果个人使用银行储蓄交易，而商户接受法定数字货币，个人需要将银行储蓄兑换为法定数字货币，指令开户行 A 借记个人的银行储蓄余额，贷记个人的数字货币钱包余额（步骤4）。同理，如果商户需要将法定数字货币存放至商业银行存款，只需指令 B 银行贷记商户的银行储蓄余额，借记商户的数字货币钱包余额（步骤5）。法定数字货币与银行储蓄之间的兑换造成法定数字货币流通额和银行准备金数额的改变。银行准备金数额的变动需要在 RTGS 系统中进行（步骤7、步骤8和步骤9）。

综上所述，用户银行储蓄与法定数字货币之间的兑换只需要在商业银行系统中完成，不同银行间法定数字货币的支付结算在法定数字货币系统进行，涉及准备金的变动在中央银行 RTGS 系统中完成。

三 混合流通框架的运行机制

混合流通框架保留了单层流通框架和双层流通框架的主要特点，Armelius 等（2020）将混合流通框架分为集中式（Centralized）和分布式（Distributed）两种模式。下文将分别介绍两种模式的运行机制。

（一）集中式混合流通框架的运行机制

在集中式混合流通框架中，中央银行与所有最终用户都有直接的合同关系，中央银行提供记录所有用户交易信息的核心分类账，并建立供合格商业银行或第三方支付机构连接的技术平台（钟伟，2018）。

集中式混合流通框架的运行机制如图 4-6 所示，其中 PSP 指能够提供零售支付服务的私人机构。类似于双层流通框架，当最终用户想要将银行储蓄兑换为法定数字货币时，其授权开户行借记银行储蓄余额，并贷记数字货币钱包余额。但是，类似于单层流通框架，这一过程需要在 RTGS 系统中实现（步骤1和步骤2）。法定数字货币持有者之间的支付可以简单地描述为核心分类账中的内部资金转移（步骤3），只需要在法定数字货币系统完成。由于法定数字货币本身是中央银行的负债，其在持有者之间的转移与实物现金的交换方式类似。当法定数字货币持有者想要支付给不能或不愿接受法定数字货币的收款人时，这一交易需要将法定数字货币兑换为商业银行货币（银行储蓄），这突破了法定数字货币系统，需要在 RTGS 系统中结算，类似于单层流通框架（步骤 3 和步骤 4）。

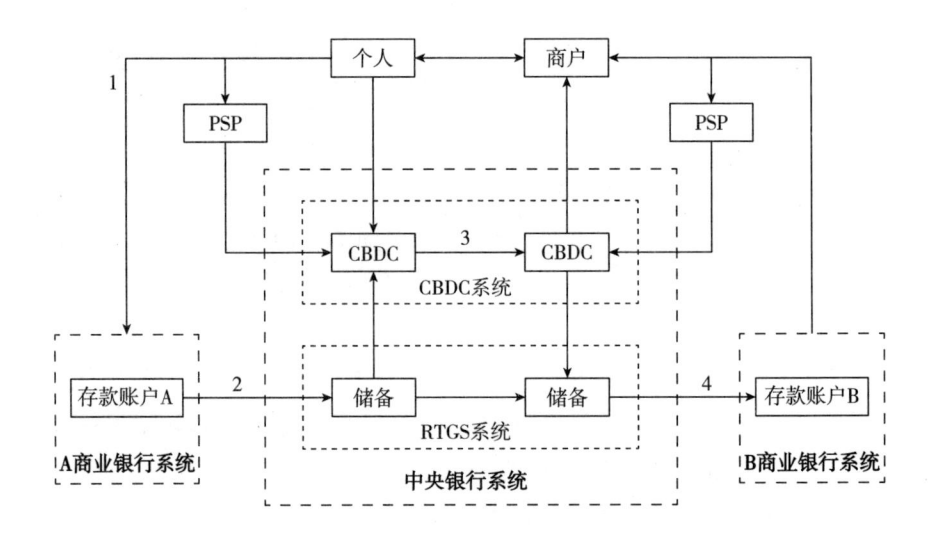

图 4-6 集中式混合流通框架的运行机制

资料来源：Armelius, H., et al., "E‐Krona Design Models: Pros, Cons and Trade‐offs", *Sveriges Riksbank Economic Review*, 2020, 2: 80-96。

（二）分布式混合流通框架

与集中式混合流通框架不同，分布式混合流通框架下中央银行与最终用户之间没有直接合同关系，也不提供记录所有交易信息的核心分类账。所有的法定数字货币都在分散数据库中流通，商业银行等中介机构自行维护各自的分类账，并与最终用户建立直接的合同关系（杨东和陈哲立，2020）。由中央银行在交易完成前进行验证，防止"双重支付"问题。

分布式流通框架还可以区分为需要许可的分布式账本和开放的分布式账本。前者只向中央银行授权的参与者开放，能够满足中央银行风险管理和维持金融稳定的需求；而后者面向所有人开放，对中央银行来说风险管理难度较大（Armelius et al., 2020）。

分布式混合流通框架的运行机制如图 4-7 所示。商业银行等中介机构在 RTGS 系统中向中央银行缴存 100% 准备金用于向最终用户兑换法定数字货币（步骤 1）。最终用户通过中介机构兑换法定数字货币，借记银行存款余额，贷记数字货币钱包余额（步骤 2）。个人支付法定数字货币购买产品或服务时，其数字货币钱包 A 减少相应金额，商户数字货币钱包 B 增加相同金额（步骤 3）。如果商户不希望持有法定数字货币，他们可以通过中介机构将法定数字货币兑换为银行储蓄（步骤 4）。中介机构既可以选择持有法定数字货币，也可以通过 RTGS 系统将其兑换为中央银行的储备（步骤 5）。这种赎回方式与目前使用实物现金的赎回方式相同。类似于集中式流通框架，法定数字货币和商业银行货币之间的兑换需要在法定数字货币系统之外进行。

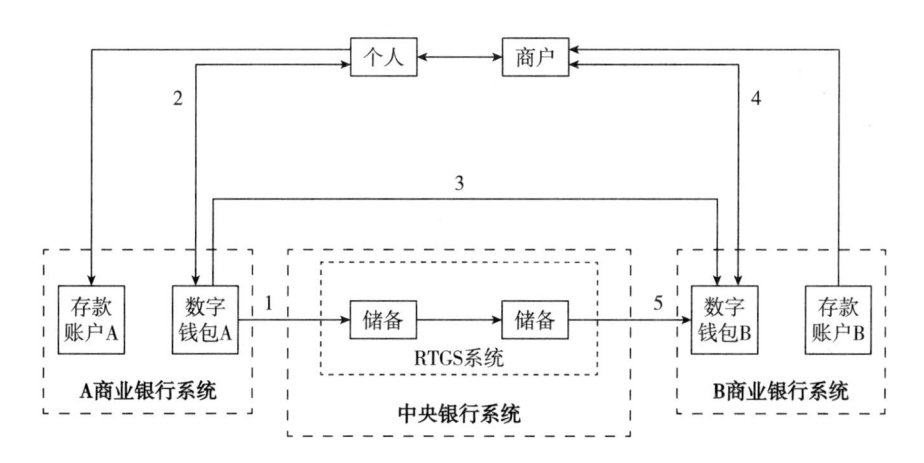

图 4-7　分布式混合流通框架运行机制

资料来源：Armelius, H., et al., "E-Krona Design Models: Pros, Cons and Trade-offs", *Sveriges Riksbank Economic Review*, 2020, 2: 80-96。

分布式流通框架面临稳定性和隐私保护的权衡。相比集中式流通框架，分布式流通框架稳定性更强。因为所有节点都拥有交易分类账的副本，即使账户所在节点出现故障，用户也可以通过其他正常节点访问自己的账户，继续开展交易。但是分散的分类账副本会公开所有的交易信息，这与法定数字货币的匿名性特征不符，不利于用户隐私保护。因此中央银行在完成交易活动合法性的基础检查后，需要设置交易信息的使用许可和销毁程序，以实现稳定性与用户隐私保护之间的权衡。

即使分布式混合流通框架是较为分散的，但其仍需要中央银行高度参与（Armelius et al.，2020）。分布式混合流通框架要求中央银行建立一个供海量用户使用的基础设施，用来发行和回笼法定数字货币、进行交易验证以防止"双重支付"以及检查交易合法性等。此外，如果部分系统出现故障，中央银行就会面临声誉风险。因此，中央银行需要提供应急解决办法，以应对当部分节点出现故障时大量最终用户的法定数字货币无法交易的问题。

综上所述，三种流通框架的主要区别在于货币间兑换依托的结算系统不同，这是由于中央银行和最终用户的债权债务关系不同。在单层流通框架和混合流通框架中，法定数字货币是中央银行的直接负债，因此其与银行储蓄之间的兑换需要借助RTGS系统。在双层流通框架中，法定数字货币是商业银行的直接负债，因此其与银行储蓄之间的兑换在商业银行内部系统即可完成。

第三节　三种流通框架的优势与劣势

三种类型的流通框架基本原理和运行机制不同，因此其在效率和安全方面的特征不同，各自具有不同的优势与劣势。本节从信息追溯、政策效率、投入成本、风险控制和对现行金融体系的影响等方面，分析三种流通框架的优势与劣势。

一　单层流通框架的优势与劣势

单层流通框架绕过了金融中介，中央银行能够直接触达最终用户。然而，由于法定数字货币的信息、服务和风险都集中于中央银行，单层流通框架的成本和风险较高。为此，下文详细介绍单层流通框架的优势与劣势。

（一）单层流通框架的优势

单层流通框架简单而直接，它消除了公众和企业对金融中介的依赖，其优势主要表现在以下三方面：

（1）中央银行可以掌握货币全息信息[①]，有利于维护货币安全。在

[①] 全息信息又称为多维信息，是指由多渠道、多视角、多侧面收集的信息。

单层流通框架下，所有最终用户开立数字货币钱包时，都需要经由中央银行认证身份并核验账户信息。此后货币发行、流通与回笼全过程的信息也将由中央银行登记、确权与脱敏后发布至核心分类账中供金融机构查询。因此，中央银行核心分类账能够掌握法定数字货币的详细动向和交易信息，有利于中央银行打击洗钱、伪造货币、恐怖融资与逃税漏税等犯罪行为，维护货币主权与安全（刘蔚，2017）。

（2）中央银行直接向公众发放货币，有利于提高货币政策的传导效率。在单层流通框架下，中央银行直接面向企业和个人发放法定数字货币，传统的货币政策传导渠道（中央银行—商业银行—实体企业）将转换为中央银行直达实体企业（郭艳等，2020）。这减少了货币政策传导的时滞性和金融中介的不确定性，畅通了货币政策传导机制。进一步地，中央银行可以定向对重点领域、关键环节、"三农"企业与中小微企业投放法定数字货币，能够精准、实时与智能地指定货币投放去向，促进普惠金融发展。同时，央行还可以实时监测贷款规模和利率，评估货币政策实施效果并及时调整，提高货币政策的灵活性。

（3）单层流通框架能够协调货币政策和财政政策，促进实体经济发展。中央银行可以通过经办财政支出投放法定数字货币、通过税收回笼法定数字货币，从而达到控制货币供应量的目标（乔海曙等，2018）。在传统"中央银行—商业银行"二元体系下，通过信贷渠道发放的货币供应依赖不动产抵押，会带来资产价格上涨与信贷扩张的相互促进，引致资产泡沫和债务危机。而中央银行可以通过经办财政政策投放法定数字货币，转换货币供应渠道，从而规避这一隐患。此外，财政支出和实体经济主体之间的联系更为密切，有利于促进实体经济发展。例如在后新冠肺炎疫情时期，中央银行可以使用法定数字货币直接向公众发放救济金，促进消费、拉动内需。[①] 单层流通框架可以简化救济金发放流程，缩短时滞，提高效率。

(二) 单层流通框架的劣势

单层流通框架面临中央银行和商业银行在资源配置方面哪一个效率更高的问题，其劣势主要表现在：

---

① 资料来源：CSDN，https://blog.csdn.net/weixin_44282220/article/details/105212795。

（1）单层流通框架的基础设施需要重新建立，投资成本巨大。第一，单层流通框架需要中央银行建设一个全局性的基础设施，为海量零售用户提供账户维护、信息保存与支付处理等服务，此工程需要巨额投资（Auer and Böhme, 2020）。第二，我国各地区的经济、科技和教育水平差异较大，因此法定数字货币的系统和制度面临复杂的多样性需求。第三，新的基础设施十分依赖网络覆盖范围、稳定性与安全程度，这对网络覆盖不足的偏远地区用户来说极为不便，不利于增加社会福祉（范一飞，2018）。第四，中央银行并不擅长处理零售客户关系，缺少相应的人才、经验和制度，难以提供完善的金融服务。因此，央行采用单层流通框架大范围发行法定数字货币是不切实际的。

（2）单层流通框架的风险过于集中，不利于央行的风险管理。一方面，中央银行面临网络安全风险。所有用户的信息都储存在中央银行服务器上，一旦某一节点发生故障或遭遇攻击，整个网络体系将陷入崩溃，可能导致数据丢失与交易活动停摆等事故（Beniak, 2019）。另一方面，中央银行面临财务风险。任何人的交易都会导致中央银行资产负债表发生变化，中央银行将面临极大的账务存管和资产负债管理压力。例如，历史上英格兰银行和瑞典央行曾经允许私人在中央银行开立账户，但都因为巨大的资产负债管理压力而废止私人业务（Nabilou, 2020）。

（3）单层流通框架对现有的二元体系冲击较大，容易造成数字挤兑（Digital Run）和金融脱媒。单层流通框架背景下，法定数字货币与商业银行存款形式相似，都可以由零售用户广泛获取的虚拟形态的货币。但是，法定数字货币由中央银行信用背书，而银行存款由商业银行信用背书，对公众而言，法定数字货币的安全性明显高于银行存款（乔海曙等，2018）。在风险较高的环境下，用户倾向于将银行存款转换为法定数字货币，从而造成数字挤兑，甚至造成金融脱媒，给国家金融体系带来颠覆性冲击（Roubini, 2018）。单层流通框架下，不同国家的法定数字货币受信任程度不同。在各国法定数字货币可兑换的背景下，当一国政治或经济发生危机时，用户会转而持有主权信用更高国家的法定数字货币，这可能造成金融恐慌的国际溢出（Barontini and Holden, 2019）。

二 双层流通框架的优势与劣势

双层流通框架保留了现行的"中央银行—商业银行"二元体系，一方面能够降低成本、分散风险并减少对金融体系的冲击；另一方面难以保障商业银行经营的稳定性和技术的可靠性。下文将详细介绍双层流通框架的优势与劣势。

（一）双层流通框架的优势

双层流通框架可以降低法定数字货币发行对现行流通体系的冲击，调动商业银行积极性并分散风险，其优势主要表现在：

（1）双层流通框架可以充分利用已有资源，推动法定数字货币服务市场化。首先，双层流通框架能够充分利用商业银行已经积累的零售服务人才、技术、设施、管理经验与客户资源，避免中央银行重新投入巨额资金建设货币基础设施（范一飞，2018）。其次，双层流通框架能够促进商业银行竞争，激励商业银行创新产品与优化服务，推动金融深化与金融普惠（姚前和汤莹玮，2017）。最后，对于用户而言，双层流通框架维持了用户与商业银行之间的业务关系和账户结构，降低了学习成本。同时，市场化的金融服务有利于提升用户体验，保障用户权益。

（2）双层流通框架可以分担中央银行的管理压力，分散化解风险。一方面，双层流通框架能够简化央行网络系统，分散网络风险和操作风险。双层流通框架下，中央银行和商业银行之间实现了网络系统的专业分工（巴曙松和姚舜达，2021）。中央银行只提供核心基础服务，商业银行负责建立并维护零售终端服务系统。这种核心与终端的分工可以分散网络和操作风险，即使某一商业银行客户端发生故障或者遭受攻击，也不会丢失所有用户的信息，不会影响整个货币系统的正常运转。另一方面，双层流通框架能够防止中央银行资产负债表频繁变化，分散财务风险（Beniak，2019）。零售客户不直接进入中央银行资产负债表，这可以防止法定数字货币给中央银行带来过大的财务管理压力。商业银行管理零售账户也便于其开展尽职调查、反逃税、反洗钱与反恐怖融资等工作。

（3）双层流通框架可以维持中央银行与商业银行的职能定位，避免金融脱媒。一方面，双层流通框架依托现有二元体系，中央银行与商业银行的职能分工得以维持。中央银行可以继续扮演发行的银行、银行的银行与国家的银行三重角色。商业银行可以继续直接服务社会公众，在零售端提供多样化的金融服务。这避免中央银行过于膨胀而发展成为大一统银行，可以促进金融市场化发展（张伟等，2019）。另一方面，双层流通框架维持了金融系统稳定。双层流通框架将法定数字货币纳入现行货币发行体系中，弱化法定数字货币与商业银行存款的竞争关系（侯利阳，2021）。双层流通框架可以避免数字挤兑，能够维持商业银行信用创造功能，防止金融脱媒给现行金融体系带来颠覆性冲击。

（4）双层流通框架可以提高货币政策的精准性、前瞻性与智能性。姚前（2018）指出，在双层流通框架下，中央银行发行的法定数字货币具有可追踪性和可编程性。可追踪性是指中央银行可以追溯法定数字货币投放后的去向，能实现货币精准投放，防止货币空转与大水漫灌。可编程性是指法定数字货币具有应用扩展字段和可编程脚本字段，其属性可以不断更新，灵活适应未来多样的应用场景需求。利用可编程性，中央银行可以设计前瞻触发条件，即只有满足特定时点、对象、利率和经济状态的要求时，法定数字货币才会生效。通过设置前瞻触发条件，央行能提前设计法定数字货币发放的场景，从而克服传统货币政策难以追踪[1]、货币同质[2]和操作当下[3]的弊病。总而言之，双层流通框架使中央银行不仅能够精准分析货币投放情况，还能够内置前瞻条件触发功能，提高货币政策实施的前瞻性和智能性，从而更加有效地引导金融系统服务实体经济。

（二）双层流通框架的劣势

在双层流通框架下，中央银行只能获取到关于批发市场的信息，难以实时获取个人的交易信息，其劣势主要表现在：

（1）在双层流通框架下，中央银行难以控制操作风险和流动性风险（戚聿东和褚席，2019）。中央银行难以控制每个商业银行终端的运行情况。商业银行终端的网络故障、操作失误或者流动性危机可能造成

---

[1] 难以追踪是指中央银行难以追踪和监控货币投放后的具体流向。
[2] 货币同质是指传统货币之间只有面额差别，传统货币政策是总量调控，难以实现精准定向投放。
[3] 操作当下是指中央银行对货币投放的掌控是当下的，一旦完成货币投放，中央银行难以掌握或控制其后续流向。

零售用户的支付延迟或者数据丢失。更严重的是，单个节点的故障可能会沿着金融网络和信息网络加速传染，造成系统性的金融风险。另外，法定数字货币由中央银行信用背书，如果商业银行不能提供安全、便捷与高效的服务，中央银行将面临声誉风险，居民对法定数字货币的信心会降低。

（2）在双层流通框架下，中央银行难以立刻处理最终用户的索赔纠纷。用户的大量信息由商业银行掌握，如果没有商业银行提供的信息，中央银行无法认定其与最终用户的债权债务关系，难以保障用户财产安全（Auer and Böhme，2020）。一旦商业银行处于破产危机，或者数据大量丢失，或者操作系统出现故障，最终用户可能需要进行法律诉讼才能确定其合法债权人身份。但是，法律诉讼程序复杂、成本高昂，而且最终用户的债权人身份不一定能得到确认。因此，双层流通框架需要建立和现行系统相似的监管制度和存款保险制度来保障公众的合法权益和金融体系的安全性。

（3）法定数字货币的法律地位难以确认。即使是在双层流通框架下，商业银行兑换出的法定数字货币与银行存款的法律地位也不相同。公众的银行存款由商业银行信用背书，不具有法偿性；法定数字货币由国家信用背书，具有法偿性。用户的银行存款是"商业银行货币"（Commercial Bank Money），它与商业银行形成投资关系，用户可以在承担风险的同时，获得商业银行使用存款向外投资的收益。而法定数字货币资产是"中央银行货币"（Central Bank Money），它与商业银行之间是"委托存管与支付结算"的关系（刘少军，2018），商业银行不能使用用户的法定数字货币资产向外投资或将其作为破产资产。虽然法定数字货币具有法偿性，但是现有的实物货币法律法规难以完全适应其数字化特征（杨东和陈哲立，2020），因此有关部门需拟定专门针对法定数字货币的法律法规，明确法定数字货币的法律地位。

三　混合流通框架的优势与劣势

混合流通框架综合了单层和双层流通框架的主要特征，因此也综合表现出单层和双层流通框架的部分优势与劣势。

（一）混合流通框架的优势

混合流通框架保留了单层流通框架和双层流通框架的优势，主要表现在：

（1）在混合流通框架下，中央银行能够掌握货币全息信息，保留了单层流通框架的优势（Auer and Böhme，2020）。无论是集中式混合流通框架下中央银行建立的核心分类账，还是分布式混合流通框架下央行的交易验证基础设施，其都能够满足中央银行定时记录零售账户信息的需求。中央银行能够掌握法定数字货币发行、流通与回笼全生命周期中的详细动向。一方面，这有利于中央银行打击洗钱、伪造货币、恐怖融资、逃税漏税等犯罪行为。另一方面，在金融中介发生技术故障或财务危机的情况下，中央银行能够迅速确定最终用户对法定数字货币的合法所有权，及时将用户的法定数字货币资产迁移至正常的金融中介，保护用户的财产与数据安全，满足正常的支付需求。

（2）在混合流通框架下，商业银行或第三方支付机构提供零售服务，保留了双层流通框架的优势。第一，商业银行或第三方支付机构能够充分利用其积累的基础设施、客户关系、人才技术储备与管理经验（何德旭和姚博，2019）。第二，中央银行将支付服务外包，可以鼓励市场创新与竞争，调动商业银行或第三方支付机构的积极性，优化用户体验（范一飞，2020）。第三，商业银行或第三方支付机构提供终端服务，可以分散操作风险与流动性风险（Nabilou，2020）。第四，中央银行与商业银行或第三方支付机构的关系不变，可以防止存款搬家和金融脱媒（乔海曙等，2018）。第五，中央银行可以利用法定数字货币的可追溯性和可编程性提高货币政策的精准性、前瞻性和智能性（姚前，2018）。

（二）混合流通框架的劣势

混合流通框架也具有单层流通框架和双层流通框架的不可避免的劣势，主要表现在：

（1）在混合流通框架下，中央银行仍然面临声誉风险。一方面，如果商业银行或第三方支付机构的服务质量、安全防护和隐私承诺不能满足客户需求，中央银行会面临声誉风险。因此中央银行应该提高商业银行或第三方支付机构的准入门槛并提高监管效率。另一方面，中央银行和商业银行或第三方支付机构之间的信息更新不同步，可能会降低支付结算效率，也不利于开展反洗钱工作，这将使中央银行暴露在声誉风险和资产负债表风险之下。为了解决信息异步更新的问题,中央银行应该对所有中介机构的终端进行实时审计。中央银行也可以通过远程访问功能,保留自身对中介机构法定数字货币系统的访问权限,从而保证中央银行信息的同步更新。①

(2)在混合流通框架下,高成本的问题仍然存在。在集中式混合流通框架中,中央银行需要提供记录交易信息的核心分类账,并建立一个技术平台供合格的商业银行或第三方支付机构连接。在分布式混合流通框架中,中央银行需要建立交易验证基础设施以防止"双重支出",还需要建立供各节点更新与维护信息的数据库并提供节点故障时的应急解决方案。因此,作为一种中间解决方案,混合流通框架可以提供比双层流通框架更高的安全性,但是也会使中央银行的基础设施更为复杂。不过,混合流通框架仍比单层流通框架更易于操作,成本更低。中央银行不直接与最终用户互动,可以专注于有限的核心流程,其管理和运营成本远低于单层流通框架。

第四节 国内外流通框架的应用实践

三种类型的流通框架各具优缺点,适用于不同的经济场景。目前各国结合各自国情,在法定数字货币的研发和测试中选择不同的流通框架。本节介绍国内外实践中选取流通框架的不同做法。

一 国外选取流通框架的总体情况

由于国情和法定数字货币研发目的不同,各国对于流通框架的选择也不同。在法定数字货币的早期发行实践中,部分国家采用简单的单层流通框架。而现阶段,多数国家为了保护货币体系与市场环境的稳定性,支持采用双层流通框架。也有部分国家和地区还在综合考虑,不排除多种流通框架并行的可能。下文介绍国外选取流通框架的总体情况。

(一)采用单层流通框架的国家

为了提升法定数字货币的支付效率,部分国家在早期实践中,尝试

---

① 资料来源:欧洲中央银行,https://www.ecb.europa.eu/euro/html/digitaleuro-report.en.html。

由中央银行直接向公众发行法定数字货币。2014—2020年，大多数试点或发行法定数字货币的小国家倾向采用单层流通框架。

（1）厄瓜多尔 Dinero Electrónico 项目采用单层流通框架。厄瓜多尔央行2014年开始研究法定数字货币并于2015年2月推出法定数字货币 Dinero Electrónico[1]，将其作为"去美元化"进程中补充美元的额外付款工具。Dinero Electrónico 采用单层流通框架以零售方式发行，厄瓜多尔中央银行直接面向公众发行法定数字货币以代替纸币。符合一定条件的厄瓜多尔居民可以在超市、商场、银行等场所使用 Dinero Electrónico 进行支付。厄瓜多尔中央银行允许用户用他们的身份号码在中央银行系统开立账户，并通过移动应用程序在美元和法定数字货币之间转账。

（2）突尼斯 e-Dinar 项目采用单层流通框架。2015年10月，突尼斯中央银行发行了法定数字货币 e-Dinar。[2] 其发行目的是便利国内交易、提高主权货币国际化水平、在跨境支付中降低对美元的依赖以及脱离广泛使用的 SWIFT 支付系统。e-Dinar 采取单层流通框架以零售方式发行。突尼斯中央银行在其中不仅能监督管理作用，还可以作为与个体户和企业进行货币交互的直接渠道，直接向最终用户发放法定数字货币。e-Dinar 通过网络以及2000个信息亭向消费者发放，能够在数千家商店、咖啡馆和餐馆中使用。

（3）乌拉圭 e-Peso 项目采用单层流通框架。乌拉圭在2017—2019年进行零售法定数字货币 e-Peso 的即时支付和结算系统的试点研究。[3] 该项目采用单层流通框架，由乌拉圭央行直接面向10000个移动电话用户和15个企业（如商店和加油站）发行2000万 e-Peso。一些系统支持与维护工作外包给了科技公司，例如，RGC 提供运行系统，是项目的核心；国有电信提供商 Antel 经营数字钱包，实现了离线支付；GEM 充当虚拟保险库，对所有交易进行认证；IBM 提供数据存储、流通与控制支持；IN Switch 负责用户管理和转移。但是，商业银行没有参与该试点。

---

[1] 国际清算银行，https：//www.bis.org/publ/qtrpdf/r_qt1709f.htm。
[2] 搜狐网，https：//www.sohu.com/a/51644942_286863。
[3] 毕马威：《全球法定数字货币概览：从迭代到实施》，https：//www.vzkoo.com/doc/25656.html?a=3。

（4）乌克兰 e-hryvnia 项目采用单层流通框架。乌克兰国家银行 2016 年启动了法定数字货币 e-hryvnia 的研究并于 2018 年 2 月进行试点。在其主办的以"法定数字货币：新的支付机遇"为主题的国际会议上，乌克兰国家银行分享了其项目成果，介绍称 e-hryvnia 项目采用集中式发行方案（单层流通框架）。乌克兰国家银行是法定数字货币的唯一发行人，对核算电子钱包的集中注册管理机构拥有唯一控制权，拥有并控制区块链平台并提供交易验证所需的信息资源。银行和非银行金融机构充当 e-hryvnia 的结算和分发代理，通过互联网资源为用户提供 e-hryvnia 平台的访问权限，并为客户提供安全密钥存储、移动设备应用程序和交易信息可视化等其他服务。[1]

（5）委内瑞拉 Petro 项目采用单层流通框架。为了规避金融制裁和吸引外资拯救经济，委内瑞拉于 2018 年 2 月发行"石油币"Petro。Petro 采用单层流通框架，由中央银行直接面向公民和国外投资者发起 ICO（Initial Coin Offering，首次代币发行）。Petro 基本面向全体公民，并且交易场所也相对开放。为了引进外资，Petro 的 ICO 只能以美元或欧元支付。Petro 币值与委内瑞拉国家资源的国际价格挂钩，能够作为个人或机构缴纳税费和购买住房、公共服务与一般商品的支付方式。为了提高 Petro 的流动性，委内瑞拉当局于 2019 年 10 月允许 Petro 与该国法币玻利瓦尔进行互换。但是由于主流国家的反对以及当局公信力较低，Petro 并没有起到规避金融制裁与挽救国家经济的作用。[2]

（6）立陶宛 LBCoin 项目采用单层流通框架。为了纪念该国独立法案的签署，立陶宛中央银行在 2020 年 7 月发行了数字货币 LBCoin。[3] LBCoin 是一种纪念币性质的数字货币，由 6 枚数字货币及 1 枚物理银币组成。买家提前在立陶宛银行开放的 LBCoin 电子商店注册，远程验证身份后，将获得一个电子钱包。用户可以在电子钱包中购买 LBCoin。LBCoin 电子商店由立陶宛中央银行运营，因此 LBCoin 可以看作由立陶

---

[1] 乌克兰国家银行，https：//bank.gov.ua/admin_uploads/article/法定数字货币 in-UA2020%20report.pdf。

[2] 新浪财经，https：//finance.sina.com.cn/blockchain/roll/2020-02-05/doc-iimxxste9027577.shtml。

[3] 移动支付网，https：//www.mpaypass.com.cn/news/202007/27091924.html。

宛中央银行直接向公众发行，属于单层流通框架。当然，立陶宛央行在系统开发等方面选择与技术提供商合作。例如，iTree Lietuva 开发了 LBCoin 平台，并将其安装在立陶宛银行基础设施中；UAB 提供网络稳定性测试和自动远程识别服务。[①]

（二）采用双层流通框架的国家

现阶段，为了减少法定数字货币对现行货币体系的冲击，大部分国家的中央银行明确提出将采用双层流通框架，保持现有的"中央银行→商业银行"二元体系。目前在法定数字货币设计方案或试点中明确提出采用双层流通框架的国家或地区主要有美国、英国、瑞典、日本、新加坡、巴哈马和东加勒比海等。

（1）美国在其对数字美元的构想中提出采用双层流通框架。2020年，数字美元基金会（Digital Dollar Foundation）和埃森哲联合发布了《数字美元白皮书》，指出未来任何形式的美国法定数字货币都应该维持现有的"中央银行—商业银行"双层银行系统。[②] 数字美元将会通过美联储向商业银行发放，由商业银行或其他金融机构分发给最终用户，"如同发行纸币时，用户可以在 ATM 机上取款"。此时最终用户既可以将资金存储在他们的银行账户中，也可以将这些代币化的美元保留在自己的数字钱包中。数字美元可以和银行存款自由兑换，确保消费者和企业在商业银行保留存款，防止存款搬家引致的金融脱媒。白皮书指出："双层银行系统保留了当前的货币分配体系及其经济和法律优势，同时还能确保银行创新能力和公众享受金融服务的能力不会受到影响。"

（2）英国在其对数字英镑的讨论中认为应采用双层流通框架。英格兰银行虽然尚未决定是否发行法定数字货币，但是在其 2020 年 3 月发布的讨论论文 *Central Bank Digital Currency：Opportunities，Challenges and Design*[③] 中明确提出数字英镑应该坚持"中央银行—商业银行"双层框架，在英格兰银行与私人商业银行各自优势的基础上，促进开放竞

[①] The Traders Spread 网站，https：//thetradersspread.com/final - step - before - LB Coin - purchase - launch - of - the - e - shop - registration - now - open/。

[②] 澎湃网，https：//www.thepaper.cn/newsDetail_forward_7650704。

[③] 英格兰银行，https：//www.bankofengland.co.uk/paper/2020/central - bank - digital - currency - opportunities - challenges - and - design - discussion - paper。

争，推进法定数字货币系统的可互操作性和可扩展性。根据此论文，该双层框架包括两个关键要素。一是英格兰银行提供核心分类账，用以实现付款和交易历史查询等基础功能，这使得央行的数字货币系统更加简单灵活。二是满足监管标准的私人"付款接口提供者"（Payment Interface Providers，PIP）将处理与法定数字货币最终用户的互动。PIP提供的用户服务包括提供支付界面、验证用户身份与零售商收款服务等。PIP还可以通过叠加服务（Overlay Service）功能开发新服务，例如，提供仅部分用户需要的服务和满足未来新应用需求的服务等。PIP的参与可以鼓励商业银行、第三方支付机构与科技公司等私人部门共同构建数字英镑系统并积极开展创新。

（3）瑞典e-krona项目采取双层流通框架。近年来，瑞典现金在支付中的使用率不断下降，因此瑞典中央银行Riksbank积极开展法定数字货币的研究，并已走在世界前列。瑞典已于2020年2月试点法定数字货币项目e-krona。[①] 根据Riksbank发布的报告 *The Riksbank's e-krona Pilot*[②]，金融中介通过缴存100%准备金从Riksbank获得e-krona，或者缴存e-krona赎回准备金，从而实现e-krona的发行与赎回。金融中介通过移动应用程序向最终用户兑换e-krona，然后最终用户可以使用各种方法进行e-krona支付，这实现了e-krona的兑换与流通。除了移动应用程序，该试点还将开发一个智能手表或卡片形式的数字钱包。在未来，数字钱包可以安装于其他的设备，并实现与支付服务提供商移动应用程序的集成。

（4）日本在数字日元的项目试点中采取双层流通框架。日本银行于2021年4月开展了第一阶段法定数字货币实验，测试数字日元的发行、分配和赎回等基础核心功能。根据日本银行发布的报告 *The Bank of Japan's Approach to Central Bank Digital Currency*[③]，其正在研究如何发行通用法定数字货币，并推动其在公众（企业和居民家庭）中广泛使用。该报告表示日本银行应保持两级体系，通过中介机构间接发行数字日

[①] 移动支付网，https://www.mpaypass.com.cn/news/202002/21103036.html。
[②] Riksbank，https://www.riksbank.se/en-gb/payments--cash/e-krona/e-krona-reports/。
[③] 日本银行，https://www.boj.or.jp/announcements/release_2020/rel201009f.htm。

元。中介机构的专业知识、技术创新及其与最终用户的互动经验能够提高金融整体稳定性和支付结算系统的效率。日本银行认为通用和双层流通框架这两种设定可以保障数字日元的广泛可用性、安全性、即时性、弹性和可互操作性等特征。

（5）新加坡 Ubin 项目采用双层流通框架。新加坡从 2016 年 11 月开始推进面向批发市场的、基于分布式账本技术（Distributed Ledger Technology，DLT）的 Ubin 项目，如今已经完成了代币化、重新构想 RTGS、券款对付（DVP）、跨境同步交收（PvP）与促进广泛的生态系统合作五个阶段。在新加坡金融管理局发布的测试报告 Project Ubin—SGD on Distributed Ledger[①] 中，其法定数字货币也是基于双层流通框架。商业银行通过向新加坡金融管理局缴存 100% 准备金获得数字新加坡元（Digital SGD），再由商业银行向最终用户分销。整个过程基于 DLT，并且测试了"MEPS+"与 RTGS 两个清算系统的配合，"MEPS+"处理数字新加坡元的发行与回笼，RTGS 处理准备金账户的变动。

（6）巴哈马 Sand Dollar 项目采用双层流通框架。为了促进普惠金融，巴哈马中央银行于 2020 年 10 月开始在全国逐步发行面向消费者的法定数字货币 Sand Dollar。[②] 根据巴哈马中央银行发布的白皮书 Project Sand Dollar：A Bahamas Payments System Modernisation Initiative[③]，其采取双层流通框架发行法定数字货币。巴哈马中央银行负责向合格的商业银行和信用合作社发行或赎回 Sand Dollar、建立身份核验基础设施、维护分类账并监督 Sand Dollar 运行情况，但是不会提供前端客户服务，也不负责数字钱包的设计与运行。合格的商业银行和信用合作社负责向最终用户提供法定数字货币兑取、关联数字钱包与银行账户、交易处理、尽职调查与外汇兑换等服务。

（7）东加勒比 DXCD 项目采用双层流通框架。2019 年 3 月东加勒比央行与科技公司 Bitt 合作推出了东加勒比法定数字货币 DXCD 试点项

[①] 新加坡金融管理局，https：//www.mas.gov.sg/schemes-and-initiatives/project-ubin。

[②] 未央网，https：//www.weiyangx.com/385639.html。

[③] 巴哈马中央银行，https：//www.centralbankbahamas.com/publications/main-publications/project-sanddollar-a-bahamian-payments-system-modernization-initiative。

目。该试点的目标包括提高支付效率、促进金融普惠以及促进经济发展。① DXCD 试点项目采用双层流通框架，东加勒比央行在获得许可的私营区块链网络上向银行和经批准的非银行金融机构发行 DXCD，然后金融中介机构将 DXCD 分发给最终用户。② 东加勒比央行是最高许可证书发行机构，负责控制试点项目的协议和运行、颁发和撤销参与者许可证书以及发行和赎回 DXCD。科技公司 Bitt 是金融科技服务提供商，负责提供操作系统与技术培训。金融机构是普通许可证书发行机构，负责向最终用户授予或撤销 DXCD 的访问权限，处理 KYC、风险管理和支付操作等。

（三）考虑多种框架并行的国家和地区

欧盟和加拿大目前考虑了不同的流通框架的可行性、效率和稳定性问题，尚没有明确表明将使用哪种流通框架，预计多种框架并行。

（1）欧洲央行尚未明确表示采取何种流通框架。欧洲中央银行在 2020 年 10 月发布的 *Report on a Digital Euro*③ 中表示不主张使用特定类型的数字欧元，也没有就数字欧元的设立、运营或回收等问题得出结论。欧洲中央银行表示任何可能的解决方案都必须满足稳健性、安全性、效率和隐私保护要求，同时还要遵守有关洗钱和资助恐怖主义的相关法律。虽然没有明确披露计划，欧洲中央银行表示最好采用能使私营部门参与访问数字欧元的模式。原因是尽管欧洲中央银行将始终保持对数字欧元发行的控制权，但受监督的私人中介机构将最有能力辅助欧洲中央银行提供零售服务，并在其核心后端功能上构建新的业务模型。

（2）加拿大央行可能使用三种流通框架的混合形式。加拿大央行 2020 年 2 月表示目前没有启动法定数字货币的计划，仅是将法定数字货币作为应急计划进行研究。为完善加拿大支付生态系统，加拿大央行希望在必要时④发行一种零售的、类似于现金的数字货币。基于应急计

---

① 东加勒比央行，https://www.cemla.org/actividades/2019-final/2019-11-semana-de-pagos/2019-11-semana-de-pagos-5.pdf。

② 毕马威：《全球法定数字货币概览：从迭代到实施》，https://www.vzkoo.com/doc/25656.html?a=3。

③ 欧洲中央银行，https://www.ecb.europa.eu/euro/html/digitaleuro-report.en.html。

④ 加拿大银行副行长提出考虑发行法定数字货币的两种情况：一是在完全减少或消除了有形现金使用的情况下，二是私人加密货币被大量使用的情况下。

划的设想，这种数字货币类似于实物现金，是零售和广泛准入的，是最终用户对加拿大央行的直接债权。虽然加拿大央行讨论了单层、双层和混合流通框架，但是尚未决定具体采用哪种设计，并且提出可能使用上述三种的混合形式。加拿大银行将以权衡成本、公共政策目标和参与者利益为原则，选择合适的流通框架。①

二　数字人民币流通框架的基本模式

数字人民币基于"中央银行—商业银行"的二元体系，采用双层流通框架。② 数字人民币流通框架的基本模式如图4-8所示。中国人民银行以100%准备金将数字人民币发行至作为指定运营机构的商业银行的业务库。作为指定运营机构的商业银行遵守中国人民银行的额度安

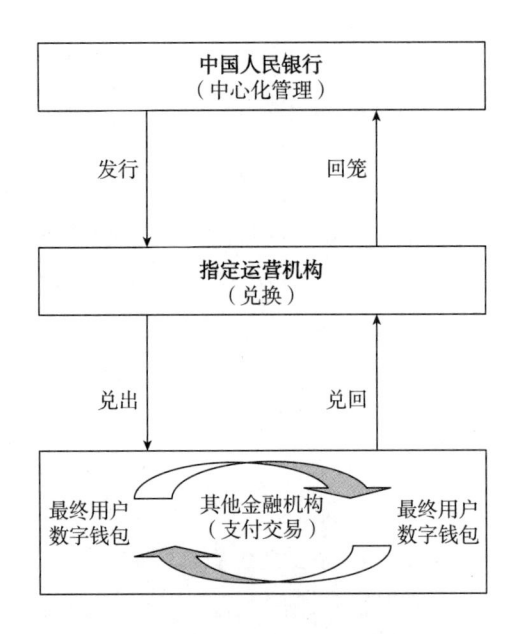

图4-8　数字人民币流通框架的基本模式

资料来源：笔者根据公开信息绘制。

---

① 加拿大银行，https：//www.bankofcanada.ca/2020/02/contingency-planning-central-bank-digital-currency/#1-Introduction。

② 中国人民银行：《中国数字人民币的研发进展白皮书》，http：//www.gov.cn/xinwen/2021-07/16/content_5625569.htm。

排①，为用户开立不同额度和权限②的数字人民币钱包，提供数字人民币兑换服务。作为指定运营机构的商业银行与其他金融机构和科技公司一起，在中国人民银行监管下，以"共建共享"的方式提供流通服务，共同建设零售端的数字人民币生态。流通服务包括支付创新、设备改造、系统开发、场景创新、业务处理和运营维护等。

姚前、汤莹玮（2017）指出，为了保障双层流通体系的运营，中国人民银行建立了"一币两库三中心"体系。如表4-3所示，一币指数字人民币；两库指中央银行发行库和商业银行业务库；三中心包括登记中心、认证中心和大数据中心。

表4-3　"一币两库三中心"体系

	术语	含义
一币	数字人民币	央行担保并签名发行的代表具体金额的加密数字串
两库	中央银行的发行库	在央行私有云上存放发行基金的数据库
	商业银行的银行库	作为指定运营机构的商业银行管理数字人民币所需的数据库
三中心	认证中心	集中管理法定数字货币机构与用户的身份信息
	登记中心	记录并集中管理每笔法定数字货币交易信息；对法定数字货币产生、流通、核对和消亡全周期进行登记
	大数据中心	负责反洗钱、支付行为分析、监管调控指标分析

资料来源：姚前、汤莹玮：《关于央行法定数字货币的若干思考》，《金融研究》2017年第7期。

三　数字人民币流通框架中各主体的职能

根据法律赋予的不同权利，中国人民银行、指定运营机构、其他金融机构和科技公司等主体在流通框架中扮演不同的角色，行使不同的

---

① 遵守中国人民银行的额度安排是保障货币不超发的手段，体现了中央银行作为发行的银行的职能。

② 商业银行根据客户信息识别的强度，开立不同类型的数字人民币钱包。客户个人信息注册越完整，识别强度越高，钱包的额度和权限越大。目前我国的数字人民币钱包有四种类型，从四类钱包到一类钱包对客户信息完整度要求逐级增强，其单日支付限额和累计限额也逐级提高。

职能。

（一）中国人民银行对数字人民币实行中心化管理

范一飞（2020）指出，中国人民银行是数字人民币的法定发行机构，对数字人民币实行中心化管理。第一，中国人民银行统筹管理数字人民币额度，在数字人民币的技术、业务、应用和安全等方面制定统一的标准和规范。第二，中国人民银行统筹管理数字人民币信息，记录、监测和分析数字人民币的兑换与流通情况，使央行职能和货币发行制度适应数字时代特征。第三，中国人民银行统筹管理数字人民币钱包，在统一认知和安全防伪的前提下，和作为指定运营机构的商业银行一起，协同打造数字人民币钱包生态平台。第四，中国人民银行统筹建设数字人民币发行基础设施，实现运营机构之间的互联互通，确保数字人民币流通的安全稳定。

坚持中国人民银行中心化管理的原因主要有保障货币主权、提高支付效率和维持金融稳定。第一，中心化管理可以保障数字人民币合理发行和币值稳定，抵御私人加密货币冲击，维护数字人民币的法偿性和安全性。第二，中心化管理可以实现支付即结算[①]，既能降低实体企业资金流转时滞，增强金融服务实体经济的效率；又能提高支付效率、货币流通速度和货币政策执行效率；还能打破零售支付市场壁垒，维护消费者权益，促进普惠金融发展。第三，中心化管理使中国人民银行掌握数字人民币的全息流通信息，能够加强打击洗钱、恐怖融资与逃税等行为，维护货币安全和金融稳定。

（二）指定运营机构提供数字人民币兑换服务

指定运营机构的职能是提供数字人民币兑换服务，并保障零售支付安全高效运行。指定运营机构负责：第一，推广使用数字人民币并为公众提供多样化的支付服务；第二，保证运营合法合规，合理配置资本并管理风险，保障支付体系稳定安全；第三，充分了解数字人民币运营情况，及时向中国人民银行上报异常交易；第四，保护客户账户和交易数

[①] 在实际应用中，不同银行服务的用户在数字人民币 App 统一登记信息和执行操作，各银行同样统一在数字人民币 App 处理业务，实现了全社会在中国人民银行的"数字货币一本账"，将货币和支付结算紧密结合起来。

据的安全性,仅向中国人民银行这唯一的第三方披露数据;第五,及时推进技术升级、设备改造与维护等。①巴曙松和姚舜达(2021)指出,为了保障数字人民币流通的安全稳定,防范声誉风险,中国人民银行应该审慎考察,选择技术能力强且资本保障充足的商业银行作为牵头机构,提供数字人民币兑换服务。

指定运营机构提供兑换服务的原因包括以下四点。第一,指定运营机构能够充分利用现有资源并积极寻求创新升级。第二,指定运营机构具有完善的零售端业务管理体系和丰富的风控经验,能够分担中国人民银行压力,降低风险隐患。第三,指定运营机构能够避免金融脱媒,不会对现行金融体系产生过大冲击(侯利阳,2021)。第四,指定运营机构可以加快货币流通速度,强化金融中介资金融通职能,提高货币政策传导效率(郭艳等,2020)。

(三)其他金融机构和科技公司提供流通服务

其他金融机构和科技公司的职能是提供流通服务,包括场景提供、技术支持、服务升级和产业协同四点。第一,其他金融机构和科技公司为数字人民币提供丰富的应用场景。例如,京东商城等电商平台凭借其海量的用户基础,为数字人民币提供线上购物支付场景。②第二,其他金融机构和科技公司能够为数字人民币提供先进的技术支持。例如,华为积极参与研究数字人民币硬件钱包,为数字人民币的安全存储与离线交易提供了强有力的技术支持,并发布了国内首款支持数字人民币硬件钱包的智能手机 Huawei Mate 40。③第三,其他金融机构和科技公司为数字人民币的基础服务设施提供升级改造。例如,科技公司新国都参与了数字人民币部分硬件受理终端的改造,并顺利将其应用于上海等试点场景中。④第四,其他金融机构和科技公司促进数字人民币的产业协同。多方机构共同合作,连接后台技术、终端设施与应用场景,方能共同建设数字人民币的产业生态。

---

① 01 区块链网,https://mp.weixin.qq.com/s/sqmrZX7dsiIHiEII3vX_Fg。
② 新浪财经,https://finance.sina.com.cn/money/bank/bank_hydt/2021-02-07/doc-ikftssap4599704.shtml。
③ 移动支付网,https://www.mpaypass.cn/news/202010/30180921.html。
④ 东方财富网,http://finance.eastmoney.com/a/2021051319211194432.html。

其他金融机构和科技公司共同提供流通服务的原因是：一方面，它们为广大用户提供优质的服务，具有丰富的支付场景，使数字人民币服务广泛可得，不会对现有金融体系造成过大冲击；另一方面，多方机构积极参与打造数字人民币产业生态，能够营造开发竞争的市场环境，调动各方的创新积极性。

第五节　关于我国流通框架构建的建议

在介绍三种流通框架的理论特征和国内外具体实践的基础上，本章对我国流通框架的构建总结了几点启示。面对数字人民币的广泛发行，中国人民银行应采用双层流通框架，倡导共享共建，鼓励多方参与。面对小范围发行数字人民币的特殊场景，中国人民银行可以尝试使用单层流通框架，但首先需要根据单层流通框架的弊端对其进行完善。

一　中国人民银行应采用双层流通框架应对数字人民币的广泛发行

结合国际经验和我国国情，在广泛发行数字人民币时，中国人民银行应采用双层流通框架。

从国际经验来看，单层流通框架适用于人口较少的国家，也可作为大国的特殊选择，但是不适合面向海量用户广泛发行法定数字货币的情形。在人口较少的国家，中央银行具备直接面向公众发行法定数字货币的能力。特定情况下，大国也可以基于单层流通框架进行小规模的法定数字货币投放，例如发放普惠救济金与处理商业银行破产等。但是，对于人口众多、幅员辽阔的国家而言，单层流通框架不适合法定数字货币的广泛发行。一方面，多年来各国的实践已经表明，大一统的中央银行是低效率的。另一方面，单层流通框架容易造成金融脱媒，颠覆现有金融体系，危害国家金融安全。

结合我国的具体国情，现阶段我国广泛发行数字人民币时，应采用双层流通框架，以降低数字人民币对现有金融系统的冲击。我国人口众多、幅员辽阔，当前各地区经济发展和数字化水平不平衡，公众金融素养也参差不齐。第一，双层流通框架对我国商业银行的冲击较小。商业银行在我国金融体系中占据重要地位，是我国企业融资的主要渠道。双层流通框架能够充分调动商业银行的创新积极性、分散风险、防止金融脱媒并助力商业银行的数字化转型（戚聿东和褚席，2019）。第二，双层流通框架可以提升我国货币政策传导效率。当前，由于第三方支付机构占据了大部分零售支付市场，中国人民银行对基础货币的控制力下降，数量型货币政策调控有效性随之下降（姚前，2019）。双重流通框架可以保证中国人民银行对货币发行和流通的中心化管理，改善货币政策传导效率低下的问题，助力我国货币政策框架转型（何德旭和姚博，2019）。第三，双层流通框架能够维护用户权益。双层流通框架保留了商业银行与用户的业务关系，能够降低用户的学习成本和数字人民币的使用门槛。商业银行之间的市场竞争也有利于创新产品、提高服务质量与满足用户的多样性需求。

二 中国人民银行应倡导共建共享，鼓励多方参与

在布局双层流通框架时，中国人民银行应该鼓励多方机构积极参与数字人民币的设计、应用与流通，建设更加公平开放的市场环境，以共建共享的理念倡导多方机构协同构建数字人民币生态。

第一，在数字人民币设计和运营中，中国人民银行应该充分发挥科技公司在技术创新方面的优势，鼓励其积极参与系统开发、技术升级和运营维护。目前，华为已深度参与数字人民币双离线支付功能的研发，京东数科也为数字人民币提供了一整套包括支付设计、安全策略、风险控制在内的支付服务方案。[①] 随着我国试点的逐步扩大，中国人民银行应鼓励越来越多的企业与数字货币研究所进行合作。

第二，在数字人民币推广和应用中，中国人民银行可以充分利用互联网公司在场景创造上的优势，鼓励其进行产品创新和场景构建，共同打造数字人民币产业生态圈（姚前和汤莹玮，2017）。例如，苏州2020年12月11日至27日的数字人民币试点中，线上消费共计847.82万元，占总消费的44.7%，消费场景主要有网络购物、物业缴费、外卖、网约车等，涉及京东、美团、滴滴、众安保险、哔哩哔哩等互联网公司。[②]

第三，在数字人民币的流通中，中国人民银行应该消除行业壁垒，

[①] 移动支付网，https://www.mpaypass.com.cn/news/202012/16192403.html。
[②] 移动支付网，https://www.mpaypass.com.cn/news/202012/29094843.html。

保持公平的竞争环境，确保市场在资源配置中的决定性作用。中国人民银行应该联合立法部门，制定相关的法律法规，明确各方的利益分配，以充分调动市场各方的积极性和创造性，保持金融体系稳定。此外，中国人民银行还应该完善相关的企业进入和退出机制，在保障支付和流通安全的基础上，鼓励更多私人部门积极参加法定数字货币的流通服务，提高法定数字货币互操作性与可扩展性。

三 中国人民银行可以尝试完善单层流通框架以应对特殊状况

虽然我国目前采用了双层流通框架，但是单层流通框架可以在某些特殊情况下使用。一方面，为了实现普惠金融，中国人民银行可以针对弱势群体（如贫困户、农业合作社与小微企业等）直接发行普惠性质的数字人民币。另一方面，单层流通框架可以作为双层流通框架的应急备案。当双层流通框架出现故障或者金融中介破产时，中国人民银行可以直接恢复受影响用户的资产数据，提供暂时的货币兑换和交易支付服务。然而，要实现以上美好愿景，中国人民银行应该针对单层流通框架的劣势，对其进行完善，提高服务覆盖范围，并降低对金融体系的冲击。

第一，中国人民银行应该扩大数字人民币基础设施和基础服务的覆盖范围。单层流通框架可以助力我国普惠金融的发展，但是其服务能力受限于基础设施覆盖范围的大小。我国幅员辽阔，人口众多，各地经济、教育和科技发展程度不一，应用单层流通框架提供普惠性质的数字人民币面临很大的挑战。为了让定向投放的数字人民币可以更直接有效，中国人民银行应该保证其基础设施和基础服务可以覆盖我国偏远地区，保障全国人民都可以使用数字人民币。

第二，中国人民银行应该增加数字人民币的兑换成本，防范数字挤兑。Armelius等（2020）强调，中央银行可以通过增加银行存款向法定数字货币兑换的摩擦成本和机会成本，防止数字挤兑。姚前（2019）也指出，法定数字货币对银行存款不是完全替代，为了防止金融脱媒，可以通过以下措施增加转换成本。一是中国人民银行直接管控数字人民币的大额交易；二是中国人民银行规定银行存款向数字人民币的每日转账限额；三是中国人民银行要求商业银行对大额数字人民币余额征收管理费用；四是中国人民银行限定数字人民币的应用场景。值得注意的是，过于削减法定数字货币的职能可能使其退化成投资资产①，这不仅会与国债、央行票据等政府信用资产作用重叠，还可能造成财政政策和货币政策之间的冲突，反而与法定数字货币的发行初衷不符（Kumhof and Noone，2018）。

第三，中国人民银行应该助力商业银行拓宽融资渠道，应对单层流通框架的冲击。一方面，中国人民银行可以增加对商业银行的流动性注入，作为存款流失的补充。Brunnermeier 等（2021）强调虽然数字挤兑会使商业银行失去资金来源，但中央银行可以通过流动性便利工具，将流动性转移给商业银行，使商业银行的融资环境保持完全不变。需要注意的是，如果商业银行的大量存款转换为数字人民币的话，中国人民银行可能会成为商业银行的最大存款人，小额存款者的挤兑动机将可能消失。另一方面，中央银行应该引导商业银行提供更有竞争力的存款服务，加强风险管理，并积极向业务咨询、财富管理和理财服务等中间业务转型（王瑞红，2019）。此外，商业银行也可以将重点业务与数字人民币的使用场景相结合，充分融合各种业务渠道，挖掘新型金融服务消费场景（乔海曙等，2018）。

第四，单层流通框架下，中央银行和商业银行被赋予了竞争的新关系，因此需要两者应对这一转变。首先，央行数字货币是公众对中央银行的直接索赔，中央银行资产负债表直接对公众开放，因此中央银行需要加强资产负债表管理能力。其次，中央银行需要处理零售端的支付服务，因此必须建设基础设施、建立人才队伍、完善管理体系。再次，中央银行掌握了货币的全息信息，应该加强数据保护，防止隐私泄露，并加强打击洗钱、恐怖融资和逃税等违法行为。最后，商业银行需要提供更有竞争力的存款服务，加强风险管理，并积极向信息咨询、理财服务等中间业务转型与创新（王瑞红，2019）。

四　国家应该完善数字时代立法，强化金融风险监管

数字人民币具有数字化特征，并不完全适用实物现金流通监管规则

---

① Kumhof 和 Noone（2018）提出法定数字货币的"四项核心设计原则"，即法定数字货币利率自由浮动、不与准备金互换、不与银行存款按需兑换、仅对合格债券发行，并且只在法定数字货币交易所交易，这实质上是将法定数字货币设计成了纪念钞，将会使法定数字货币的经济意义大打折扣。

（范一飞，2020；杨东和陈哲立，2020），我国立法部门应该及时完善立法与监管，营造良好的数字人民币流通环境。第一，政府需要明确央行数字货币的法律地位。根据《人民币管理条例》第二条"本条例所称人民币，是指中国人民银行依法发行的货币，包括纸币和硬币"，现行法律中人民币的范畴并未包含数字人民币。因此应在立法中调整人民币定义，将数字人民币作为形态之一纳入人民币范畴，明确数字人民币的定义、性质和定位，规定数字人民币发行、流通和管理中各主体的关系、地位与职能（杨东和陈怡然，2021）。第二，政府应该保护数字人民币的相对法偿性。由于数字人民币是虚拟形态，数字钱包、支付系统等的正常运行是使用数字人民币的前提。技术故障、设备缺乏等客观因素可能导致数字人民币无法被正常接收，因此对比实体人民币的绝对法偿性，目前政府只能赋予数字人民币相对法偿性（侯利阳，2021）。政府应在立法上以列举的形式对在不可抗力情景下拒收数字人民币的行为做出豁免。第三，政府应该重视个人隐私保护，解决数字钱包被盗用、用户信息被窃取等问题。政府应该通过立法明确认证中心的法律地位和信息保护职责，明确规定除法律规定用途外，任何单位和个人不得采集用户身份信息、货币金额、私钥以及交易信息等（陈燕红等，2020）。第四，政府应该积极参与国际数字法币规则制定。我国政府应该紧抓RCEP协定与"一带一路"贸易合作的机遇，在国际贸易中积极推动多边数字贸易平台和治理体系建设，参与多边数字贸易规则制定，并积极推进数字人民币在多边数字贸易中的应用，进而在国际数字法币规则制定中获得话语权（杨东和陈怡然，2021）。

中央银行和有关监管部门需要强化金融风险监管面对潜在风险。第一，中央银行和有关监管部门应坚持中心化管理。法定数字货币系统的所有参与者都应该共同遵守行业标准，强化对自身信息风险、信用风险和操作风险的管控（何德旭和姚博，2019），防范业务故障或财务危机对正常支付活动造成的风险，确保央行数字货币稳定流通、消费者权益得到保护。第二，中央银行和有关监管部门应该利用监管科技提高风险管理能力。中央银行和有关监管部门应构建基于数据挖掘和机器学习技术的风险监测与预警系统，实时监控金融系统运行情况，及时发现敏感信息，有针对性地锁定异常经济和金融活动，从而实现对经济金融运行之中各类风险的实时预警和有效防控（乔海曙等，2018）。第三，中央银行和有关监管部门应完善基础设施、做好技术保障，防范操作风险。工业和信息化部门应增加对光纤等网络基础设施建设的投入以提升网络带宽，满足日益增长的对于网络容量的要求。网络安全管理部门应该确保支付环境的安全稳定，提高法定数字货币系统抗攻击性能。数据安全管理部门应该保障用户的账户、私钥以及其他敏感信息不被窃取或恶意泄露。第四，有关监管部门应该加强对电信诈骗和概念炒作的监管，保护公众权益。公众由于普遍对数字人民币流通框架了解有限，容易受到不法分子的欺骗，例如不法分子打着"数字人民币"的旗号骗取测试金、打着"数字人民币"热炒概念股哄抬股价等。[①] 因此有关监管部门应该警惕打着数字人民币旗号的电信诈骗和概念炒作，加强公众教育、打击电信诈骗。

[①] 移动支付网，https://www.mpaypass.com.cn/news/202103/08184200.html。

第五章

法定数字货币的访问方式

选择适当的访问方式是法定数字货币持续良好运行的前提。本章将在介绍法定数字货币的访问方式的基础上，详细梳理基于账户和基于代币两种访问方式的运行机制与优劣势。接着，本章针对不同的法定数字货币的访问方式设计，阐述国内外访问方式选择的应用实践以及选择原因。最后，本章尝试为我国访问方式的选择与管理提出政策建议。

第一节 访问方式的概念

随着法定数字货币的研发实践发展，各国不断探索访问方式的选择，并持续优化相关设计。目前，国际上推行的访问方式主要有两种模式：基于账户（Account - Based）和基于代币（Token - Based）。本节将详细介绍法定数字货币的访问方式的概念与分类。

一 什么是访问方式

访问方式（Access Mode）是指法定数字货币的支付验证模式。由于支付验证与法定数字货币的交付紧密关联，因此访问方式在很大程度上影响着法定数字货币的运行机制。在选定法定数字货币的流通框架和支付系统之后，央行就需要关注面向谁设计访问方式以及如何设计等关键问题。

访问方式的选择与访问权限（Access Authority）密切相关。访问权限决定了支付交易系统内的某一方具备查阅相关记录的权限，也规定了更新相关记录的操作程序。例如，访问权限可以由受信任的单方、双边交易方或者可信任第三方掌握，据此构成不同的访问方式。结合国际上主要国家的实践经验，法定数字货币的访问方式主要有两种：基于账户或基于代币。下文对这两种访问方式分类进行简单的介绍与比较。

二 访问方式的分类

基于账户模式是指法定数字货币的交付必须通过账户来实现。基于账户模式依赖于账户持有人的"强"身份（Löber and Houben，2018）。在该模式下，中央银行向管理范围之内的全部用户提供通用账户，把他们的数字身份与账户所有权相联系，并在集中式支付系统中记录所有法定数字货币的相关交易数据。具体而言，就是把用户的数字身份映射为独一无二的标识符，使支付系统能够验证账户持有人的真实身份。由于上述特性的存在，基于账户模式的交付需要经过法定数字货币账户之间，或者不同类型货币账户之间的兑换方能完成。也就是说，用户只有在开设法定数字货币账户后，才可以在基于账户模式的支付系统中拥有相应的访问权限（Nabilou，2020）。当交易发生时，支付系统是否通过付款人的支付访问请求，取决于能否成功验证账户持有人的真实身份。若付款人被识别为相应账户的持有人，就会顺利取得账户的访问权限（焦成焕和吴桐，2019）。因为用户在证明自己的数字身份的同时，也已经证明了账户所有权的归属。

基于代币模式是指法定数字货币主要使用代币[①]进行交付。基于代币模式依赖于交易方掌握的加密密钥。该模式以金融学和密码学为基础，是指仅在用户证明自己知道某个正确的加密密钥时，该用户的访问方式才能被认可，从而获得法定数字货币的访问权限（Bech and Garratt，2017）。在基于代币模式中，支付系统采取分散验证的方式。用户只有掌握正确的密钥，才能实现对法定数字货币的访问。在基于代币模式中，每当法定数字货币被用于支付或进行转移时，交易验证过程都由未知且独立的第三方节点[②]进行，不需依赖管理支付系统的中央银行或商业银行作为中央服务器（Shirai，2019）。同时，交易双方之间的交易信息会被详细记录下来，在所有网络参与节点之间实现共享，达成去中

[①] 代币（Token）是一种能够在传输过程中保持数量不变的状态变量，包含了接收者验证交易合法性所需的所有信息，也代表着数字资产本身。

[②] 节点（Node）是能连接到网络的有源电子设备，可以通过通信通道发送、接收或转发信息。

心化的目标。表 5-1 列示了基于账户模式与基于代币模式在交易媒介、中介参与、识别方式等方面的区别。

表 5-1　　　　　　　　　两种访问方式的区别

	基于账户模式	基于代币模式
交易媒介	1. 法定数字货币被存储或链接到所有者的账户中，并且可以在线访问。 2. 用户必须拥有一个以法定数字货币计价的账户，该账户可以由金融中介机构持有	1. 法定数字货币链接到物理介质并具有所有权的特征。 2. 法定数字货币的转移必须以电子方式在媒介之间进行，而不是通过媒介本身进行转移
中介参与	依赖于受信任的第三方运营商（如银行）来维护单个分类账①、验证交易双方的身份，并且更新账户余额	接收者可以对包含验证交易合法所需所有信息的代币进行验证，并且整个交易中没有第三方运营商的参与
识别方式	身份识别要求询问个人是否为进行付款账户的真实所有者	转移资金交易时，系统需要根据加密密钥来判别付款对象的身份真假
访问要求	在用户证明自己的真实身份与账户所有者相符时，才通过其访问请求	在用户证明自己知道正确的加密密钥时，才通过其访问请求
验证性质	集中式验证	分布式验证

资料来源：Pfister 和 Note（2020）；Kahn 等（2019）；Didenko 等（2020）。

第二节　不同访问方式的运行机制

不论是基于账户模式还是基于代币模式的法定数字货币，在运行机制上都可以分为直接与间接两种类型。基于账户模式的法定数字货币可以由中央银行集中发行，或通过金融中介间接发行。基于代币模式的法定数字货币也可以由中央银行或金融中介通过分布式账本技术（Distributed Ledger Technology，DLT）支付系统下的独立网络节点进行发行（Ward and Rochemont，2019）。下文分别梳理两种模式的运行机制与相

---

① 分类账（Ledger）是用于登记各类经济业务增减变动及其余额的账簿，一般根据会计科目的名称设置。

关原理，并分别评述。

一 基于账户模式的运行机制介绍

基于账户的法定数字货币的运行机制可分为两种：①中央银行直接开设法定数字货币账户；②中央银行指定商业银行或第三方支付机构开设法定数字货币账户。在这两种运行机制中，央行或者商业银行、第三方支付机构都可以对法定数字货币流通进行集中统一管理。第二种运行机制还对商业银行和第三方支付机构提出了额外要求，例如规定它们应当在中央银行的独立储备账户中持有相应数量的准备金（Fernández-Villaverde et al., 2021）。

第一种运行机制指中央银行直接为用户开立法定数字货币账户，使法定数字货币从央行发行库直接进入交易体系（Dyson and Hodgson, 2016），本书称其为基于账户模式的直接运行机制。如图5-1所示，个人或公司可以直接通过其在央行设立的账户实现法定数字货币的流通。所有交易数据将被记入央行的法定数字货币账户中，法定数字货币也将直接在央行账簿进行转移（Nabilou, 2020）。

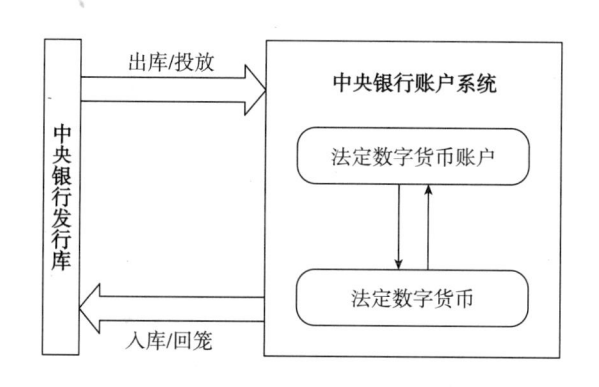

图 5-1 基于账户模式的直接运行机制

资料来源：吴桐等：《法定数字货币的理论基础与运行机制》，《贵州社会科学》2020年第3期。

第二种运行机制指中央银行委托商业银行或第三方支付机构，为用户开立法定数字货币账户，本书称其为基于账户模式的间接运行机制。如图5-2所示，法定数字货币将从央行发行库转移到商业银行，或是第三方支付机构的法定数字货币账户中,之后再进入交易体系。个人或公司可以通过其在商业银行或第三方支付机构中的法定数字货币账户来实现货币的流通。由于间接运行机制下,公众并未直接在央行持有账户。因此,商业银行体系应对法定数字货币持有量进行调整,特别在商业银行账户系统中增加了允许法定数字货币账户和商业银行账户中的货币相互转化的功能。同现金和银行存款之间的转换相类似,这种功能意味着法定数字货币能够便捷地转换为银行电子货币。[①] 商业银行与第三方支付机构将会负责账户管理,维护支付结算等交易的正常运营。为防止超额投放,央行将要求商业银行为法定数字货币缴纳100%的准备金。

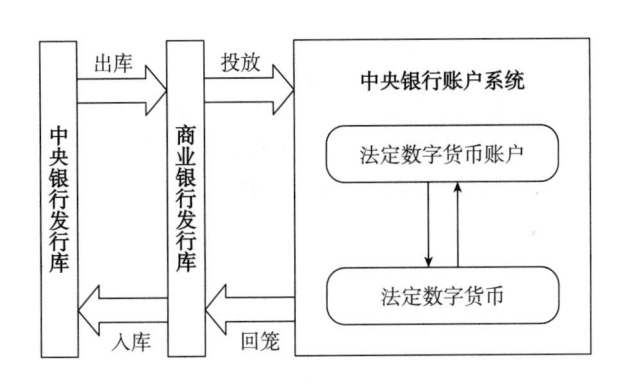

图 5-2 基于账户模式的间接运行机制

资料来源:吴桐等:《法定数字货币的理论基础与运行机制》,《贵州社会科学》2020年第3期。

二 基于账户模式的运行机制评述

基于账户模式的运行机制较为灵活,它允许中央银行对法定数字货币进行用户持有额度方面的管控。在基于账户模式下,央行可以通过付息的方式对用户持有总额进行管理。一般来说,央行不对法定数字货币的账户总额设定限度,用户能够拥有大量法定数字货币。但是,对于法定数字货币账户内的余额大于某一额度的用户,央行可以对其持有的法

---

① 电子货币(Electronic Money)可理解为存款货币的电子化表达,本质是通过信息化手段将存款货币进行电子化,表现形式有银行卡、移动支付、第三方支付等。

定数字货币实行负利率,以激励该用户调整法定数字货币的持有总额;而对于账户内的余额低于某一额度的用户,央行可以为法定数字货币付息,鼓励其增加对法定数字货币的持有(吴桐等,2020)。当用户对法定数字货币需求大幅增加时,央行可以向商业银行账户余额低于某一额度的用户支付等同于商业银行超额准备金利率的正利率,从而避免公众将大量银行存款转换为法定数字货币,规避额外的风险问题。

基于账户模式的运行机制在当前环境下具有独特的应用优势。目前基于账户模式的支付系统既可以基于集中式支付系统,也可以基于分布式支付系统。一般情况下,无论通过哪种支付系统,用户使用法定数字货币进行交易都存在许多中间步骤。面对当前数据规模持续增长和网络容量高速发展的环境,使用央行账户提供法定数字货币这一举措将是非常可行的(Bordo and Levin,2017)。此外,基于账户模式的法定数字货币可以更直接地利用中央银行现有的实时全额结算(Real Time Gross Settlement,RTGS)[①]基础设施,创建一个高效、实时、集成且低风险的法定数字货币结算和托管系统。

三 基于代币模式的运行机制介绍

基于代币的法定数字货币的运行机制可分为两种:①中央银行直接发行基于代币的法定数字货币;②中央银行通过商业银行或第三方支付机构发行基于代币的法定数字货币。与基于账户模式不同,基于代币模式上述两种运行机制都不能使中央银行或者商业银行、第三方支付机构成为法定数字货币流通的中心,它们的作用只是维护法定数字货币的支付结算体系。法定数字货币的流通体系采用分布式账本技术,可以自动实现不同单位或个人账户之间的货币划转。

第一种运行机制是指中央银行直接发行基于代币的法定数字货币,并委托商业银行或第三方支付机构代为管理。如图 5-3 所示,商业银行或第三方支付机构负责维护支付系统的运行,交易双方的货币划转不需要通过商业银行或支付机构。央行负债的增加就是个人或公司持有的代币余额总额增加,央行负债的减少则是个人或公司持有的代币余额总

---

① 实时全额结算(RTGS)是指在营业日系统运行期间的任何时刻都可进行全额结算,支付指令随时发送随时处理,资金转账指令处理和资金结算同步持续进行。

额减少。在交易双方来自不同货币区域的前提下，这种运行机制可以直接实现不同个人或公司之间跨越货币区域的支付结算。

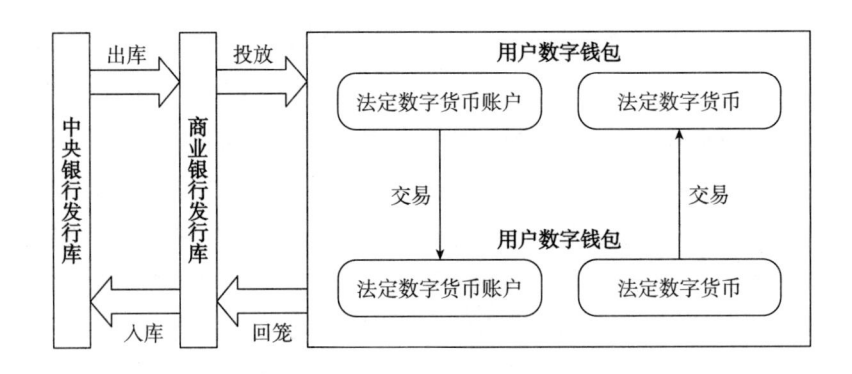

图 5-3　基于代币模式的直接运行机制

资料来源：吴桐等：《法定数字货币的理论基础与运行机制》，《贵州社会科学》2020 年第 3 期。

第二种运行机制是指中央银行委托商业银行或第三方支付机构对访问方式进行确认，并维护支付结算系统的正常运行。如图 5-4 所示，在发行流程上，基于代币的法定数字货币与实物现金类似。央行可以向一个或多个商业银行，或者第三方支付机构发行法定数字货币。一般而言，新发行的代币将首先由央行兑换给商业银行或第三方支付机构。个

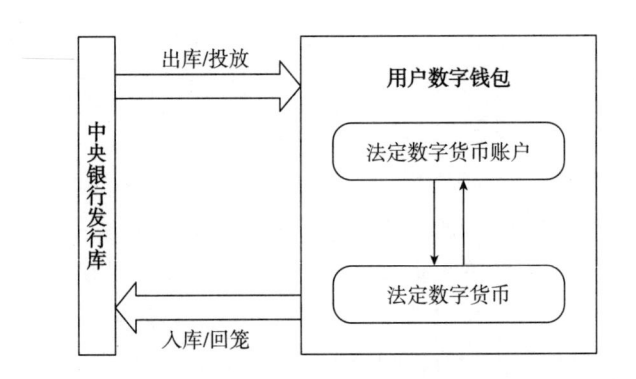

图 5-4　基于代币模式的间接运行机制

资料来源：吴桐等：《法定数字货币的理论基础与运行机制》，《贵州社会科学》2020 年第 3 期。

人可以从商业银行或第三方支付机构获得这些代币，以换取现金或银行存款。在之后的交易过程中，这些机构通过支付应用程序和其他基础设施，将代币在广大用户中重新分配（Duffie，2019）。商业银行或第三方支付机构可以选择相应的支付技术，这也意味着央行需要规定共同使用的支付技术和相关标准。

四 基于代币模式的运行机制评述

基于代币模式的运行机制与现金、私人数字货币存在一定的相似之处。事实上，基于代币模式的法定数字货币是与实物现金最为相近的数字等价物（Brunnermeier et al.，2021）。在现金交易中，收款人只有在相信现金为真的情况下才会接受付款。这意味着现金为假币的风险实际上由收款人承担。这个原理可以迁移到基于代币的法定数字货币中。使用基于代币模式的法定数字货币进行交易时，收款人同样必须确认代币为真。此外，基于代币模式的工作原理也与比特币、Libra 和以太坊等加密私人数字货币非常类似，即代币能够从付款人直接到达收款人。当采用基于代币模式时，每个代币的转移首先都需要在特定的地方（如区块链）进行注册（Fernández-Villaverde et al.，2021）。在此基础上，基于代币模式的法定数字货币还将是一种可编程货币，能够适应各种功能。

基于代币模式支付系统着重于满足各种交易需求。代币系统可以限制给定时期内分布式账本上全部可转移的代币总量，通过哈希算法等加密技术对交易进行严格的确认与存储。代币系统对所有在分布式账本中等待编码且未完成的交易计算提出请求，并且对应地把每个代币划分为可以转移与无法转移的部分，从而较好地实现控制比例的目的。用户可以将法定数字货币存储在自己的法定数字货币钱包中，通过移动终端设备直接向其他用户转账。在使用基于代币的法定数字货币进行交易时，付款人必须使用与特定代币相连接的"私钥"[①] 在交易上签名。无论由哪个用户提供私钥，交易都能够生效（Brunnermeier et al.，2021）。

[①] 私钥（Private Key）是一串随机提取的数字，是用户控制和使用法定数字货币的依据，不可对外公布。

第三节　两种访问方式的优势与劣势

两种访问方式的基本原理和运行机制不同，因此它们在效率、安全和成本等方面也具有不同的特征，表现出不同的优势和劣势。下文将从支付安全、金融稳定、交易风险等方面，进一步探讨两种访问方式的优势和劣势所在。

一　两类访问方式的优势

不同的访问方式在安全性、高效性、保密性等方面具有各自的优势，也从不同的角度为金融监管、金融稳定与普惠金融的实现做出贡献。下文将梳理基于账户模式和基于代币模式的优势，旨在提供法定数字货币访问方式的选择依据。

（一）基于账户模式的优势

基于账户模式有助于实现更安全、更高效与低成本的支付方式，其优势主要表现在以下三方面：

（1）基于账户的法定数字货币可以提高零售支付和大额支付的安全性和效率（Engertand Fung，2017；Dyson and Hodgson，2016）。在每个法定数字货币账户的初始创建过程中，账户持有人都要通过在商业银行开户等程序进行身份验证。此后的支付交易则仅需使用手机和数字形式的个人身份识别码（Personal Identification Number，PIN）进行两步验证，既保证了安全性又能降低成本。该模式还能够直接利用中央银行现有的实时结算基础设施，使交易快速、无成本地进行。中央银行可以监测任何异常活动，并根据需要实施额外的反欺诈措施，保障支付交易的安全性和即时性。此外，基于账户模式还将促使跨境支付更快速和更安全。在当今以账户为基础的支付系统中，跨境交易与外汇交易密不可分。这种相互联系的设计使法定数字货币账户与竞争性外汇市场直接对接成为可能。原本处理交易的中介机构可能会收取额外费用。但在使用集中式账户后，那些本来需要支付大量现金或者通过借记卡、信用卡来支付高额交易费的低收入家庭和中小企业将会从中获益。具体的获益程度取决于央行给予个人法定数字货币访问权限的访问方式（Fegatelli，2019）。

(2）基于账户模式有助于提升央行货币政策调控效率。在基于账户模式下，基础货币通过央行账户与商业银行账户之间的划拨过程进行投放，并且只需在银行系统的个人账户之间直接划转，即可满足用户对货币资金的日常需求。所有资金在银行系统账户之内不断转移，却不会流出，从而避免了银行挤兑带来的风险。此时，基于账户的法定数字货币在宏观调控的意义上直接等同于准备金，可以完全成为中央银行货币调控的工具（刘蔚，2017）。除此之外，选择集中式账户还意味着中央银行可以拥有一个全新的、较为直接的货币政策工具。区别于传统的数量控制手段，央行能够简单地通过限制法定数字货币兑换和支出等，调控法定数字货币的总量。如果货币市场上的法定数字货币超过某个阈值，央行会对法定数字货币账户实行按比例的兑换限额，或者根据优先顺序安排和处理支付请求，从而能够对法定数字货币的余额施加不同程度的限制。

（3）基于账户模式有助于在更广的范围内维护金融稳定。近年来，发达国家普遍出现现金使用率下降（如瑞典和挪威）、货币当局对法定货币的控制权下降、"美元化"威胁加剧以及经济日益数字化等现象。这些现象都加大了中央银行维护金融稳定的困难。因此，发行法定数字货币将成为中央银行防御策略的一部分。该举措能够保障中央银行在金融体系中的核心地位，从而维护金融稳定。就一国支付系统而言，基于账户模式的存在将有利于危机情况下银行体系的系统性运行，以及更好地应对传统电子支付基础设施长期中断的问题。例如，基于账户模式的双层流通框架既能够解决结构性金融脱媒问题，也能够解决商业银行挤兑问题。基于账户体系与反洗钱、反非法融资等监管要求更加兼容（Pichler et al.，2020）。此外，在全球跨境交易中，特别是在货币的竞争领域，如果实行基于账户体系，央行就能够完全控制货币的跨境使用。倘若央行不希望自己的货币在某一个境外司法辖区被使用，基于账户的模式可以对此进行直接控制。当世界各国央行发行自己的法定数字货币时，该模式也能够帮助本国央行应对美元化威胁。但基于账户的法定数字货币最终能否在全球范围内为金融稳定做出更大的贡献，还取决于交易成本等诸多因素。

（二）基于代币模式的优势

基于代币模式有助于保障支付完整性，改善金融包容性，其主要优势表现在：

（1）基于代币模式可以使用精确的技术来保证支付完整性和安全性。基于代币模式可以提供精确的技术手段，记录每一次历史支付操作，防止交易历史被篡改，保持良好的安全性（Didenko et al.，2020）。因此，该模式可以有效地遏制腐败和维护税收，确保资金转移透明，而且个人和公司更容易证明自己的资金所有权。相比于电子货币和纸币无法备份的困境，基于代币模式不仅可以将交易数据存储于银行服务器中，更是在网络的每一个节点上都有备份。即便一些存储数据的设备发生意外事故，基于代币模式的分布式技术也能够轻松恢复完整的数据，由此实现了更高的数据安全性。在支付宝和微信支付占有绝大部分市场的背景下，基于代币模式还将发挥独特的作用。它为监测经济和市场的完整性提供了更好的数据来源，也为集中控制所有支付系统提供基础性分析工具。基于代币模式作为一种全新的体系，还可以打通现有的电子支付系统，包括传统的银行中介系统以及支付宝、微信支付等第三方支付的生态系统。银行中介系统与第三方支付生态系统目前都是不可互操作[①]的闭环私有系统。而基于代币模式的法定数字货币可以作为一个工具，实现支付宝与微信支付之间的互操作性，以及这些系统与银行中介支付系统之间的互操作性。

（2）基于代币模式可以满足去中心化需求，并且改善金融包容性。当法定数字货币的基础设施建设完备时，基于代币模式有可能显著改变金融包容性格局。私营部门的利润动机导致银行对各阶层客户服务不足，但中央银行作为政府机构，可以通过发行竞争性的支付交易方式和提供存款选择权来填补这种不足（Didenko et al.，2020）。借助基于代币模式，中央银行能够清晰地知道发行的货币流通到了哪些国民经济部门，又是如何通过使用流入其他部门。因此，在宏观层面，央行能够提高对货币供给和流通的控制力，更好地发挥普惠金融的效用，引导和支

[①] 互操作（Interoperation）使分布的控制系统设备可以通过相关信息的数字交换，从而能够协调工作，达成共同目标。

持经济社会发展。此外，基于代币模式的法定数字货币可以满足去中心化需求。一方面，在本国支付时，基于代币模式可以实现定点定项的法定数字货币投放，省去金融中介的环节，使资金更加快速和高效地直达需要的地区和行业部门。另一方面，在跨境支付时，基于代币模式的法定数字货币可以避开现有的国际跨境中介机构，实现两个国家之间的直接跨境结算和清算。去中心化的跨境支付体系可以在很大程度上缓解当前跨境支付流程繁复、效率低下与中介手续费用高昂等问题，进而改善金融包容性。

二 两类访问方式的劣势

基于账户模式和基于代币模式的特性使它们具有不同类型的劣势，可能对宏观经济产生不利影响。下文将详细阐述两类访问方式的劣势。

（一）基于账户模式的劣势

在考虑基于账户的法定数字货币这一模式时，中国人民银行需要仔细研究其可能存在的不足。有一个关键的问题是，在给定成本的前提条件下，没有哪个系统能够同时兼顾通用性、安全性与隐私性。因此，基于账户模式存在以下的劣势：

（1）基于账户模式下的中央银行可能面临更棘手的管理难题。账户设计可能为中央银行带来更多的管理成本。在访问普遍性方面，尽管公众可以直接访问的央行账户看似更具吸引力。然而一旦采用这种方案，包括 M_0 和 M_1 形式在内的所有数字现金都会被存放在央行私有云服务器管理范畴内，央行将不得不进行大量的客户身份验证及相关账户管理工作。

一方面，所有的金融资产都被保留和存放在同一个集中的数据库中，由央行直接或间接控制。随着法定数字货币的广泛使用，账户数量将会剧烈增加，意味着央行将不得不管理数以亿计的账户。此时，央行运行和维护数据库的成本也将快速上升，技术改进也面临着更高的要求。用户进行的每一笔交易都将使中央银行的资产负债表发生变动，需要央行不断进行调整，这也将导致央行的资产负债表管理政策复杂化（Beniak，2019）。传统银行体系下有商业银行则作为信用中介保障公众存款权益（何德旭和姚博，2019），若央行在资源分配方面的效率不及商业银行，有可能造成更大的整体经济损失。

另一方面，由于社会公众无法掌握强大的数字现金风险防御能力，例如防范不法分子篡改账户信息等，因此央行需要对公众损失承担责任。随着访问范围逐渐扩大，不安全（如参与者可能不诚实）或隐私（如参与者放弃信息控制）的问题和风险就相伴随而生。访问和安全之间的权衡取决于谁应当为欺诈交易和错误记录承担责任。在基于账户的系统中，当用户直接在央行开立账户或试图获取资金进行转账时，识别个人身份的工作就落在了账户管理者这方。因此，该责任也应当由账户提供者或负责发起验证支付消息的一方承担。只有在这种情况下，他们才有动力去控制欺诈交易的风险。

此外，基于账户模式下的央行需承担更多沟通协调的交易成本。实际运行过程中，央行需要向税务、司法等各部门提供必要的交易信息，并且满足广大用户多样化的交易需求（张伟，2019）。除了管理大量账户和会计交易记录的相对劣势之外，央行还不得不花费大量的人力、物力和财力资源来维系客户，并与商业银行进行竞争。与公众打交道时，作为政府机构，央行往往不能像私营公司一样做到以客户为中心，这可能导致客户满意度较低。而如果央行要与更广泛的公众打交道，就将会面临政治压力。为此，央行还必须确定其对客户和竞争对手的立场。例如，中国人民银行必须决定本行机构的账户是否会得到补贴，或定价是否高于商业竞争对手。它的选择或将对存款账户的商业提供者产生直接挤出效应。

（2）基于账户模式的非匿名性使个人隐私存在较大的暴露可能。非匿名带来的隐私保护难题是基于账户模式的内生性问题。账户体系的效率很大程度上取决于验证账户持有人身份的能力。在基于账户的交易中，支付能否被执行取决于用户的数字身份能否被有效验证。因此，身份盗用这一问题将会导致犯罪者能够在未经许可的情况下从账户中取款或转账（Löber and Houben，2018）。为实现普遍访问和安全保障，央行必须要追踪所有用户的身份。因此，账户管理员能够观察到所有交易的具体信息，确认所有用户的真实身份，使得法定数字货币交易毫无隐私地暴露在政府机构的监管之下（Pfister and Note，2020）。基于账户模式不可能像基于代币模式那样做到完全匿名，这也对用户隐私提出了重大挑战。如何在最小化隐私成本和风险的同时实现效率最大化，这个问题需要中央银行慎重地做出选择。

外部攻击同样会对用户隐私安全造成影响。在隐私保护方面，一旦法定数字货币的账户遭遇攻击，出现交易信息泄露的情况，大量用户的隐私将遭遇极大的威胁。在数据泄露与数据滥用事件频发的背景下，对隐私担忧的加剧或将成为法定数字货币推广的阻力。如何在更高的安全性和隐私保护之间取得平衡，也是一个亟待解决的问题。法定数字货币是存在于金融机构支付结算电子网络中的货币，在财产权的享有和行使上与电子货币具有共同属性。如果因网络故障、网络受到恶意攻击、网络设备损坏与网络安全缺陷等不可归责于社会公众的原因，导致账户中的货币财产受损，应由属于网络经营和维护机构承担相应损失（刘少军，2018）。在法律意义上，这种责任被视为严格责任。当网络经营和维护机构不能证明是由于用户过失而导致损失，相关机构就应当先行赔付，以保证网络货币流通体系持续正常运转。

（二）基于代币模式的劣势

在考虑基于代币的法定数字货币这一模式时，央行需要仔细研究不同类型的风险。纵观整个运营流程，基于代币模式在交易前需要关注网络风险引致的伪造风险和双重支出风险，在交易后需要防范不可逆转的用户资金损失风险。下文梳理了基于代币模式存在的劣势：

（1）基于代币模式可能面临更大的网络风险。诸多网络安全问题在高度加密的系统中依然有持续存在的可能。例如，假造的欺诈性付款信息、伪装成支付门户的钓鱼网站、伪造支付网关等。在基于代币的模式下，验证的复杂性使欺诈的规模和范围都缺乏内在限制，黑客很有可能会直接破坏整个支付系统（Bordo and Levin，2017）。尽管基于代币模式依赖的分布式账本技术能够消除系统中所有潜在的单点故障，提高对网络攻击和操作失误的弹性。但若是将集中化的元素添加到分布式账本中，该系统对网络攻击的弹性就会减弱（Wadsworth，2018）。由于交易信息同步记入所有网络参与节点，因此基于代币模式需要进行大量重复运算。该过程带来了较高的运行成本以及硬件设备、电力能源和网络资源等的无谓消耗。随着网络扩张和参与者增加，成本将保持同步增长。虽然基于账户模式同样会产生网络风险，但基于代币模式中发行方与造假者之间的斗争显得尤其激烈，这要求发行方必须做出更加迅速的应对。

（2）基于代币模式无法回避伪造风险与双重支出风险。伪造风险由验证的相对成本和伪造代币的成本决定（Kahn et al.，2019）。在代币系统中，欺诈性交易的责任在于代币的接受者，他们可能需要承担收到伪造的代币或此代币已被使用的风险。以现金为例，由于它具有易于识别的安全特征，并且交易行为能够自动成为接受真伪的标志，因而验证成本较低。当可识别的安全特征复制难度较大时，伪造货币的成本就会高得令人却步，从而减少伪造事件的发生。但是，在造假者利用尚未发现的漏洞直接从源头进行伪造时，网络漏洞可能会极大地降低伪造代币的成本。当代币通过开放网络进行传输时，伪造代币的尝试甚至是无成本的。

同一代币可能被多次使用的双重支出风险也是基于代币模式的法定数字货币所固有的风险特征（Ward and Rochemont，2019）。在这种情况下，确保每笔交易的有效性就至关重要。代币的双重支出风险要求更加复杂精确的验证方法，可能会增加整个系统的验证成本。目前，持续研发和更新的支付系统已经能够较好地适用于小额支付与转账的场景。但实际上分布式系统仍然是有延迟和成本的，在数据量增大的时候表现得更加明显。分布式账本能否突破这些制约因素，实现应用场景的大规模推广并产生变革性影响，仍有待观察。

更重要的一点是，基于代币模式可能会给用户带来无法逆转的巨大损失。为了保证支付的匿名性，央行发行的加密代币可能被存储在小型设备上，而不与中央账户相连。当用户在小型设备上持有较多余额时，设备盗窃或丢失将直接导致大量资金损失。正因为任何人都可以获得数字签名，基于代币模式相当于提供了一种具有隐私保护功能的普遍访问权限。然而，如果最终用户不能保密自己的私钥，就会面临资金损失的高风险。考虑到代币的发行者可能不具备区分真实声明和攻击者虚假声明的能力，因此，代币丢失的风险是不可逆转的。同时，为此类制度设计有效的反恐融资及反洗钱（Anti-Money Laundering/Countering the Financing of Terrorism，AML/CFT）框架也将更具难度和挑战（Auer and Böhme，2020），这使执法部门在寻找资金所有者或跟踪资金流动时遭遇更大的困难。

（3）基于代币模式的匿名性也存在隐私暴露风险。一方面，基于代币的法定数字货币毋庸置疑可以实现匿名性，但匿名性并非总能带来积极效果。它的缺点是允许非法活动的资金达到设定的限度，被迫给予了非法交易产生和发展的空间（Pfister and Note，2020）。各国央行一直希望降低把现金用于非法用途的便利程度，例如通过不再发行高面值的钞票来进行限制交易额度，其他公共机构也不断打击各种非法交易（Juškaitė，2019）。在基于代币模式下，支付工具越匿名，转移机制越分散，不法分子进行非法活动的机会就越大，例如洗钱、资助恐怖主义和其他隐私相关问题，以及跨境活动、套利和隐蔽交易等。这些风险将使中央银行面临严峻的声誉危机。

另一方面，倘若基于代币的模式无法保证完全匿名，将不可避免地引发法律、社会甚至政治问题。代币可以基于松耦合模式而运作，但着眼于代币和现金货币的差异，对法定数字货币交易双方以及交易物的真伪鉴别流程会更加困难和复杂。因此，基于代币的交易往往需要引入外部认证机制来校验真伪。这又导致基于代币的法定数字货币无法同现金一般实现100%的绝对匿名。此外，基于代币模式的匿名程度实际上取决于法定数字货币钱包注册信息的披露情况（完全匿名性还是有限匿名性），这也将带来额外的风险。

（4）基于代币模式的货币价值波动性可能较大。基于代币模式的法定数字货币的价值通常依靠法定货币、数字资产或算法来保持稳定（Carstens，2018）。一般情况下，其价值是稳定的，央行可以通过调整银行存款利率来调控公众的需求。但在经济环境比较动荡的情况下，这种做法的效果具有不确定性。相比于银行存款挤兑，基于代币模式的法定数字货币有着其他需要解决的问题。例如，它是否会产生溢价？在充满不确定性与金融市场恶化的环境下，这种溢价将如何产生波动？基于代币模式的法定数字货币可能并不如持有者想象的那样安全。其波动性的市场特征会进一步降低其作为支付媒介的效用，从而影响货币功能（Duffie，2019）。因此，每个代币都必须有相应的存放在央行账户中的其他货币（或其他资产）作为后盾，才能够稳定其相对于法定货币的价值。只有在所有代币都有存款准备金作为担保的前提下，基于代币模式的法定数字货币才具有稳定的信用水平①（Sodhi，2020）。

第四节 国内外访问方式的应用实践与趋势

现如今，有许多国家已结合自身国情与研发法定数字货币的动机，选择了基于代币模式、基于账户模式或双模式的访问方式（Mondello et al.，2020）。全球各国央行曾围绕着法定数字货币访问方式的选择展开激烈争论。在考虑到去中心化的潜在风险时，该争论的必要性越发突出。不过，也有部分央行提出"基于账户和基于代币模式的取舍"实际上是一个错误的讨论焦点，因为它们之间的区别仅仅是技术和法律定义的问题。② 具体来说，代币是无记名票据，本身代表着一种货币价值的所有权。账户则代表了中央银行或金融中介机构拥有的货币余额。从演化路径来看，央行发行法定数字货币其实应该是从账户向代币转变的过程（姚前，2017）。加密货币从最开始的公有链到后续的联盟链、私有链都可以看作从账户向代币方向的推进。下文将梳理国内外法定数字货币项目的访问方式选择，并探讨选择依据和具体运行情况，以明确访问方式的未来发展趋势。

一 加勒比岛国的项目：双模式

加勒比岛国在法定数字货币研发方面做了较多的应用实践。加勒比岛国位于东加勒比海向风群岛的最南端，各个国家的经济发展现状和规划各有差异。尽管众多金融科技已经被广泛采用，但仍有许多岛民缺乏金融服务。为了提高金融包容性、降低现金成本以及进行针对性的客户关系管理，巴哈马和东加勒比海地区的中央银行皆已开展法定数字货币试点项目。巴哈马选择基于账户的互操作模式，而东加勒比地区则在探索基于代币模式的分布式账本技术。

（一）巴哈马 Sand Dollar 项目：基于账户模式

巴哈马发行法定数字货币的主要动力是为了更好地落实普惠金融。

---

① CCN 专栏，https：//www.ccn.com/op－ed－stablecoins－and－bank－failurethe－unmitigated－risk－of－fiat－backed－tokens/。

② 《瑞典中央银行2020年度报告：Second special issue on the e－krona》，https：//www.riksbank.se/。

该国由 700 多个岛屿组成，其中约有 30 个岛屿上有人居住，共 39 万居民。巴哈马元与美元"一对一"挂钩，银行业和离岸金融服务约占巴哈马国内生产总值的 15%—20%（Boar et al.，2020）。然而，有些岛上并未设立银行网点。部分居民需要跨岛屿进行金融业务办理，导致银行提供服务门槛高、银行账户覆盖率低等问题持续存在。在 2019 年，巴哈马央行启动沙币（Sand Dollar）项目，帮助未能得到银行服务和没有银行账户的居民访问数字支付基础设施，以提升本国的金融包容性。该项目将通过无缝数字支付基础设施把国内居民与银行连接起来，在银行能以数字形式转移资金的前提下，让居民使用与钱包相连的二维码向零售商付款。

巴哈马中央银行的 Sand Dollar 是一个基于账户的法定数字货币试点项目。在该项目中，法定数字货币持有者可以直接向央行索要资金。Sand Dollar 项目前期，银行机构、信用合作社等私营部门参与者将通过"了解您的客户"（Know Your Customer，KYC）和其他合规性检查进行系统准备。[①] 这一试点项目在 2020 年持续了 6 个月。正式的 Sand Dollar 项目暂定于 2021 年中期开展。届时的重点是为法定数字货币提供政府和私营部门（如公用事业公司）的基础设施服务。

巴哈马央行采取了诸多措施以推动项目的顺利实施。例如，为避免该国银行系统的去中介化，增强金融服务的非歧视性和提高国内支付效率，巴哈马央行做出了下列规定：第一，限制公民和企业被允许持有的法定数字货币数量；第二，规定法定数字货币为无利息货币，且仅能在巴哈马国内使用；第三，建立集中登记册来维护全部持有货币的分类账。此外，巴哈马中央银行宣告已经对法定数字货币进行了严格的网络安全评估，较好地消除了公众对法定数字货币安全性的疑虑。

第三方机构也纷纷采取行动，旨在配合基于账户模式的采用。许多金融机构和支付机构已开始投资相关业务，为用户打造能够得到"多重身份验证"保护的个人移动钱包，并计划推出相应的服务。根据 Sand Dollar 网站的公开资料，巴哈马居民通过使用合法的移动设备电子钱包，就可以在与任何商户的交易中使用法定数字货币，并且交易费用

[①] 腾讯网，https://new.qq.com/rain/a/20201021A0CQ4000。

低到可以"忽略不计"。交易提供商 NZIA 被央行选定为该国法定数字货币的技术解决方案提供商。

基于账户的 Sand Dollar 项目为巴哈马带来了诸多好处。正如巴哈马中央银行副经理 Chen Chaozhen 所言，在选择了基于账户模式后，法定数字货币与巴哈马元一样受到相同法规的约束，并且巴哈马央行可以围绕法定数字货币账户的使用进行反洗钱设计和 KYC 保护。[①] 巴哈马的访问方式选择减少了经济体系中未记录活动的规模，加强了国家对洗钱和其他非法犯罪行为的防范。此外，基于账户模式的法定数字货币也使政府能够通过数字渠道来提供服务，改善税收管理制度，并且提高财政支出效率。

（二）东加勒比海 Dinero Electronico 项目：基于代币模式

东加勒比海的 Dinero Electronico 项目是货币联盟[②]中的央行启用法定数字货币的首个示例。东加勒比海中央银行是由安提瓜和巴布达、多米尼克、格林纳达、圣基茨和尼维斯、圣卢西亚、圣文森特和格林纳丁斯、安圭拉和蒙特塞拉特等岛屿经济体[③]组成的货币当局。群岛总人口约62万人，由21家持牌商业银行提供服务，其中17家在当地注册成立（Boar et al., 2020）。

东加勒比海中央银行选择了基于分布式账本的代币模式。东加勒比海中央银行现任行长 Timothy Antoine 表示，Dinero Electronico 试点项目是东加勒比海央行2017—2021年五年战略规划的一部分。东加勒比海央行希望进一步提升金融系统的安全性和完整性，因此有责任鼓励、支持和促进成员国的平衡增长和创新发展。为此，该国央行开始关注区块链技术，考虑选择基于代币模式的法定数字货币。[④] 在东加勒比海，代币被视为数字现金，表示用户对中央银行的债权。记录和转移代币的分布式账本虽是私有的，但被许可的交易各方皆可对代币进行识别。金融

---

① 腾讯网，https://new.qq.com/rain/a/20201021A0CQ4000。
② 货币联盟是指两个或两个以上国家或地区之间达成的维持相同货币或保持其货币价格相似的协议。
③ 岛屿经济体是一个或一群海岛，通过开发其岛屿、岛滩及环岛海域的陆地和海洋资源来发展经济，并且具备相应行政、经济组织的地（海）域单元。
④ 36氪，https://36kr.com/p/1722351828993。

机构直接为钱包持有人与非银行机构提供服务，中央银行则通过已建立的金融机构发行、赎回和验证代币。

东加勒比海央行采取了一些措施，将该项目限制在受控的环境中。与巴哈马中央银行项目一样，东加勒比海央行也对非计息数字货币的数额加以限制，以避免它取代储蓄或存款。此外，Dinero Electronico 试点项目还将受到银行机构的监督。该国中央银行期望通过这个项目减少现金使用及其相关成本，实现提高支付效率、促进创新和包容性业务增长与反洗钱等目的。

二　乌拉圭 e–Pesos 项目：基于代币模式

随着经济发展，乌拉圭国内经济逐渐出现现金提取额不再增加、流通现金使用率持续下降等一系列问题。为了应对上述问题和促成普惠金融目标的实现，乌拉圭央行于 2017 年 11 月启动了一项旨在发行、传播和测试 e–Pesos 的试点项目，构建跟实物票据具有相同功能和用途的数字票据，并且测试个人和公司对分布式记账技术的采用情况。该试点项目是乌拉圭政府普惠金融计划的一部分，旨在提高该国金融可得性及支付系统的效率。

e–Pesos 项目选择了基于代币模式的访问方式。既有的法定授权确保该国可以发行 e–Pesos 作为实物现金的补充。2017 年 11 月至 2018 年 4 月，乌拉圭央行发行了 e–Pesos 代币。乌拉圭央行仅允许 1 万名个人移动用户和少数零售公司使用这些代币。[1] 法定数字货币发行总额为 2000 万乌拉圭 Peso[2]，其中 700 万由第三方支付服务商（Payment Service Provider，PSP）分配，前提是它们应当在央行账户中持有等值 Peso。有购买和使用 e–Pesos 需求的个人则必须在一家名为 Red Pagos 的专业支付机构[3]中用纸币兑换代币。该试点项目不允许使用商业银行存款兑换 e–Pesos。个人用户和公司最多可以分别持有 3 万 e–Pesos（约 1000 美元）和 20 万 e–Pesos（曾繁荣，2019）。当需要进行交易时，付款人可以通过手机短信或 e–Pesos 应用程序来实现即时转账。

---

[1]　CSDN 社区，https：//blog.csdn.net/IJXR1A64JI53L/article/details/78464721。
[2]　又称乌拉圭比索，为乌拉圭所使用的法定货币。
[3]　Red Pagos 是乌拉圭的一家支付服务提供商。消费者可以在线创建包含付款人 ID、支付金额、收款人账号等信息的账单，之后通过 RedPagos 线下网点用现金进行付款。

e-Pesos 试点项目的运行机制有两个主要组成部分。这两个部分包括乌拉圭中央银行（Banco Central del Uruguay，BCU）支持下的代币发行，以及由第三方提供的钱包和交易验证（Central Bank Digital Currencies Working Group，2019）。在第一层中，BCU 在金融科技公司的协助下，以加密方式发行基于代币模式的 e-Pesos。金融科技公司为支付交易提供存储、安全和验证服务。在第二层中，金融科技公司提供匿名数字钱包，使用户可以通过各自的数字钱包进行交易。在运营方面，第三方的参与对于促进所有钱包和基础设施用户的互动是至关重要的，例如，厄瓜多尔中央银行（Banco Central del Ecuador，BCE）就允许金融实体与电子钱包提供商互动。BCU 虽然发布了 e-Pesos，但存储、分发和运营方面则由第三方机构（如 IBM、Roberto Gori Company、Red Pagos 等）负责。如前所述，乌拉圭央行已通过电子钞票管理平台分发多种面额的法定数字货币。该平台在未使用分布式记账技术的前提下，也能够充当法定数字货币所有权的登记处。

需特别注意的是，e-Pesos 实际上处于"有限匿名"的状态。尽管基于代币的交易是匿名的，但经过中央银行验证后，数字钱包将与用户的手机号码相关联，从而提供一种识别用户身份的方法。如果法律机构或税务机关想要访问用户的真实身份，该功能可能非常有用。此外，为了防止双重支出的问题，每个 e-Pesos 代币都有一个加密签名和特定的面额，类似于比特币的未花费交易输出（Unspent Transaction Output，UTXO）模型。

该试点项目被认为是成功的。2018 年 4 月，该项目试点结束并取消了所有 e-Pesos（曾繁荣，2019）。乌拉圭央行在就下一步试验和潜在发行做出决定前，还需要对某些问题进行慎重考虑，包括如何更好地管理不同面额的法定数字货币库存、e-Pesos 应具备何种匿名程度、法定数字货币是否产生利息、央行的最终角色以及法定数字货币对企业和经济的影响等。

三 瑞典 e-krona 项目：未定或双模式

e-krona 是瑞典官方发布的虚拟加密货币，通过央行与数字货币机构运营并发售，设立的 Krona 货币储备金进行在线存管、在线支付、兑换商品等方式，确保 e-krona 的稳定增值，实现货币自由兑换，成为

第五章 | 法定数字货币的访问方式

全球流通、人人可以自由参与的法定数字货币。

瑞典推行 e-krona 项目的主要动机有两个，其一是为了应对国内现金流通比例持续下降。2009—2017 年，瑞典流通中的现金占 GDP 的比例一直在迅速下降，已经低于大多数发达经济体。如图 5-5 所示，最近支付现金人群的比例逐年降低。这表明瑞典国内对本国现金的使用需求不断减少。此问题产生的根源是，瑞典央行宣布不再支付商业银行准备金的利息，导致人们对于现金需求将会消失的担忧。为应对现金使用需求的持续下降的问题，瑞典央行应当在国内支付市场中发挥更大的作用。

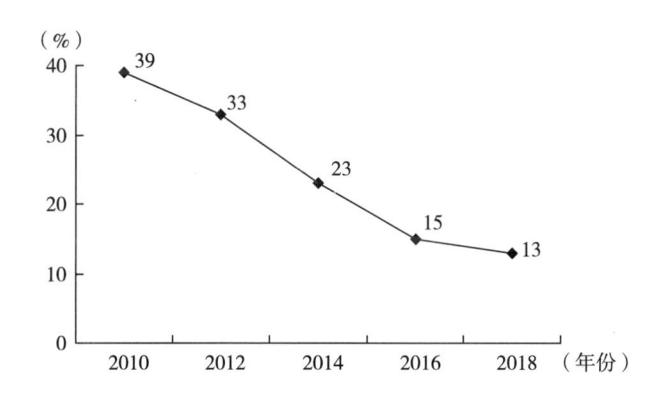

图 5-5 瑞典付现人群占比

资料来源：Duffie, D., "Digital Currencies and Fast Payment Systems: Disruption is Coming", *Asian Monetary Forum*, 2019。

其二，e-krona 项目还意图为普惠金融问题提供解决方案。瑞典央行指出，社会上存在一些只能获得和使用现金的群体。这类人群需要一种更加简便和人性化的服务，以避免被现代金融排斥在外。例如，虽然传统银行卡支付之外的电子支付①使用率在瑞典显著增长，例如 Swish 移动支付系统，但老年人对电子支付的使用率明显偏低（Barontini and

---

① 电子支付（Electronic Payment）是指消费者、商家和金融机构之间使用安全电子手段把支付信息通过信息网络安全地传送到银行或相应的处理机构，以实现货币支付或资金流转的行为。

157

Holden，2019）。

数年以来，瑞典 e‐krona 项目对访问方式的选择进行了大量探索。首先，在 2016 年的演讲中，瑞典央行副行长 Cecilia Skingsley 宣布将会启动一个项目来确定数字货币 e‐krona 的访问方式，无论是基于代币模式还是基于账户模式的问题，以及是否应该支付利息（Skingsley，2016）。2017 年初，e‐krona 项目正式开展。瑞典央行将法定数字货币当作现金和电子支付的补充，若无法使用其他电子支付手段的严重危机，e‐krona 可以提供相应的解决方案。2017 年，瑞典央行围绕 e‐krona 系统考察两类访问方式对支付效率、竞争和金融稳定的影响，并研究了有关货币政策的问题。[①] 2018 年，瑞典央行拟议的 e‐krona 仍存在基于账户和基于代币两种选择。[②]

之后，瑞典央行委员对以预付价值、无利息和可追溯为主要特征的 e‐krona 方案进行试点，旨在更好地为全面发行决定提供参考（Barontiniand Holden，2019）。在设计基于账户模式的 e‐krona 时，瑞典央行委员会已经进行了法律修改和机构间协调，后续他们将会探讨这种协调所代表的意义。同时，有学者建议，瑞典央行应当为无利率但有可追踪交易试点的 e‐krona 创造新的技术解决方案。e‐krona 在最终发行时会选择哪一种访问方式，还将取决于瑞典央行进行的概念测试、法律调查、社会对话、实验环境和现有基础设施等因素。

2020 年 2 月 17 日，e‐krona 项目再次进行了测试。用户可以在测试环境中通过电子钱包 App 对数字货币进行充值、转账支付、提现等操作。e‐krona 可以做到 24/7 全天候可用，并且无论钱款大小、无论用户身处何地都可以付款。在跨境交易中，e‐krona 可兑换任何其他合法金融资产的数字货币。e‐krona 数字身份证将伴随着法定数字货币，以防止洗钱和不当使用。

e‐krona 项目将在 2020 年 7 月使用区块链技术发行法定数字货币。该项目的主要目标将是利用这些法定数字货币建立一个储备基金，购买

[①] 《瑞典中央银行 2017 年度报告：The Riksbank's e‐krona project. Riksbank Studies，Report 1》，https：//www.riksbank.se/。
[②] 《瑞典中央银行 2018 年度报告：The Riksbank's e‐krona project – Report 2》，https：//www.riksbank.se/。

一部分国债,从而实现 e-krona 币值的稳定增长。① 瑞典央行在其网站上官宣,基于区块链技术的法定数字货币 e-krona 已经开始测试。这意味着该国距离创建全球首个央行区块链法定数字货币的目标更进一步。瑞典当局称,e-krona 应该简单易用,使用 e-krona 付款将"像发送短信一样容易"。为保证金融体系的稳定,e-krona 将在隔离测试环境中模拟使用。社会公众可以持有 e-krona,通过移动应用程序进行支付、存款和取款等操作,还能够通过智能手表等可穿戴设备进行支付。②

(一)瑞典 e-krona 项目:基于代币模式

基于代币模式的 e-krona 与瑞典央行法案的法律授权是一致的。但基于账户模式的 e-krona 可能要求瑞典央行对该授权进行调整。瑞典央行强调发行法定数字货币与实现经济发展之间的相关性,并声称它可以凭借货币当局的身份发行 e-krona。③ 2018 年 10 月,瑞典央行表示:"欧盟的中央银行不需要许可证就可以发行电子货币。当中央银行以货币或公共当局的身份行事时(Hess,2020),它就不属于电子货币指令的范围,也不需要遵守有关发行电子货币的法律"。但事实上,如果瑞典央行想要独立于电子货币指令之外发行 e-krona,它需要从法律体系中获得必要的合法性。基于代币模式的 e-krona 是可广泛使用且兼容的(Central Bank Digital Currencies Working Group,2019),与当前的法律授权相一致。但鉴于向公众开立存款账户不在瑞典央行的职能范围之内,基于账户模式的 e-krona 将要求对现有法案进行修改,并且该法案应得到瑞典议会通过。

基于代币模式的 e-krona 与分布式账本技术的结合能够带来额外的优势。瑞典央行构想了一个能使 e-krona 支付服务提供商用于连接和分发货币的平台,也就是使用分布式账本技术来提供服务。尽管当前的分布式账本技术不够成熟,但在将来,所有问题或将得到更完善的解决。借助分布式账本技术,瑞典央行可以在所有中间媒介之间创建单一

---

① 搜狐网,https://www.sohu.com/a/396511144_100254123。
② CSDN 社区,https://blog.csdn.net/csdnnews/article/details/104681940。
③ 《瑞典中央银行 2018 年度报告: The Riksbank's e-krona project-Report 2》,https://www.riksbank.se。

的公共基础设施，每个中间媒介代表网络中的一个节点，每个节点都拥有包含该节点中介的信息和最终用户的信息在内的总账副本。但是，基于账户模式则要求存在一个可信任的第三方来掌握该副本，例如用于货币兑换的持续联系结算（Continuous Linked Settlement，CLS）银行或证券交易的中央证券存管处（Central Securities Depository，CSD）。如果将分布式系统应用到传统的基于账户模式，所有的中介机构都将拥有传统存款总账的完整副本。这将比集中式可信第三方模型（例如自动结算所）更加昂贵，从而缩小了基于代币模式的规模经济优势。

（二）瑞典 e-krona 项目：基于账户模式

基于账户模式可以在 e-krona 项目上实行相应的利率。基于账户模式的 e-krona 以直接在瑞典银行开设账户的形式向公众发行法定数字货币。考虑到所有的交易收支都是以相同的方式记录的，因此，法定数字货币在形式上类似于银行发行的零售银行存款。这就为瑞典央行在 e-krona 项目上实行正利率或负利率提供了基本条件。从法律角度来看，这种利率也更适用于基于账户模式的 e-krona，而不适用于基于代币模式的 e-krona。原因在于后者在法律上被称为电子货币。根据电子货币指令，基于代币模式应为无息工具（Shirai，2019）。

基于账户模式可以使瑞典央行更好地履行责任。基于账户模式的 e-krona 可以与存款相类比，表示用户在金融中介机构或瑞典央行这些传统金融体系中所拥有的货币余额。尽管 e-krona 是不记名票据，但它仍需要将所有交易以数字记录的方式存储在分类账或寄存器中，以避免使用欺诈或双重支出风险。分类账在某种意义上也是一种账户形式。此外，账户将由瑞典央行通过自行开发或购买的系统提供给公众使用，并且能够与私营实体的账户进行交互操作。① 这种模式有利于瑞典央行在支付市场的批发层面发挥其作用。但是区块链，或者说分布式账本技术，则无法实现这种功能。

四 研发测试中其余国家的访问方式选择

一般而言，无论是基于账户模式还是基于代币模式的法定数字货

---

① 《瑞典中央银行 2020 年度报告：Second special issue on thee-krona》，https://www.riksbank.se/。

币都可以提高支付的安全性、效率性和竞争性。此外，这两种模式都可以激励金融市场创新，促使小银行和非银行金融机构等新进入者向公众提供多元化的支付服务。总而言之，基于账户和基于代币这两种访问方式并非绝对对立，而是你中有我、我中有你的关系（姚前，2017）。

正在进行法定数字货币研发的其余国家的访问方式选择呈现灵活多样的特征。当前技术背景下，基于账户和基于代币的缺陷仍难以弥补，因而大多数央行都是两种方案同时使用，或者在账户基础上引入代币系统。除了上述的瑞典央行之外，丹麦、法国和欧洲央行等发达国家和地区的央行均没有确定访问权限的选择。事实上，这些国家都是保持开放的态度，计划随着金融科技的发展而灵活调整设计方案。

当然，也有部分国家选择较为保守的基于账户方案。英国的RSCoin系统选择的是基于账户模式的方案，即由中央银行完全控制全局账本（Higher–level Block）。中央银行筛选并授权商业银行收集、校验用户提交的交易信息，经验证的交易由商业银行打包生成低层账本（Lower–level Block）。美联储则是在原有的银行账户基础上扩展了法定数字货币钱包。具体而言，美联储向金融中介机构发行数字美元，中介机构将按需向其用户分发数字美元。用户可以选择将他们的数字美元放在电子钱包里，或者存入银行账户。柬埔寨研发的法定数字货币附有一个Bakong钱包，该钱包能够联动银行卡并完成法定数字货币与银行现金资产之间的转换。

此外，也有部分国家基于分布式账本构建新的基于代币的系统。立陶宛央行发行的LBCoin和新加坡Ubin项目都是基于代币。新加坡Ubin项目为构建基于代币的数字货币开发了一系列的平台，包括CAS平台（旨在支持隔夜交易和最低监管要求交易）、RTGS平台（适用于批发型银行在营业时间的实时全额转账）、FAST平台（适用于零售型银行之间全天候的快速转账）和DR平台（快速现金托管）。截至2020年，各国还在对平台的安全性和效率进行测试。例如，荷兰央行的DNBcoin项目正在测试基于代币模式的法定数字货币。表5–2总结了国际上明确提出研发计划的国家对访问方式的选择与动机。

表 5-2　　　　　　　　各国访问权限方案选择

国家/地区	项目	访问权限选择	动机
巴西	未知	基于代币模式	提高货币功能的效率，改善支付流程和系统，提升金融包容性和用户体验
荷兰	DNBcoin	基于代币模式	由荷兰国家银行开发，仅用于内部测试
新加坡	Ubin	基于代币模式	探索利用区块链进行支付和证券清算与结算的合作项目
立陶宛	LBCoin	基于代币模式	具有国家支持背景的法定数字货币和区块链技术试点项目的一部分
加拿大	Jasper	基于代币模式	基于DLT的结算资产CAD coin来创建和测试两个批发支付系统
南非	未知	基于代币模式	作为电子法定货币，是现金的补充
突尼斯	e-Dinar	基于代币模式	世界上第一个由政府机构或中央银行发行数字货币的项目
冰岛	Rafkrona	基于账户模式	解决纸币和硬币的使用逐渐减少的问题
厄瓜多尔	Dinero Electonico	基于账户模式	构建所有厄瓜多尔人都可以使用的支付方式
柬埔寨	Bakong	基于账户模式	增加获得优质正规金融服务的机会，减少对现金的需求
巴哈马	Sand Dollar	基于账户模式	提升普惠金融
英国	RSCoin	基于账户模式	构建由中央银行完全控制的全局账本
美国	Digital Dollar	基于账户模式	帮助美元维持全球储备资产地位
丹麦	未知	未定或双模式	评估引入法定数字货币的潜在好处与风险
法国	未知	未定或双模式	探索对银行影响最小的行为模式
挪威	未知	未定或双模式	专注于独立备份解决方案、银行存款的无信用风险替代方案、竞争和法定货币
欧盟	未知	未定或双模式	所有用户都能获得廉价和方便的支付手段
瑞士	未知	未定或双模式	为普惠金融提供解决方案
乌克兰	e-hryvnia	未定或双模式	测试DLT作为发行和流通的技术框架
以色列	未知	未定或双模式	帮助打击黑市交易，为高科技部门做贡献

资料来源：Auer, R., Böhme, R., "The Technology of Retail Central Bank Digital Currency", *BIS Quarterly Review*, 2020。

五　我国数字人民币的访问方式选择

在综合考虑各种因素之后，中国人民银行依托现有的数字人民币钱包,确立了基于账户松耦合的访问方式设计方案。该方案的优势在于能够真正做到可控匿名,确保法定数字货币的线上、线下全场景应用,实现普惠金融。

(一) 数字人民币钱包的概念

数字人民币钱包是指定运营机构根据用户申请开立的、具备唯一可识别编号的法定数字货币的载体。[①] 根据不同的维度,数字人民币钱包可以划分为不同类型,如表 5-3 所示。

表 5-3　　　　　　　　数字人民币钱包矩阵体系

划分维度	钱包类型
身份识别强度	1. 一类钱包：无限额； 2. 二类钱包：单笔 5 万元；余额 50 万元； 3. 三类钱包：单笔 5000 元；余额 2 万元； 4. 四类钱包：单笔 2000 元；余额 1 万元
开立主体	1. 个人钱包：自然人和个人工商户（根据客户识别强度采用分类交易和余额限额管理）； 2. 对公钱包：法人和非法人机构（根据临柜开立或远程开立确定交易和余额限额,并支持用户需求定制）
钱包载体	1. 软钱包：App、SDK 等； 2. 硬钱包：IC 卡、可穿戴设备、物联网
权限归属	1. 母钱包：主要钱包,类似于钱箱子； 2. 子钱包：次要钱包,在母钱包下开设,类似于钱袋子。个人子钱包支持限额支付、条件支付、个人隐私保护等功能；企业子钱包支持资金归集和分发、会计处理、财务管理等功能

资料来源：移动支付网, https：//www.mpaypass.com.cn/download/202102/02091926.html。

第一,依据客户身份识别强度,数字人民币钱包有四种类型之分。运营机构对客户进行身份识别,并根据识别强度实行分类管理。身份识

[①] 中国经济网, https：//baijiahao.baidu.com/s? id = 1677130272747773756&wfr = spider&for = pc。

别强度实际上指的是客户实名程度。从第一类到第四类钱包的识别强度逐渐降低，客户实名程度逐渐减弱，每笔或每日交易限额和余额限额也逐渐降低。这一分类充分体现了可控匿名的设计原则。此外，交通银行增设了主要适用于非中国居民的第五类钱包。

第二，依据开立主体，数字人民币钱包可分为个人钱包和对公钱包。自然人和个体工商户可以开立个人钱包。运营机构按照对应的客户身份识别强度对个人钱包采用分类交易和余额限额管理。其他法人和非法人机构可开立对公钱包，并且钱包功能可根据需求定制。运营机构按照临柜开立还是远程开立确定对公钱包的交易额及余额限额。

第三，依据载体的不同，数字人民币钱包可分为软钱包和硬钱包。软钱包具有移动支付 App 和软件开发工具包（Software Development Kit, SDK）[①] 提供的服务，可以完成账户开立或注销、现金兑换、充值、存钱、付款、收款、挂失、停用等功能。硬钱包是指通过柜面或电子渠道开立的存储数字人民币的实体介质，包括具备安全元件（Secure Element, SE）[②] 的手机、NFC－SIM 卡、银行卡及可穿戴设备等，具有兑出、兑回、圈存、圈提、消费、转账、查询等基本功能。[③]

第四，依据权限归属，数字人民币钱包可分为母钱包和子钱包。钱包持有主体可将主要钱包设为母钱包，并在母钱包下开设若干子钱包。个人既可以通过子钱包实现支付场景的限额支付、条件支付和个人隐私保护等功能，也可以进行亲属赠予功能管理。企业和机构则能够通过子钱包来实现资金归集和分发、会计处理、财务管理等。[④]

对数字人民币钱包进行上述设计之后，中国人民银行与各运营机构采用共建、共享的方式开发数字人民币钱包生态平台。在该生态平台中，中国人民银行和各机构联合对钱包进行协同管理、对法定数字货币进行验真，并实现各具特色的功能和视觉体系。

[①] 广义上指辅助开发软件框架、硬件平台、操作系统等的相关文档、范例和工具的集合。

[②] 为防止外部恶意解析的攻击，安全元件在芯片中有加密/解密的逻辑电路，能够保护数据安全。

[③] 中国经济网，https：//baijiahao.baidu.com/s? id＝1677130272747773756&wfr＝spider&for＝pc。

[④] 新浪网，https：//news.sina.com.cn/o/2021－06－13/doc－ikqciyzi9383038.shtml。

在功能方面，中国人民银行和指定运营机构共同开发基于支付功能的基本组件，并且利用智能合约实现条件支付功能。例如，单用途预付卡资金管理可以避免出现商家诱导消费者提前充值后卷款"跑路"的风险。此外，指定运营机构及其他授权参与机构也能参与开发支付及金融产品，满足用户对特定功能的需求。例如，部分面向老年人的硬钱包产品加载了健康码功能，还有部分硬件钱包具有门禁卡功能。在使用场景方面，指定运营机构和商家合作开发了推送子钱包。用户可以将钱包推送到各类消费场景，满足自己的支付需求。例如，用户可以在天猫超市、饿了么和美团等使用建设银行的推送子钱包进行支付。就支付体验而言，法定数字货币的线上支付与移动支付并无不同。在视觉设计方面，运营机构针对不同的应用场景和使用人群开发了异形卡式硬件钱包。例如，在第四届数字中国建设成果展览会法定数字货币展区中，工行展示的智能手表、手环、老人拐杖、手机耳机壳等。

（二）基于账户松耦合的访问方式设计方案

我国的法定数字货币以广义账户体系为基础，采用"账户松耦合"加数字人民币钱包的方式。何为账户松耦合？在一般意义上，松耦合是指以降低系统某一部分的变动和故障对整体的影响为原则，构建具备灵活性和扩展性的体系架构。央行数字货币研究所所长姚前认为，可考虑在商业银行传统账户上，引入数字人民币钱包属性，实现可以管理现有电子货币和数字货币的体系。这种方式能够脱离银行账户，实现端对端的价值转移，以此减轻交易环节对金融中介的依赖，实现"可控匿名支付"。[①] 对于中国人民银行最终为何排除了基于账户紧耦合模式，选择了松耦合模式，本书提出以下见解。

基于账户紧耦合模式难以完全满足公众对易用和匿名支付服务的需求（范一飞，2020）。一方面，紧耦合的非现金支付工具应用场景受限，支付效率与可得性较低。在账户服务和通信网络覆盖不佳的地区，公众对现钞的依赖程度依然很高。另一方面，紧耦合的支付工具需要绑定银行账户，并通过银行账户进行价值转移。在实名制的账户管理制度

---

① 新浪网，https：//finance.sina.com.cn/tech/2020-12-21/doc-iiznezxs8004276.shtml。

下，这种模式无法实现匿名支付，不利于用户隐私保护。

相较于紧耦合模式，基于账户松耦合具有以下两大优势：

其一，账户松耦合能够提高法定数字货币的可得性。在账户松耦合下，公众无须到商业银行开户，只要下载数字人民币钱包 App 并完成注册就可以在线支付。除了取出或充值法定数字货币之外，用户间的相互转账无须绑定账户。因此，松耦合的法定数字货币的流通效率更快，对于偏远地区意义重大。

其二，账户松耦合能够实现可控匿名。法定数字货币采取"小额匿名、大额可溯"的设计，实现可控匿名。区别于传统的实名制银行开户，账户松耦合可以在技术上实现小额匿名。鉴于钱包余额和支付限额只会随着 KYC 的增强而提高，想要进行大额支付的用户必须升级钱包。这种"分级限额"既满足了合理的隐私保护需求，也可以防范大额可疑交易风险（王鹏等，2020）。

但是，账户松耦合依旧存在洗钱风险。即使中国人民银行对匿名账户采取限额管理，但在数字化时代，不法分子仍可利用科学技术，控制大量匿名账户进行小额交易，达成洗钱目的。[①]

第五节 关于我国法定数字货币的访问方式风险管理建议

为了更好地管控风险、保障法定数字货币的稳健运行，中国人民银行不仅需要持续优化监管和运营框架，还需要完善支付服务、消费者保护与反洗钱等相关法律来提供解决方案（Wandhöfer，2017）。下文将针对不同访问方式的弊端，为我国提出法定数字货币访问方式风险管理的相关建议。

一 基于账户模式的风险管理建议

完备的法定数字货币访问模式需要央行在效率和安全两个维度慎重进行权衡。为此，在基于账户模式的风险管理体系建设方面，我国应该

[①] 新浪网，https://finance.sina.com.cn/tech/2020-12-21/doc-iiznezxs8004276.shtml。

关注以下问题:

第一,中国人民银行应积极促进相关法律法规的完善。相较于简单地对现有法律条款进行宽泛解释,全面审查货币法律框架并适当调整完善将是更合适的方案(Bossu et al.,2020)。通过完善相关法律法规,我国可以更好地预防和减少来自法定数字货币账户的违法犯罪行为。目前,我国法规不但对开设银行账户的个人和公司的身份资格做出了严格的规定和限制,也赋予金融机构仔细审核客户身份的权利。相关规定表明,不出示本人身份证件或者不使用本人身份证件上的姓名的,金融机构不得为其开立个人存款账户。[①] 这是防止客户利用金融机构实施违法犯罪行为的重要措施。从货币流通视角来看,法定数字货币系统与存款货币流通系统具有共同的技术特征。法定数字货币能够在系统中保留所有交易的流通记录,有效地预防和减少违法犯罪情况,并且避免大量使用法定现钞交易的行为发生。因此,法定数字货币系统是一种必须设立账户的货币系统,我国建立法定数字货币体系正是出于上述考虑。当商业银行等第三方机构代为管理法定数字货币系统时,我国必须在保障央行地位的基础上完善现行法律法规,允许商业银行等第三方机构对客户身份进行查验审核。同时,这也是商业机构必须承担的义务。

第二,中国人民银行应保证商业银行等第三方机构的可信性。中国人民银行可在基于账户模式的法定数字货币运行机制中嵌入可信任的第三方机构。因为在基于代币模式中,中国人民银行可以让金融机构来承担识别客户、代其注册法定数字货币账户并提供必要的客户服务的责任。同时,中国人民银行可能选择建立大量的分支机构或与公众建立联系点,以便在用户以个人名义开设账户之前确认其真实身份。对于允许个人直接进入的数字货币账户,中国人民银行也应提供最先进的实时结算系统,使支付系统将更加安全、更具弹性和更加高效。这就要求商业银行或第三方机构具有较高的可信任性。在法定数字货币运行系统中,经过验证和整合的技术将允许以法定数字货币即时结算所有付款,既不存在交易对手风险,也没有信用风险。根据"存款货币账户"体系理论,以账户为基础的法定数字货币可以为存款保险提供一个有吸引力的

[①] 中国人民银行,http://www.pbc.gov.cn/rhwg/000301f.htm。

替代方案（Fegatelli，2019）。这样一来，通过对真正无风险和高流动性资产的普遍使用，基于账户的法定数字货币会让我国金融体系更加安全。

第三，中国人民银行应通过技术增强实现应对能力提高。随着我国高速网络发展和智能移动终端普及，不同主体之间的交易规模、频次、金额已呈爆炸式增长态势。考虑到公众日益增强的交易需求，以及法定数字货币本就具有的显著技术性和数字化特征，技术能力提升将成为风险管理重要一环。因此，中国人民银行需要重视在风险管理体系中引入智能化与非智能化数字技术，为风险管理能力的提升赋能，革新监管体系。例如，中国人民银行可以将人工智能与大数据、云计算等数字化技术有机结合，发挥数字化技术之间的协同效应，或是借助人工智能简化业务处理程序、降低运营成本，对法定数字货币的金融监管真正实现跨机构、跨行业、跨地区、跨国境的全面覆盖。总而言之，作为新事物的法定数字货币必须在技术层面加以完善，才能保障其在经济体中安全流通，为经济体系带来积极影响。

第四，中国人民银行应审慎思考自身在法定数字货币体系中的地位。理论上，法定数字货币流通系统的管理权应归属于中国人民银行。但由于流通系统的主体不仅包括每个具有行为能力的个人，也包括各种类型的单位；不仅包括本国主体，也包括对人民币有使用需求的外国主体。因此，中国人民银行事实上难以对法定数字货币流通系统进行具体经营管理（刘少军，2018）。尽管中国人民银行通过基于账户的模式直接与公众互动能够大大提高其在经济中的作用，但这也意味着金融中介的彻底变革，可能会伴随严重的风险。Kahn等（2019）建议中央银行可以允许个人访问交易核实系统和结算交易系统。Meaning等（2021）认为最可行的方式是，中央银行为法定数字货币提供基础支付平台，但不直接与公众打交道。金融机构负责管理法定数字货币账户，但不会接管法定数字货币发行和交易，从而确保法定数字货币仍然是央行对最终用户的负债。为此，我国必须修改和完善现行的《中国人民银行法》《商业银行法》等法律法规，在其中严格规定央行对法定数字货币流通系统的管理权。

二 基于代币模式的风险管理建议

安全的基于代币模式需着眼于解决代币伪造欺诈问题，并降低匿名性带来的风险。为此，在基于代币模型的风险管理体系建设方面，应该关注以下问题：

第一，中国人民银行应在保持代币特有属性的条件下实行可控匿名。在法定数字货币的实际运营流程中，匿名性的选择存在两难困境。若交易第三方不匿名，就会加剧个人隐私的暴露风险。但如果允许第三方完全匿名，则有可能会助长逃税、恐怖主义融资和洗钱等犯罪行为。对于这种情况，有学者提出可以尝试基于代币模式的可控匿名（王大贤，2019）。中国人民银行目前计划采用的松耦合账户体系，可以在一定程度上实现可控匿名。在该体系下，代理投放机构可以每日将交易数据异步传输至中国人民银行。这意味着，中国人民银行主导的可控匿名性只会向它自己这个第三方披露交易数据。除了法定数字货币的发行方之外，没有其他任何主体能够追踪用户的交易行为。即使其他商业银行或支付机构与商户勾结，也不能跟踪法定数字货币的使用（姚前，2017）。中国人民银行通过指导网络安全管理部门提高法定数字货币系统的抗攻击性能，督促数据安全管理部门保障用户账户、私钥及其他敏感信息不被窃取或恶意泄露，实现个体隐私信息保护与货币流通秩序维护之间的合理平衡。此举不仅能够减轻商业机构的系统负担，也便于中国人民银行掌握必要的经济交易数据，更好地实现审慎管理和反洗钱、反欺诈、反伪造等监管目标。

第二，中国人民银行应优化法定数字货币的验证流程并提高造假成本。在基于分布式账本技术的代币模式中，用户对交易的访问仍然需要通过系统的中心节点或所谓的公证节点进行验证。分类账本在某种意义上也是一种账户形式。在分布式系统内，伪造代币来源的成本就是改变分类账本的成本。造假者要想让假的代币具有相应的价值，就不得不付出更大的代价来改变分类账本。这种"挖掘"将使篡改交易记录的成本变得十分高昂，从而阻止潜在的造假者做出伪造行为。在合理的框架和机制设计约束下，"去中心化"技术可以有效帮助决策者整合分布式账本，实现更好的中心化控制。在加密货币出现之前，法定数字货币主要通过授权少数合法合格的金融机构记录货币所有权，将法定数字货币保存在自己的数字账本上，从而消除双重支出风险（KangandLee，2019）。有鉴于此，中国人民银行可以通过中介将代币和用户身份联系起来，为用户提供风险担保。在用户丢失私钥的情况下，允许他们使用其他方式来证明自己的身份。

第三，中国人民银行应确定多元动态的风险监管体系并制定行业标准。法定数字货币风险管理离不开中央银行、监管当局、金融机构、交易主体的共同努力，层级分明的多元风险管理体系能够充分发挥不同监管机构的内在比较优势。因此，应当搭建多元协同监管方式，细化并明确各监管部门的职责与权限，为法定数字货币流通营造安全可信、公平公正的运行环境。中央银行作为法定数字货币运行体系中的主要角色，应将多元监管共治作为监管体系的常态（戚聿东和褚席，2019）。监管当局可借助金融科技手段，根据法定数字货币区块链技术的更新实时调整经营模式风险定价等监管方法，使之与目前的法定数字货币运行机制相匹配。第三方金融机构要严格规范工作流程，确保信息披露制度足够完善，能为监管当局提供法定数字货币交易流通有关的一切有效数据，便于相关当事人及时了解具体情况。交易主体应提升诚信交易理念和丰富交易技巧，确保不会出现违规行为，也使其面对权益受损时能有效甄别。法定数字货币系统的所有参与者都应该强化对自身信息风险、信用风险和操作风险的管控（何德旭和姚博，2019），防范业务故障或财务危机对正常支付活动造成的风险，确保央行数字货币稳定流通。

第四，中国人民银行应加强国际法定数字货币风险管理合作。减少跨境交易的复杂性是法定货币体系的直接目标之一（袁曾，2021）。我国金融机构要在进一步扩大金融领域对外开放的前提下，密切与发达国家进行沟通，开展交流合作，共同应对互联网金融领域中的跨国洗钱、金融欺诈、违规资金转移等全球性问题。若在监管过程中发现涉及洗钱或涉及恐怖主义的交易，各国可及时通过共享机制传递相关调查信息，并且基于区块链技术实现链上取证与追查，定位至用户个体，最终保证各国央行对于跨境金融活动的有效跨境监控。各国金融监管机构共享信息和经验，还能够优势互补，共同应对互联网金融风险，实现共赢的目标。

第六章

法定数字货币在跨境支付清算体系的应用

世界各国的货币要流通起来，就必须有一套完善的金融基础设施。其中，跨境支付清算体系是至关重要的一环。本章将在介绍全球跨境支付清算体系发展概况的基础上，探讨法定数字货币给跨境支付清算体系带来的新机遇，梳理基于法定数字货币的跨境支付的国际实践，并尝试对基于数字人民币构建跨境支付体系提出建议。

第一节 全球跨境支付清算体系的发展概况

跨境支付清算是连接国与国之间商业活动的重要桥梁。国际贸易的蓬勃发展离不开跨境支付清算体系的建设和有效运行。本节将概述跨境支付清算体系的三种主要运营模式，并且分别从关键国际货币、美元超发、CHIPS系统和SWIFT系统等角度介绍全球跨境支付清算体系的发展现状。

一 什么是跨境支付清算体系

跨境支付是指两个或两个以上的国家或地区之间因国际贸易、国际投资以及其他方面所引起的债权债务清偿与资金转移。跨境支付体系是可以实现资金跨国或跨地区转移的渠道，由支付工具、支付基础设施、支付机构和跨境支付清算系统等所组成。其中，跨境支付清算系统是各国在国内支付系统的基础上，随着支付范围超越国界而产生的新的支付系统，是跨境支付体系的重要组成部分（励跃，2019）。

当前全球跨境支付清算体系的运行模式主要包括：代理行模式、清算行模式和跨境清算系统。如图6-1所示，以人民币的跨境支付清算为例，代理行模式是指：跨境人民币结算交易中的境外参加银行，在境内的代理行开立人民币同业往来账户；然后该境内代理行再通过账户划转的方式，在中国人民银行的人民币国内清算系统（China National Advanced Payment System，CNAPS）中为境外参加行提供人民币资金的跨境清算服务（高蓓等，2016）。代理行模式在国际跨境支付清算市场中得到广泛使用，适用于清算双方中一方位于境外，而另一方位于境内的情境。

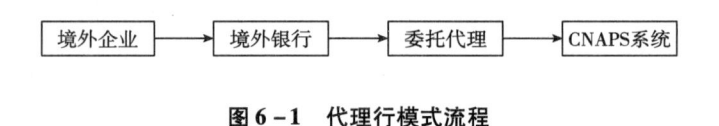

境外企业 → 境外银行 → 委托代理 → CNAPS系统

图6-1 代理行模式流程

资料来源：笔者根据公开信息绘制。

清算行模式则是我国开展人民币跨境支付清算最早的官方模式。如图6-2所示，在该模式下，位于各个国家和地区的境外参加银行，先与当地的人民币清算行签订人民币业务清算协议，并依据协议在该清算行开立人民币同业清算账户（罗刚，2020）。而后，该清算行凭借在其境内总行或母行开立的人民币账户（若是港澳清算行，则无须依托境内总行或母行，可直接接入CNAPS系统），通过中国人民银行的CNAPS系统进行资金跨境清算。因此，清算行模式适用于清算双方都位于境外的情境。

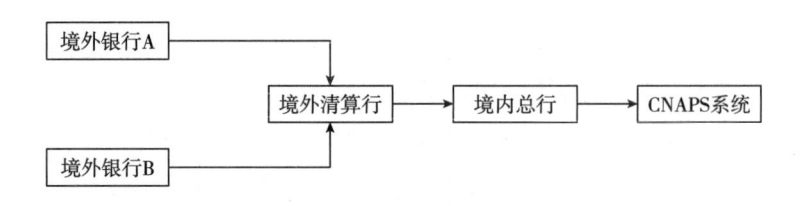

境外银行A ┐
          ├→ 境外清算行 → 境内总行 → CNAPS系统
境外银行B ┘

图6-2 清算行模式流程

资料来源：笔者根据公开信息绘制。

代理行和清算行作为相对传统的跨境支付清算体系运行模式，主要具有三个方面的缺点：一是两种模式下，跨境资金清算流程分散，耗时较长，手续费用较高，支付效率低下；二是两种模式均与国内清算体系合为一体，不利于隔离境内外金融风险；三是两种模式需要完成国内报文标准和国际报文标准之间的转换，增加了操作的复杂性（励跃，2019；罗刚，2020）。

因此，我国从2012年开始自主建设人民币跨境清算系统（Cross-border Interbank Payment System，CIPS）。CIPS系统是为境内外金融机构人民币跨境和离岸业务提供资金清算与结算服务的重要金融基础设施（高蓓等，2016）。如图6-3所示，在CIPS系统模式下，境内银行和境外银行都能直接或间接访问CIPS系统。境内外参与银行进行跨境支付清算时，由CIPS系统对参与银行之间的交易进行相应处理，而后再通过中国人民银行的CNAPS系统完成资金跨境清算（罗刚，2020）。

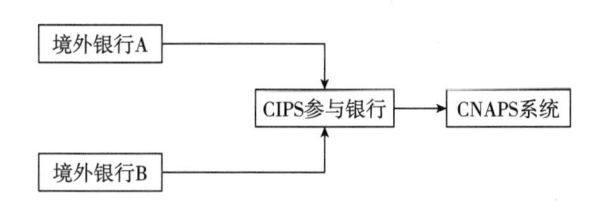

图6-3 跨境清算系统模式流程

资料来源：笔者根据公开信息绘制。

跨境清算系统的适用范围较广，不仅适用于清算双方各自位于境内外的情境，也适用于清算双方都位于境外的情境。更重要的是，跨境清算系统可以克服代理行和清算行的流程繁复和报文标准不统一的问题，有利于提高清算效率。此外，跨境清算系统模式也有利于央行对支付系统的信用风险和流动性风险进行管理，降低跨境清算与结算的系统性风险。

二　全球跨境支付体系的发展现状

近现代史以来，全球跨境支付体系的发展一直伴随着美元霸权的逐步建立和扩大（尹应凯，2009）。19世纪，随着工业革命蓬勃发展，为了适应国际贸易与国际结算体量不断扩大带来的需求，全球跨境支付体系逐渐形成。"二战"之后，布雷顿森林体系确立了以美元为中心的国际货币制度，并且事实上也确立了延续至今的"美元霸权"，美元成为了唯一具有国际信用的通货。20 世纪 70 年代，牙买加体系建立，美元的发行量不再受束缚。从此，美国不断地扩大其贸易赤字和财政赤字，享受"铸币税"等多种好处（何正全，2015）。更严重的是，美国还主导着世界银行、国际货币基金组织、世界贸易组织，以及石油领域的国际组织和制度安排。通过这些方式，美国干预其他国家的货币政策和贸易政策，阻碍了全球跨境支付体系的畅通发展。尤其在新冠肺炎疫情暴发之后，美元霸权地位得到进一步巩固，成为当前全球跨境支付体系发展的主要障碍（沈伟，2020）。

（一）美元作为国际关键货币[①]的地位难以撼动

美元作为国际关键货币，在国际货币体系中具有超中心的货币地位，是美元霸权确立的生存基础（尹应凯和崔茂中，2009；李黎力，2020）。根据 Chinnand Frankel（2007）所编制的国际关键货币应具备的三大功能：价值储藏、交易媒介和记账单位。我们可以发现，美元的国际化水平具有绝对优势。

第一，在价值储藏方面，美元是全球最主要的官方外汇储备。国际货币基金组织（International Monetary Fund，IMF）最新的数据显示，截至 2020 年底，全球央行持有的美元资产约占已配置外汇储备的 59%，第二名是欧元，比重为 21%[②]；而根据我国外汇管理局公布的信息，美元资产占中国外汇储备总资产的 60% 左右。[③] 此外，根据国际清算银行（Bankfor International Settlements，BIS）每三年发布一次的报告，2019 年 4 月美元占全球所有外汇交易的近 90%（注：在外汇市场交易中，由于是双向统计，因此总额是 200%）[④]，其世界储备货币地位相当

[①] 关键货币（Key Currency）是指国际上普遍接受，且在国际贸易和国际结算过程中被广泛使用的货币。

[②] 国际货币基金组织，https：//data.imf.org/? sk = E6A5F467 - C14B - 4AA8 - 9F6D - 5A09EC4E62A4。

[③] 国家外汇管理局：《国家外汇管理局年报（2019）》，http：//www.gov.cn/xinwen/2020 - 08/02/content_5531962.htm。

[④] 搜狐网，https：//www.sohu.com/a/341444450_591132。

稳固。

第二，在交易媒介方面，美元是国际支付中最主要的结算货币。据环球银行金融电信协会（Societyfor Worldwide Interbank Financial Telecommunication，SWIFT）公布的数据，2021年3月，美元在国际支付市场中所占的份额为39%，欧元则是36%（按支付金额统计）。[①] 虽然当前欧元在总体的份额占比上与美元"旗鼓相当"，但需要考虑到欧元区各国之间的贸易基本都是使用欧元结算。若剔除欧元区内部影响因素，那么欧元与美元之间在国际支付结算上仍然存在一定的差距。国际贸易中的结算不仅包含市场因素，还体现了政府层面的货币互换协议。美联储在2013年底与欧洲央行以及英国、日本、加拿大、瑞士四国央行达成长期货币互换协议，形成了一张"货币互换网络"（张茉楠，2014）。该机制的建立有利于美联储在危机发生时确保全球美元的流动性，进一步巩固了美元在国际货币体系中的地位。

第三，在记账单位方面，目前的国际贸易体系中，绝大多数大宗商品和金融产品均以美元计价。在大宗商品中，最重要的当属"大宗商品之土"——石油。2020年，美元在全球石油贸易结算中的市场份额超过80%[②]，全球主要石油进出口国基本上均使用美元进行石油贸易结算。除此之外，铁矿石、有色金属等重要能源和原材料，以及大豆、小麦等农产品交易也主要采用美元计价；在国际金融市场上，大多数金融产品，尤其是金融衍生产品也以美元计价。再者，美元在记账单位方面的地位，还体现在汇率制度中的"锚币"职能——不少新兴国家采用某种形式的盯住汇率制度，即让本币同某外国货币或一篮子货币保持固定比价，从而降低外汇风险。其中，大多数国家以美元为"锚币"，或将美元作为"一篮子"货币中最重要的部分，保持本币汇率与美元汇率相对稳定（尹应凯和崔茂中，2009）。

（二）美国通过超发美元增加他国通货膨胀风险

美联储频繁通过降息和量化宽松的手段，增加美元的供应量，刺激美国国内经济增长和消费发展，同时把通货膨胀和债务压力转移到世

---

① 搜狐网，https://www.sohu.com/na/466819294_121015599。
② 腾讯网，https://xw.qq.com/amphtml/20201222A0IGXJ00/20201222A0IGXJ00。

界。自2008年国际金融危机以来，美联储通过三轮量化宽松，在数年时间里把资产负债表规模从约1万亿美元扩大到了约4.5万亿美元。同时，美国的贸易赤字长期维持在高水平上，财政赤字更是不断扩大，导致其负债水平不断攀升。2020年上半年，为了应对新冠肺炎疫情对经济带来的巨大冲击，美联储更是推出了史无前例的无限量化宽松政策，短短数月时间内就将资产负债表规模从4万亿美元左右扩大到了7万亿美元左右。[1] 截至2021年5月，美国联邦债务总额已达28万亿美元[2]，并且该数字仍以飞快的速度在增长。美国通过不断扩大的全球美元流动性，以很低的成本获取其他国家的诸多商品和资源，同时还输出了通胀压力。此外，美国滥发美元所造成的美元贬值不仅使得他国货币对美元的汇率波动增加，也使得以美元计价的国际主要大宗商品价格上涨，进一步加深他国的通货膨胀问题（陆前进，2010）。

（三）美国运用CHIPS系统和SWIFT系统巩固美元霸权地位

CHIPS系统（Clearing House Interbank Payment System）[3] 是全球最大的提供美元跨境支付清算服务的私营系统。SWIFT系统（Society for Worldwide Interbank Financial Telecommunications）[4] 是国际上最重要的金融通信网络系统之一，为全球金融机构提供信息传输服务。在实际运行中，SWIFT与包括CHIPS在内的各国跨境清算系统相连，从而让货币跨境支付清算的"信息流"和"资金流"得以对接，进而完成跨境支付。自20世纪70年代相继问世并被投入使用以来，CHIPS和SWIFT日渐发挥其金融基础设施的作用，成为全球跨境支付清算体系中至关重要的一环。

美国政府把两大系统当作其实施全球资金监控和金融制裁的有力工具（张燕玲，2020）。事实上，美国对CHIPS和SWIFT两大系统具有绝对的主导权。CHIPS系统本身就是美国自己的跨境清算系统，而SWIFT系统的董事长也长期由美国会员代表担任。因此，美国可以肆意利用两

---

[1] Federal Reserve Board, https://www.federalreserve.gov/monetarypolicy/bst_recenttrends.htm。
[2] 腾讯网，https://xw.qq.com/cmsid/20210510A0BQ8Y00。
[3] 纽约清算所银行同业支付系统。
[4] 环球同业银行金融电讯协会。

大系统实现自身的国际政治意图。资金监控方面，在"9·11"恐怖主义袭击之后，美国出于"安全理由"，顺利地将SWIFT系统变为其收集其他国家资金往来数据的工具。金融制裁方面，美国可以切断他国与CHIPS和SWIFT系统的连接，使该国成为金融孤岛，难以与其他国家进行正常的贸易往来（中国经济体制改革研究会，2019）。

（四）美国通过构建货币互换机制维护美元霸权

美联储不断完善美元货币互换机制，建设双边货币互换网络，维护全球美元流动性。2008年，为了应对由次贷危机带来的金融风暴，美联储与14家外国央行达成临时美元流动性互换安排。2013年，美联储又与欧洲央行以及英国、日本、加拿大、瑞士四国央行达成协议，把临时双边流动性互换协议升级为长期货币互换协议，形成了所谓的"高级俱乐部"。[①] 根据该协议，只要美联储或者其他五家央行中的任意两家认为有必要执行货币互换，有流动性需求的某家央行就可以根据协议规定，获得来自其余五家央行的五种货币流动性（张茉楠，2014）。事实上，这意味着美联储和其他主要央行一起承担了部分由国际货币基金组织（IMF）负责的国际"最后借款人"角色，而美元在这一机制安排中无疑居于主导地位。依托于该机制，美国可以巩固美元在国际货币体系中的地位。2020年上半年以来，新冠肺炎疫情冲击全球金融市场，美国便与多家央行建立了临时的美元流动性互换安排，减轻全球美元融资市场的压力。

值得注意的是，在美国主导建立的、以美元为中心的货币互换网络中，包括中国在内的新兴市场国家基本均被排除在外。因此，这一货币互换网络被视为是美元体系和美国政治与经济影响力的延伸。在这种情况下，全球跨境支付体系出现了一种此消彼长的变化，即与美联储达成互换的国家能够较为有效地降低跨境支付的流动性风险，而其他国家所承受的金融风险则有所加大，导致全球跨境支付体系进一步分化。

（五）美国通过跨国企业拓宽美元全球覆盖范围

美联储联合诸多跨国企业形成合力，提高美元在新兴市场国家和欠

[①] 新浪财经，https://baijiahao.baidu.com/s?id=1672805898570698940&wfr=spider&for=pc。

发达地区的流通和使用率。首先，在应用端重点发力，美国借着"普惠金融"的旗号，在非美元区国家、新兴市场国家和欠发达地区大力推行由美国企业开发的数字支付应用，强化美元在全球的流通手段职能，也为接下来向全世界推行数字美元打下基础。其次，依托数字企业巨头（亚马逊、Facebook等）和信用卡巨头（万事达、Visa等），美国在银行、信用卡、数字支付普及率低的国家和地区进行开拓性布局和渗透型耕耘，开拓美元的新领地。例如，美国打着经济援助的旗号，向一些不发达国家的民众发放援助金，但其具体形式并非直接发放现金，而是发放以美元结算且有一定额度、限制可支付购买物品范围的卡（白津夫和白兮，2020）。最后，除了借助跨国企业的力量之外，美国政府还推动在 G20 框架下设立专门负责普惠金融工作的组织——普惠金融全球合作伙伴（GPFI），并促进形成专门共识性决议，从而有利于打通国际性障碍，通过"普惠金融"来提高美元在全球各国的使用率。

第二节　法定数字货币给跨境支付体系带来的新机遇

法定数字货币发展为重塑当今相对稳固但却又不甚合理的跨境支付体系提供了更多的可能性。现如今，货币的全球流通已经相对便捷，而未来法定数字货币将使得原有的法币流通硬边界进一步被打通，货币的支付链也得以缩短。依托互联网和其他数字基础设施，法定数字货币可以更加容易地跨越时空、穿透边界，在全世界各个地理区域和各种商业贸易活动中充当交易媒介。下文将阐述法定数字货币为全球的跨境支付体系建设和改革带来的诸多新机遇。

一　法定数字货币将带来新的跨境支付技术

法定数字货币不仅是社会经济发展和市场化供需发展的产物，更是技术进步的结果。世界货币形态变迁经历了四个阶段：商品货币、金属货币、信用货币和数字货币。货币形态和范式的每一次历史性变迁，都深刻地改变了支付的形式和内涵。与传统本位币[①]不同，法定数字货币涉及区块链、移动支付、可信可控云计算、密码算法、安全芯片等技

[①] 传统本位币：商品货币、金属货币、信用货币阶段。

术，可以脱离传统银行账户实现价值转移，减少对账户的依赖程度。这种以数字形式存在，并且基于网络记录价值归属和实现价值转移的法定数字货币，势必将带来跨境支付方式的重大变革。

随着法定数字货币的推广，数字技术将在跨境支付体系中扮演重要角色。在纸币和现金时代，主权货币的竞争要综合考虑一国的经济规模、金融市场发达程度、货币可兑换性等因素。进入数字经济时代，主权货币的竞争将更加激烈，不仅取决于一国的经济和金融的综合实力，还要考虑一国的数字和互联网技术、公众对新技术的接受程度等因素。在数字经济时代下，法定数字货币的发行、投放、流通、回笼等全流程均需要依托于区块链等一系列高新技术和高质量的服务器。这些技术和设备在数字货币真正落地应用时必须有充分的可靠性保障，一旦出现"技术失误"或者"系统故障"，后果将不堪设想。因此，在未来的法定数字货币时代，数字技术的水平也会深刻影响一国货币在国际竞争中的表现。

此外，数字技术的运用将带来数字化基础设施的推广和跨境支付系统参与人员的变化。一方面，数字化关键基础设施的建设将会得到高度重视，包括底层加密技术、私有云、网络系统、大数据中心等。另一方面，大型科技公司也许将参与法定数字货币的开发甚至投放等过程。以往，法定货币的制作和发行都由国家统一掌管，私人部门难以参与其中。但是，法定数字货币的高技术要求使得国家有较大可能与头部技术厂商进行招标合作，共同完成法定数字货币的开发甚至投放推广。可以预见，对数字技术水平、大型科技公司实力、公众对数字技术的接受程度等方面具备优势的国家而言，其法定数字货币的国际竞争能力将得到加强。

二 法定数字货币将带来新的跨境支付模式

随着国际产业分工与国际交往活动的持续发展，全球跨境支付的体量已经十分庞大，现有跨境支付模式根本无法满足需求。艾瑞咨询预计到2022年全球跨境支付总金额将达到218万亿美元。[①] 然而，现有跨境

[①] 艾瑞咨询：《2020中国第三方跨境支付行业研究报告》，http：//report.iresearch.cn/report_pdf.aspx? id = 3661。

支付体系存在着结构复杂、流程烦琐、垄断程度高、低效高价等问题（王朝阳和郑步高，2015）。一方面，跨境支付中的代理行和清算行数量众多，彼此之间缺乏互操作性，导致支付链条过长、成本过高且效率低下。另一方面，跨境清算系统和国际电讯系统又以 CHIPS 系统和 SWIFT 系统为主，美国对其拥有绝对的控制力。这些问题导致跨境汇款可能需要经过数层代理行，通常花费 3—5 个工作日才能完成，且须收取各种手续费和电讯费。据世界银行统计，2021 年第一季度，中小额跨境汇款的全球平均成本高达汇款金额的 6.38%。[①] 为此，包括世界银行、G20 在内的国际组织近年来也在致力于解决跨境支付服务的结算过程复杂、不透明、耗时长、价格高等问题，但是尚未能取得显著成效。

法定数字货币的天然属性——数字化，使得它非常适合应用于跨境支付，改善跨境支付中存在的问题。

第一，法定数字货币可以绕开代理行和清算行。当前的跨境支付十分依赖银行等中介机构，这就涉及不同银行账户之间的一系列清算与结算活动，且不同银行系统的格式转换问题也需要通过金融信息中介加以解决。而基于分布式账本技术的法定数字货币，可以将垂直化、多层级的依赖代理银行关系的跨境支付结构，转变为扁平化、网络式的结构（何东，2020）。这将使得跨境支付活动可以在终端与终端之间进行直接兑换，交易转账无须再依赖于银行等中介机构，很大程度上简化了整个支付过程。因此，随着各国法定数字货币的推行，目前以分布在全球各地、各时区的，以代理行和清算行关系为基础的跨境支付格局可能将得以改变。

第二，法定数字货币可以绕开 CHIPS 系统和 SWIFT 系统。首先，法定数字货币所运用的分布式账本技术可以实现去中心化，冲击以 CHIPS 为代表的中心化的清算模式。其次，基于代币模式的分布式跨境支付网络能够同时附带价值信息和其他信息，在进行全额结算时实现"资金流"和"信息流"的同时转移，不再需要 SWIFT 提供专门的报文服务。最后，即使是对于资金和信息无法同时转移的净额结算，

---

① The World Bank：" Remittance Prices Worldwide：An Analysis of Trends in Cost of Remittance Services"，https：//remittanceprices.worldbank.org/en/。

SWIFT 的业务量也会较之以前产生显著下降（刘东民和宋爽，2020）。一旦法定数字货币被大规模运用，跨境支付可以采取点对点交易模式，那么 CHIPS 系统和 SWIFT 系统的中介作用将削弱。

第三，法定数字货币可以改善跨境支付监管。法定数字货币具有显著区别于传统货币的特性，包括可控匿名性、不可伪造性、系统无关性、可传递性、可追踪性和可分性等特性。法定数字货币所依靠的区块链技术可以创造新的全球跨境支付系统网络，基于更加互联互通和平等共享的技术平台，可以解决监管部门对跨境支付交易真实性、合法性的审核问题。为此，法定数字货币的发展势必将改变政府发行货币的角色和国际货币监管体系的架构。

三　法定数字货币将带来更加公平有序的跨境支付体系

当前，美元处于霸主地位，其竞争优势一骑绝尘，使得全球跨境支付体系的不公平和不公正性问题突出。近年来，美国日益滥用"美元特权"，不断采取大水漫灌的货币政策，使全球经济深受美元流动性影响。更为糟糕的是，由于缺乏对美元的可替代方案，并且国际货币的使用同样存在"路径依赖"和"网络外部效应"问题，美元的竞争地位反而在一次次危机中不断被强化（尤苗，2020）。

美元的霸主地位体现在美国掌控了当今全球跨境支付体系的核心：SWIFT 系统和 CHIPS 清算系统。首先，世界各国的跨境支付都依赖于美国的基础设施，诸如 SWIFT、CRS、VISA、MASTER 等，美国已经垄断国际货币金融交易市场。其次，美国利用其结算系统垄断性的地位，单边制裁其他国家，使得其他国家的国际贸易往来无法顺利进行，直接损害了其他国家正当利益。此外，SWIFT 组织从 2010 年 8 月起向美国财政部提交其金融支付报文[①]，严重威胁了其他国家的跨境支付清算业务处理和数据安全（肖成志和祁文婷，2016）。最后，由于垄断程度高，两大系统存在高收费、低效率和不安全等问题，且其提升自身技术和服务水平的动力明显不足。因此，中国、俄罗斯、德国、法国和英国等一些主要经济体近几年都开始尝试建设新的跨境结算机制和信息传输系统。然而，受限于相应货币的经济实力、金融市场深度和制度安排等

---

① 21 世纪经济报道，http://stock.10jqka.com.cn/20140728/c566717263.shtml。

因素，这些新系统目前都还无法对现行美元体系产生显著冲击（王朝阳和宋爽，2020）。

法定数字货币有望打破美国垄断，重塑全球跨境支付体系。首先，法定数字货币可以给各国和各地区创造一个新的起点。当前距离法定数字货币正式推行还有一段时间，各国家和地区都在积极研发和试点法定数字货币，大家都重新站在了同一起跑线。其次，各国和各地区可以共同探索如何发展和演绎这一全新的货币范式，在合作与竞争中力图打造更加多元平衡、公正合理的国际货币体系。法定数字货币可以给各国和各地区创造新的机会，共同协议数字化跨境支付的技术、框架和监管要求。最后，随着法定数字货币（以及稳定币）的进一步推行和应用，未来有望形成一张分布式的跨境支付网络，实现集成、即时和点到点的跨境支付结算过程，并且逐渐弱化甚至最终颠覆 CHIPS 系统和 SWIFT 系统的垄断地位。

需要注意的是，法定数字货币的出现并不能抹除不同货币之间竞争地位的差异，但它创造了打破"路径依赖"的机会空间。在未来全球法定货币数字化的进程中，必然伴随着货币竞争格局的改革和重塑。这一过程的力度能有多深，便取决于各国在法定数字货币推进过程中所做出的努力与选择，以及综合国力、金融市场等传统的影响货币地位的因素。

第三节　基于法定数字货币的跨境支付的国际实践

针对当前全球跨境支付效率低下的问题，一些国家和地区正在逐步进行适用于跨境支付的批发端法定数字货币的试点。Auer 等（2021）于 2021 年第一季度对全球各国共 50 家央行进行了调查研究，结果显示：虽然大多数央行尚未决定是否发行法定数字货币，但是已经有超过 1/4 的央行（14 家）表示正在考虑构建法定数字货币的跨境应用，还有 7 家央行表示正在考虑发挥法定数字货币在外汇交易中的积极作用。2018 年以来，世界各国通力合作探索基于法定数字货币的区域性和全球性的跨境支付框架。根据各国或地区的试点报告，法定数字货币的跨境支付系统主要基于分布式账本。该支付系统有利于加快跨境清算与结算流程、降低资金成本和系统性风险、提高交易安全性和合规性与改善客户体验等。[1] 下文将介绍三个典型的法定数字货币跨境支付试点案例。

一　Jasper – Ubin 项目

Jasper – Ubin 项目是由加拿大央行与新加坡金融管理局共同开展的，并且联合了摩根大通和埃森哲等著名机构以提供技术支持。[2] 事实上，Jasper 和 Ubin 分别是加拿大和新加坡两国各自的数字货币项目。2017 年，为了验证 DLT 在跨境支付系统中的技术可行性，新加坡金融管理局与加拿大央行联合开启了 Jasper – Ubin 项目。2018 年，英格兰银行也加入了该联合开发计划。

（一）项目简介

2016 年，加拿大央行开启了 Jasper 项目，旨在探索区块链技术能否改进目前所运行的支付系统，并试验基于区块链技术的大额支付系统。该项目搭建在区块链联盟 R3 旗下的 Corda 平台上，目前一共进行了三个阶段的概念验证性质的实验。[3] 第一阶段（2016 年 3 月至 2016 年 8 月），加拿大央行开发了一个基于以太坊的银行间转账原型，重点在于揭示分布式账本技术和法定数字货币对银行间支付的潜力和影响。第二阶段（2016 年 9 月至 2018 年 5 月），加拿大央行着重对相关的灵活机制以及可拓展性进行研究，并且新增了一项技术——流动性节约机制（LSM，Liquidity Saving Mechanism）。该技术主要应用于 Jasper 中的转账功能，有助于通过交易排队和净额结算来解决支付时出现的堵塞问题。第三阶段（2018 年 5 月至 2018 年 10 月），加拿大央行则扩大了概念证明的范围，探讨证券支付的完整端到端结算过程的概念，证实了在区块链上同时对于交易仓位与现金进行交割结算，相较于传统的在债券市场以及现金市场上分开结算，能够产生诸多改进。

2016 年，新加坡金融管理局开启了 Ubin 项目，旨在探索以区块链和分布式账本技术（Distributed Ledger Technology）为基础的支付和证

---

[1] 清华大学金融科技研究院区块链研究中心：《Project Ubin：新加坡央行在清结算中应用 DLT 的尝试（上篇）》，https://www.weiyangx.com/324537.html。

[2] 汇通财经，https://www.fx678.com/C/20190502/201905021721562280.html。

[3] 腾讯云，https://cloud.tencent.com/developer/news/424507。

券交易清算与结算。新加坡金融管理局联合新加坡交易所和众多商业银行、技术公司和学术机构所，在摩根大通旗下的 Quorum 上搭建此项目。目前，该项目已经顺利完成了五个阶段的开发工作：第一阶段（2016年3月至2017年9月）研究了新加坡元代币（法定数字货币）于银行间支付的应用；第二阶段（2017年10月至2017年11月）研究了分布式账本技术是否能满足实时全额支付系统的特定功能，重点研究了流动性节约机制；第三阶段（2017年11月至2018年10月）测试了代币化资产就跨区块链结算时的券款对付能力；第四阶段（2018年11月至2019年5月），对基于分布式账本的批发端法定数字货币在不同模型下的跨境支付效率进行了试验；第五阶段（2019年6月至2020年7月）测试了支持多币种支付的区块链网络模型是否可以提升跨境支付效率。第六阶段（2020年7月至今）技术研发将围绕跨境交易和结算展开，并充分考虑 Ubin 项目第五阶段所提出的五个模型。

2017年，Jasper-Ubin 项目将 Jasper 和 Ubin 连接起来，旨在研究基于分布式账本技术的跨境支付，探索不同区块链平台上开发的 Jasper 和 Ubin 原型网络实现相互操作的方式。此外，该项目也针对法定数字货币的跨境支付进行开拓性试验。2019年5月，新加坡金融管理局和加拿大央行宣布，成功用法定数字货币完成了首例区块链上的跨境支付[1]，这对于法定数字货币跨境支付体系的构建而言，是具有里程碑意义的事件。

（二）项目研发进展

在技术研究方面，Jasper-Ubin 项目在各自的技术研究基础上，开发了哈希时间锁定合约[2]（Hashed Time-Locked Contracts，HTLC）。该技术可以有效减少传统跨境支付体系中由代理行引起的信用违约风险和结算风险。HTLC 是一种协议层面的技术，它能够确保交易中客户的信息不会明文呈现。更为重要的是，它通过一个具有预定义规则的智能合约进行自动操作，只有当参与交易的双方或多方都已经完成转账，交易才会成功。如果交易中有任意一方没有在规定时间内完成转账，整个交易

---

[1] 区块链之家，http://www.5bite.com/post/7012.html。
[2] 也有翻译将其称为"散列锁时合约"。

都将自动作废，涉及的资金也会被全部、即时、无条件地原路退回。这有利于规避以往跨境支付中的账目不同步问题，降低信用风险和结算风险。此外，该项目还允许用户之间进行直接的"付款对付款"结算，不需要第三方充当中介，很大程度上缩短了交易链条，减少整体交易成本和时间。这一项目成功展示了跨国界、跨货币、跨平台的原子交易[①]，证明法定数字货币跨境支付具有提高效率和降低风险的巨大潜力。

在跨境支付体系架构方面，Jasper-Ubin 项目提出了五种未来跨境支付体系，为进一步深化理论研究与展开相关试点提供了重要参考。2018 年年初，新加坡金融管理局联合加拿大央行与英格兰银行，并汇集跨境支付流程中的商业银行参与者，共同探讨三个主要议题：当前跨境支付结算的痛点、未来潜在的跨境支付结算方式、行业中跨境支付结算的实例。2018 年 11 月，各部门联合发布了《跨境银行间支付和结算：数字化转型的新机遇》的报告。该报告总结了当前跨境支付结算体系所面临的问题与挑战，分析了其背后的深层原因，评估了现有的解决方案。在此基础上，该报告创造性地提出了五种未来可能的跨境支付结算模型，并对其影响机制做了进一步分析。其中，前两个模型是基于当前的跨境支付结算模式，对现有框架和工具的创新，报告中分别将其称为模型 1 和模型 2；而后三个模型则是基于批发端法定数字货币来展开运作，勾勒出了未来可能的法定数字货币跨境支付体系的轮廓，报告中分别将其称为模型 3a、3b 和 3c。接下来，我们将详细介绍这五个模型。[②]

第一，模型 1 主要针对现有的结算系统和基础设施进行数字化改造。其中，主要包括：①延长各国实时全额结算系统（RTGS）的营业时间，以扩大跨境支付操作窗口；②加速交易信息的传递速度；③采用通用消息传递标准（ISO20022），以提高各支付系统之间的互操作性；④使用全球支付创新服务（SWIFT Global Payment Innovation）为成员银行提供付款跟踪和状态可见性；⑤连接国内支付基础设施，建立国际支

---

① 原子交易：一连串不可再分的交易，即要么全部发生，要么全部不发生。
② 清华大学金融科技研究院区块链研究中心：《Project Ubin：新加坡央行在清结算中应用 DLT 的尝试（下篇）》，https：//www.weiyangx.com/325057.html。

付框架协会（IPFA）和 SWIFT 高额度支付系统（HVPS+），以促进建立全球跨货币/跨境支付的共同规则和标准等。该模型虽然可能无法从根本上解决前文所述的全球跨境支付体系存在的问题，但是可以为未来进一步变革提供基础。

第二，模型 2 则是对各国实时全额结算系统（RTGS）的运营商的职能进行扩展。在跨境支付结算中，各国实时全额结算系统（RTGS）的运营商可以从代理行转变为"超级对手方"。在该模型中，各国中央银行允许来自不同国家的 RTGS 运营商以本国货币在其中央银行的账簿中开立账户。这将使得 RTGS 运营商能够有效地为其成员银行持有多币种清算账户，从而无须后者在全球范围内开立往来账户。此外，各个 RTGS 运营商之间可以通过一个共同的共享平台来进行联系和对接。模型 2 可以减少跨境支付结算体系的复杂结构和参与的实体数量，并且显著降低结算风险。但是，该模型也与当前 RTGS 的运行机制有着重大的背离，将会对其带来重大的成本和流程变革，同时也对中央银行的资产负债表管理和货币政策提出了挑战。

第三，模型 3a、3b 和 3c 都是基于批发端法定数字货币（W-CDBC）的银行间跨境支付结算。根据批发端法定数字货币的持有和交易范围的不同，三种模式之间有少许区别。如图 6-4 所示，在模型 3a 中，每个国家所发行的 W-CDBC 只能在本国管辖区内持有和交易，各个国家允许来自其他国家的银行在本国的中央银行开立一个 W-CDBC 账户，其他中间银行也可以在每个国家保留 W-CDBC 账户，这些账户都只能存放一种 W-CDBC。这就要求商业银行如果希望同时持有多种数字货币，必须在多国央行一起开立 W-CDBC 账户。可以看出，这一模型仍然依赖于中介机构（即代理行）进行跨境支付和结算，且相关的信用风险仍然存在。

第四，如图 6-5 所示，在模型 3b 中，批发端法定数字货币（W-CDBC）可以在本国管辖区以外持有和交易，各个国家的参与银行都可以在本国的中央银行开立多个不同货币的账户。例如，总部位于加拿大的商业银行，可以在加拿大央行的 W-CDBC 账户中同时持有数字货币形式的加拿大元、英镑和新加坡元等。因此，这一模型无须中介机构参与跨境支付和结算，各参与银行在与其他银行的跨境交易中可以直接支

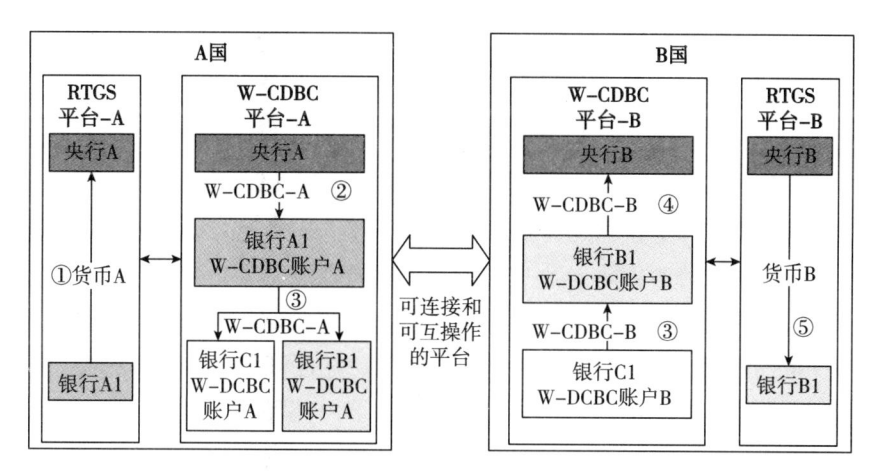

图 6-4　新加坡 Ubin 项目模型 3a 示意图①

资料来源：新加坡金融管理局，https：//www.mas.gov.sg/schemes-and-initiatives/project-ubin。

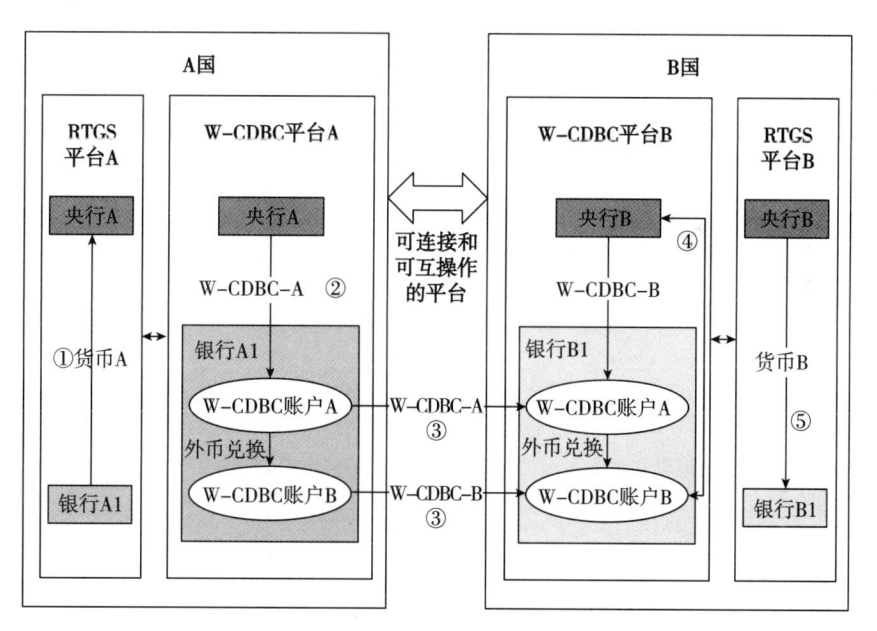

图 6-5　新加坡 Ubin 项目模型 3b 示意图

资料来源：新加坡金融管理局，https：//www.mas.gov.sg/schemes-and-initiatives/project-ubin。

---

① 注："货币 A"指 A 国的非数字法定货币（传统法定货币），"W-CDBC-A"指 A 国的法定数字货币，"W-CDBC 账户 A"指法定数字货币 A 账户，下同。

付和接收不同货币的 W-CBDC，从而很大程度上提高了跨境支付的效率。不过，这同时也将对各国中央银行控制货币供应量的能力产生挑战。

第五，如图 6-6 所示，模型 3c 则跳出了由各国中央银行发行本国数字货币这一底层逻辑，设想由几个参与的国家通过各自的中央银行或者全球多边机构，创建一种"通用"的批发端法定数字货币（U-W-CBDC）。这种 U-W-CDBC 由参与国中央银行所发行的一系列货币支持，通过专门设立的交易所来发行和赎回，并且可以与参与国的法定货币之间进行兑换。各参与国的商业银行都可以使用 U-W-CBDC 与其他银行进行跨境交易结算，而 U-W-CDBC 的实时全额结算系统也是 24 小时全天候运行的。这事实上类似于一种超主权的数字货币，是对跨境支付乃至整个国际货币体系的彻底变革。

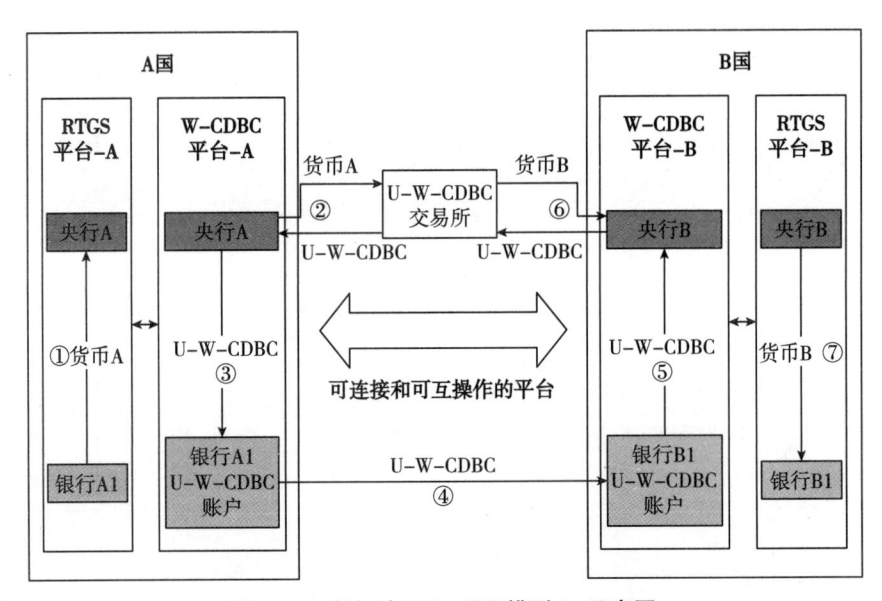

图 6-6 新加坡 Ubin 项目模型 3c 示意图

资料来源：新加坡金融管理局，https：//www.mas.gov.sg/schemes-and-initiatives/project-ubin。

二 Stella 项目

Stella 是由日本央行和欧洲央行于 2016 年 12 月联合启动的项目，

旨在探究分布式账本技术在金融市场基础设施中的应用，同时对现有支付体系的一些特定功能能否在该技术环境下安全高效运转进行评估（姚前，2020）。该项目同样有利于提供基于分布式账本技术的跨境支付解决方案。

（一）项目简介

目前，Stella 项目已经完成了四个阶段的研究工作。第一阶段（2017 年 9 月至 2018 年 2 月）将分布式账本技术用于处理大额支付；第二阶段（2018 年 3 月至 2019 年 5 月）在分布式账本技术环境中测试证券结算；第三阶段（2019 年 6 月至 2020 年 1 月）运用分布式账本相关技术提升跨境支付的效率；第四阶段（2020 年 2 月至今）侧重在分布式账本技术环境中测试结算资产的保密性和可核查性。[①]

Stella 项目是日本央行和欧洲央行为法定数字货币的实验实施所做的准备工作。日本和欧洲在法定数字货币发展前景上具有两方面的共同点。一方面，这两个地区的经济发达，科研实力雄厚，拥有诸多大型商业银行和科技公司，具备较快速发展数字基础设施的能力。另一方面，相比起中国，日本和欧洲的电子支付普及程度并不高，现金支付仍然占有较大比重，因此需要进一步培养社会和民众对电子支付的需求。而在官方态度方面，日本央行和欧洲央行目前尚无明确的发行法定数字货币计划。不过，从确保整个支付和结算系统稳定和效率、应对国际竞争的角度出发，双方也提前进行了相应的布局，以适当的方式应对情况变化。

（二）项目研发进展

Stella 项目对法定数字货币跨境支付体系的探索主要集中在第三阶段。如表 6-1 所示，该阶段主要研究涉及与跨境支付相关的信用风险问题。该阶段主要评估了可用于跨分类账支付的五种支付方式的安全性和流动性效率。此外，该项目为改进跨境支付提出了诸多创新性解决办法，例如，通过使用同步支付和沿支付链锁定资金的支付方法，改善当今跨境支付的安全性，缓解信用风险问题。[②]

[①] 搜狐网，https://www.sohu.com/a/430581098_120873238。

[②] 链财经，http://liancaijing.com/alerts/492907.html。

表 6-1　　　　　　　可用于跨分类账支付的五种方式

支付方式	分类账上/分类账外	第三方托管/锁定	强制付款机制	流动性效率
信托额度	分类账外	否	无	高
分类账托管	分类账上	是	分类账强制执行	中
第三方托管	分类账上	是	第三方强制执行	中
简单支付渠道	分类账外	是	无	低
有条件支付渠道	分类账外	是	分类账强制执行	低

资料来源：欧洲央行，https：//www.ecb.europa.eu/pub/pdf/other/stella_project_report_march_2018.pdf。

　　2021年4月，在Stella完成四个阶段的分析研究基础上，日本央行决定开启法定数字货币的验证性测试（PoC）。该测试将重点对法定数字货币的发行、流通、兑换等核心功能进行技术可行性的实验分析。随后，日本央行将进入PoC的第二阶段实验，即对法定数字货币更为细节性的附加功能进行审查。最后，第三阶段是由私营企业和消费者共同参与的试验项目，他们将积极参与实际使用测试。[①] 此外，2020年日本央行还与国际清算银行以及英国、加拿大、瑞典等国央行组成工作小组，共同研发法定数字货币尖端技术。在该工作小组所研究的课题当中，也包括法定数字货币跨境结算的可操作性等。[②]

　　在Stella项目对于批发型法定数字货币进行了研究和概念验证之后，欧洲央行也开始聚焦零售型法定数字货币。2020年10月，欧洲央行发布了首份数字欧元报告 *Report on a Digital Euro*，并计划于2021年年中决定是否启动数字欧元项目。[③] 该报告指出了发行数字欧元的目的：为欧洲经济数字化和欧盟战略独立性提供支持，以应对现金作为支付手段作用显著下降的局面、作为新的货币政策传导渠道、降低常规支付服务风险、提升欧元国际地位、改善货币和支付系统总成本等（焦授松，2020）。

[①] 澎湃新闻，https：//baijiahao.baidu.com/s?id=1696372213923655400&wfr=spider&for=pc。

[②] 澎湃新闻，https：//baijiahao.baidu.com/s?id=1656382532168032269&wfr=spider&for=pc。

[③] 东方财富网，http：//finance.eastmoney.com/a/202105031909762822.html。

三 Inthanon–LionRock 项目

Inthanon–LionRock 是泰国央行和香港金融管理局的联合研究项目，旨在研究法定数字货币在跨境支付中的应用。与前文所述的 Jasper–Ubin 项目类似，Inthanon 和 LionRock 分别是泰国和中国香港各自的项目，其目的均是试验基于区块链技术的法定数字货币。

（一）项目简介

2018 年，泰国央行开启了 Inthanon 项目，其国内最大的八家商业银行均参与其中。[①] 该项目共分为两个阶段，第一阶段研究了现金代币化、债券代币化、拥堵解决方案和自动化的流动性供给机制等领域的课题。第二阶段研究了债券生命周期管理、银行间回购和交易的券款对付、数据的对账与合规等。

2017 年，中国香港金管局启动了 LionRock 项目。在该项目中，中国香港金管局将研究重点放在引入分布式账本技术的影响和挑战上，包括分布式账本技术与传统技术的比较、分布式账本基于现有金融系统应用的好处、使用分布式账本技术进行跨境支付面临的难题等。

2019 年 5 月，中国香港金管局和泰国央行发布《谅解备忘录》，双方启动法定数字货币联合研究项目 Inthanon–LionRock 第一阶段，共同研究央行数字货币于跨境支付的应用。[②] 2019 年 12 月，双方完成了以分布式账本技术为基础的概念验证，并且在此基础上继续深入研究数字货币相关的技术、监管、运营和法律问题，以及数字货币是否应使用区块链平台落地等。2020 年 11 月，该项目正式进入第二阶段。

（二）项目研发进展

Inthanon–LionRock 项目一共进行了两个阶段。第一阶段（2019 年 5 月至 2019 年 12 月）泰国央行和中国香港金管局在各自的研究基础上，联合了来自两地的 10 家银行，成功开发了以分布式账本技术为基础的概念验证原型。该原型涵盖了数字代币兑换、实时银行同业资金转拨、外汇交易等课题。此外，Inthanon–LionRock 项目还研究了一款可

[①] 搜狐网，https://www.sohu.com/a/249772801_114774。
[②] 香港金融管理局：《香港金融管理局与泰国中央银行金融科技合作》，https://www.hkma.gov.hk/gb_chi/news-and-media/press-releases/2019/05/20190514-3/。

用于跨境支付的法定数字货币应用。如图6-7所示，该应用以泰铢—港币作为跨境走廊网络原型，旨在让位于中国香港和泰国的参与银行之间能够以点对点的方式进行资金转拨和外汇交易，减少多层结算程序。该应用利用了智能合约的特点，实时完成跨境资金转拨，以及实现外汇交易同步交收。① 更重要的是，该应用具有交易费用低、操作简便、无外汇结算风险、高透明度、高合规性等优势。

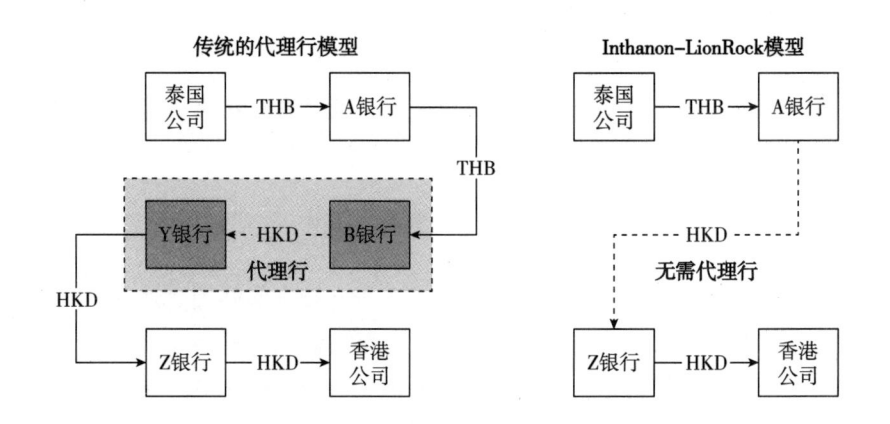

图6-7 传统代理行模型和 Inthanon–LionRock 模型的对比

资料来源：香港金融管理局，https：//www.hkma.gov.hk/gb_chi/news-and-media/press-releases/2019/05/20190514-3/。

2020年11月，该项目的第二阶段开始启动。在该阶段，双方继续在相关领域开展进一步的联合研究工作，包括银行与其他相关机构参与跨境资金转拨的试行、具体的业务应用方案，以及平台的可营运性和伸延性（即扩展至三个或更多的法定数字货币）等。此外，中国香港金管局和泰国央行联合了港交所、19家商业银行以及包括电商平台在内的5家企业参与其中，将以实际贸易交易试行运作。② 该阶段的主要内容是探讨跨境贸易结算及资本市场交易方面的商业应用案例，并计划完

---

① 香港金融管理局：《Inthanon–LionRock 项目的成果及下一步工作》，https：//www.hkma.gov.hk/gb_chi/news-and-media/press-releases/2020/01/20200122-4/。
② 同花顺财经，https：//baijiahao.baidu.com/s?id=1682249042360599848&wfr=spider&for=pc。

善跨境走廊网络原型，支援区域内的其他法定数字货币。

第四节 基于数字人民币构建跨境支付体系的政策建议

我国已于2010年超越日本，成为世界第二大经济体。在经济实力持续上升的同时，推进人民币国际化成为我国提高全球竞争力和话语权的一项重要课题。其中，构建完善的跨境支付体系，积极参与全球跨境支付体系治理是重要一环，尤其是在法定数字货币呼之欲出的当下，我国更要抓住机遇，积极构建数字人民币跨境支付体系。下文将介绍中国跨境支付体系的发展历程与困境，并为构建数字人民币跨境支付体系提出建议。

一 中国跨境支付体系的发展历程与困境

中国跨境支付体系的构建和发展，与人民币国际化进程紧密联系，两者相辅相成，相互促进。自加入世界贸易组织以来，随着我国的经济总量和贸易规模不断扩大，构建我国跨境支付体系也逐步被提上日程。在十几年的时间里，中国跨境支付体系取得了较快发展，但也面临国际货币体系的网络外部性、本国资本项目开放程度较低、人民币离岸金融市场及海外人民币回流渠道建设尚不完善等困境。

（一）中国跨境支付体系的发展历程

2007年，国家开发银行在香港发行了首支人民币债券，正式拉开了我国跨境支付体系构建的序幕。2009年，由央行等六部门共同制定的《跨境贸易人民币结算管理办法》正式公布实施，标志着我国跨境贸易人民币结算正式开启。[1]

此后，国家继续采取一系列措施，促进人民币跨境支付流动。其中，包括：①在中国香港、加拿大、西澳大利亚、伦敦、新加坡等多个国家和地区建立人民币离岸中心；②2011年起，与韩国、土耳其、英国、马来西亚、新加坡、日本、泰国、俄罗斯等多个国家签立双边本币互换协议；③与"金砖五国"共同建立金砖国家开发银行，主导建立

---

[1] 中新网，https://www.chinanews.com/cj/cj-zbjr/news/2009/07-06/1762974.shtml。

亚洲投资银行；④稳步发展人民币跨境支付系统（CIPS）；⑤稳步试点开展RQFII（人民币合格境外机构投资者）业务等。

近年来，我国人民币国际化的进程逐步加快，很大程度上推动了我国跨境支付体系的构建。2016年，人民币正式加入国际货币基金组织（IMF）特别提款权（Special Drawing Right，SDR）货币篮子，成为与美元、欧元、英镑和日元并列的第五种SDR篮子货币，这是人民币国际化进程中的重要一步。2018年，原油期货在上海国际能源交易中心正式挂牌上市交易，以人民币计价和结算，这有利于挑战当今的"石油美元"体系，促进人民币在国际上的使用。再者，我国国际收支平衡表中的经常账户长期保持顺差，这可以保持人民币币值坚挺，稳定外界对人民币的信心，也有利于人民币被世界所接受。此外，通过贸易顺差所累积的大量外汇储备也成为人民币信用的稳定器。

（二）中国跨境支付体系的发展困境

在短短的十几年时间里，我国跨境支付体系的构建取得了相对可喜的成绩。但是，我们也应当理性地认识到，人民币目前的国际化程度还远逊色于美元与欧元，甚至位居日元和英镑之后。在价值储藏方面，截至2021年4月，人民币占全球外汇储备的比重仅有2%，而美元则是60%左右[①]；在交易媒介方面，虽然中国已成为全球最大的贸易国，但截至2021年4月，人民币在全球支付市场中的结算份额只有2%[②]；在记账单位方面，目前国际市场中以人民币计价的大宗商品和金融产品还非常少，人民币国际计价功能发展相对缓慢。人民币的国际话语权、定价权与我国在世界上的经济地位严重不对等（郑润祥，2020）。我国跨境支付体系发展的困境主要有以下几个方面。

第一，国际货币体系中存在网络外部性和路径依赖的问题。以美元为例，使用美元的人越多，美元的流动性就越大，其持有者所承担的流动性风险就越低，从而带来对美元更多的需求。再者，贸易活动中使用美元的人越多，美元交易站点等相应的基础设施建设就越多，因此美元

[①] 国际货币基金组织，https://data.imf.org/?sk=E6A5F467-C14B-4AA8-9F6D-5A09EC4E62A4。

[②] 腾讯网，https://xw.qq.com/partner/vivoscreen/20210521A09G4300。

交易者可以更便捷地找到交易对手,从而在降低交易成本的同时增加美元的使用价值(叶芳和杜朝运,2012)。这使得国际货币体系中对于美元的使用存在惯性,支撑了美元的长期主导地位,导致当前的国际货币体系改革在短期内难有突破性进展。不过事实上,美元也是在美国GDP超过英国的四五十年之后才接替英镑的世界货币地位[1],而目前我国的GDP尚未赶超美国,因此人民币国际化需要更长时间的细致布局。

第二,我国资本项目的开放程度较低。出于对内外风险的统筹,我国暂时不宜全面快速开放资本项目,这也是人民币国际化所面临的"两难选择"。一方面,人民币国际化的前提是实现可自由兑换,这就要求我国必须全面开放资本账户。但是目前,我国对绝大多数资本项目的子项均设置了管制措施,许多境外个人和机构投资者只有在获得相关批准之后才能进出中国。因此,对于许多资本项目来说,人民币仍是不可自由兑换的货币,非居民投资者不能自由进出入中国金融市场。在此情形下,境外主体持有和使用人民币的意愿降低,人民币在全球范围内的跨境流动和循环受阻,使得人民币的国际化进程被延缓。另一方面,根据经济学中著名的"三元悖论"[2],我国也无法同时兼顾货币政策的独立性、汇率的稳定性、资本的自由流动性这三个目标。货币政策是国家调控宏观经济的重要手段,保持其独立性对于中国这样的经济大国而言,远远比其他两个目标重要;而汇率的稳定性在现阶段,也仍然是我国维持进出口贸易以及资本市场稳定发展的重要前提。此外,当前我国的金融体系尚未健全、金融市场尚未成熟,在相关根基尚未稳固的情况下,贸然地全面开放资本账户可能将导致剧烈的资本流动,破坏金融稳定并威胁到实体经济的发展,会对国民经济带来严重冲击。因此,当前我国只能暂时保留对资本项目的管理,渐进式地推进人民币国际化战略。

第三,我国对人民币离岸金融市场与海外人民币回流渠道的建设尚不完善,导致其深度和广度不能满足市场需求。随着跨境贸易人民币结

---

[1] 搜狐网,https://www.sohu.com/a/400969306_260616?_f=index_pagefocus_4。
[2] 在开放经济条件下,本国货币政策的独立性、汇率的稳定性、资本的完全流动性不能同时实现,最多只能同时满足两个目标,而放弃另外一个目标。

算的逐步推广，境外进出口商必然会产生人民币资金的结余，这部分资金便形成了离岸人民币。近年来，离岸人民币的资产规模扩张迅速。根据央行发布的数据，截至2020年底，境外机构和个人持有境内人民币金融资产高达8.98万亿元。[①] 持有者若要使得这些资产实现保值、增值，要么投资于人民币离岸金融市场，要么则通过一定的渠道"回流"到国内进行投资。然而，尽管当前境外离岸金融市场的发展水平也达到了一定的程度，但以人民币作为计价单位的金融产品无论是品种还是规模都较小，不能满足市场对人民币资金池的需求（黄银莉，2019）。同时，为了避免给国内资本市场带来较大冲击，我国对于资本项目下的海外人民币回流，在投资主体、资金来源、投资额度等方面做出了比较多的限制，使得回流渠道不甚通畅，回流的总体规模较小，这也是前文所提到的人民币国际化面临"两难选择"的又一反映。在人民币离岸金融市场不够发达，海外人民币回流渠道不够顺畅的情况下，人民币在国际上的使用和循环流通受到制约。

二 构建数字人民币跨境支付体系的制度设计

一系列内外部因素的叠加使得我国跨境支付体系构建遭遇了一定的困难。未来，一方面，我国要结合国民经济、金融体系、资本市场等综合因素的动态发展，不断补足人民币国际化短板，渐进式推动人民币国际化。另一方面，我国更要及时抢抓法定数字货币这一实现"弯道超车"的历史良机，推动全球跨境支付体系重构，以更为强大的姿态参与国际货币竞争，开拓国际货币体系的崭新篇章。

目前，我国虽然尚未正式启动关于法定数字货币跨境支付的相关试点工作，但相关的探索和技术测试已经逐渐启动。2020年8月，河北省政府发布的《关于印发中国（雄安新区）跨境电子商务综合试验区建设实施方案的通知》中就提到：雄安新区鼓励跨境电子商务活动中使用人民币计价结算，探索数字货币跨境支付。[②] 2021年2月24日，中国人民银行数字货币研究所加入多边央行数字货币桥（m-CBDC

---

① 中国人民银行，http://www.pbc.gov.cn/diaochatongjisi/116219/116319/3959050/3959052/index.html。
② 中国雄安：《河北省人民政府办公厅关于印发中国（雄安新区）跨境电子商务综合试验区建设实施方案的通知》，http://www.xiongan.gov.cn/2020-09/01/c_1210780669.htm。

Bridge）研究项目。① 该项目由中国香港金管局、泰国央行、阿联酋央行以及我国央行的数字货币研究所联合发起，目的是探索央行数字货币在跨境支付中的应用，并且进行相应的技术测试。可以预期，我国也将很快开展法定数字货币的跨境支付试点工作，趁势而上，抓住这一有利于优化革新全球跨境支付体系、有利于推动人民币国际化进程的历史新机遇。为此，我国应该做好以下工作，助力数字人民币的跨境支付体系构建。

（一）中国人民银行应该完善我国 CIPS 支付系统与构建数字人民币跨境支付项目

第一，中国人民银行应该加强人民币离岸市场建设，提供多样化服务。首先，加强离岸市场与在岸市场的互动联系，优化 CIPS 传输系统。中国人民银行应提高 CIPS 报文的使用比例，提升 CIPS 报文传输系统的独立性、完整性和安全性。其次，中国人民银行可以与海外人民币清算机构开展合作，建立全球人民币用户社区，利用海外人民币清算机构的本地化服务优势，推出具有当地特色且适合当地金融市场的服务。我国还应该坚持金融市场双开放要求，推进 CIPS 与海外金融基础设施互联互通。最后，针对海外金融市场建设需要，中国人民银行应该设计相关人民币融资债券等金融产品，不断拓宽对外开放合作渠道。

第二，中国人民银行应该牵头构建数字人民币跨境支付体系，通过与多国开展合作的方式测试不同框架下数字人民币的效率。近期，针对中国在数字人民币研发的突出表现，美国试图联合 G7 国家和一些国际组织，阻碍数字人民币的国际化进程。② 为此，中国人民银行应该团结边缘化国家，合作研发和测试数字人民币跨境支付项目。特别是，特朗普政府实施的"美国优先"政策，致使大多数新兴国家开启"去美元化"战略。这些国家都被排除在法定数字货币国际标准制定的组织（BIS/CPMI）之外。为此，中国人民银行可与新兴国家合作，共同研发数字人民币跨境支付项目。

---

① 人民网，http：//finance.people.com.cn/n1/2021/0224/c1004-32035729.html。
② 观察者网，https：//baijiahao.baidu.com/s？id=1702373950959059057&wfr=spider&for=pc。

第三，中国人民银行应该提升数字人民币跨境支付的市场需求，完善金融体系和相关政策监管。首先，我国应该继续扩大内需，提升国内市场对其他国家产品的需求，由出口者向"最后进口者"转型。"最后进口者"是国际货币制度竞争的权力基础。其次，中国人民银行可以通过逐步放松资本管制、完善金融市场的资本自由流动、维持汇率的灵活性和稳定性，保障国际市场对数字人民币需求的持续性。最后，中国人民银行应该加强制度探索，完善数字人民币跨境支付体系的相关政策监管。一方面，中国人民银行应该主动对接相关国际标准与通行规则，建立对应的信用风险监控与流动性保障机制，提供清晰透明的政策框架。另一方面，中国人民银行应该加强与各国央行的联系，尊重各国的立法和国家安全，联合制定相关制度规则，保障各国的数据安全和主权独立。

（二）我国政府应该构建区域性和全球性的"数字货币区"，开启数字人民币的国际化进程

数字货币区（Digital Currency Area，DCA）最初由美国普林斯顿大学提出，是指以特定数字货币进行支付和交易的网络（白津夫和白丹，2019）。与传统的基于地理空间的货币区不同，数字货币区以数字网络空间为载体，以规模经济与范围经济为支撑，通过互联互通增强地区的凝聚力和紧密性。

第一，我国政府应该依托边境城市，打造数字人民币的国际化先行区。2021年3月30日，深圳市政府和深圳人行联合中行、中银香港，在全国率先完成了面向香港居民在内地使用数字人民币的测试工作，实现了香港居民往来深圳时可开立数字人民币钱包并完成支付。[①] 近年来，随着广州人工智能与数字经济试验区和海南自由贸易港的发展，数字人民币可以依托边境城市，打造区域性金融开放空间，推动形成更加开放、高效和国际化的金融环境，为数字人民币未来国际化探索经验和路径。

第二，我国政府应该以大宗商品为切入点，打造大宗商品现货贸易

[①] 深圳政府在线，http://www.sz.gov.cn/cn/xxgk/zfxxgj/zwdt/content/post_8667467.html。

的数字人民币应用生态圈。我国政府应积极推动以石油为代表的大宗商品贸易采用人民币进行交易。美国在金融和工业的霸权是建立在美元作为全球石油贸易工具的排他性基础之上的。随着中国代替美国成为世界上最大的石油进口国，以人民币计价的购买能力也在增长。2018年3月，上海国际能源交易所（INE）推出新的石油期货合约。中俄石油合同已经基本上以人民币计价，而伊朗、伊拉克、委内瑞拉和印度尼西亚在与中国的交易中也不同程度地遵循这一做法。① 在逐步构建以人民币计价的大宗商品贸易体系后，我国政府应该积极引入数字人民币。凭借中国在大宗商品贸易市场的"最后进口国"身份，提高人民币的国际话语权和定价权，逐步扩大数字人民币在国际贸易中的应用场景。

第三，我国政府应该与"一带一路"建设相结合，构建区域性和全球性的"数字货币区"。我国政府应该借助现有跨境支付体系中的基础设施，推广数字人民币应用。我国跨境支付基础设施已初具规模，截至2021年5月末，CIPS共有45家直接参与者，1127家间接参与者，其中亚洲876家（含境内525家），欧洲148家，北美洲26家，大洋洲21家，南美洲17家，非洲39家。② 借助已有的CIPS系统和"一带一路"相关政策支持，我国政府应该积极开展双边贸易的数字人民币支付。此外，我国政府应该积极运用数字人民币推动国际电子商务贸易发展。2019年全球电子商务销售额26.7万亿美元，其中中国的电子商务销售额为5.03万亿美元，占全球总销售额的18.84%。③ 借助中国强大的电子商务交易，数字人民币将有广大的国际运用空间。

（三）我国政府应该扶持大型科技公司积极参与全球支付的竞争

随着中美摩擦升级，美国有可能会阻碍我国跨境支付体系发展。自从新冠肺炎疫情在全球暴发以来，美国动用多种制裁手段，限制他国的经济发展和对外贸易。金融领域将是中美竞争升级的重要战场，尤其是跨境支付系统。新冠肺炎疫情暴发之前，美国官方对数字美元的态度一直不积极。疫情发生之后，美联储开始积极研发数字美元。值得注意的

---

① 经济日报，http://static.jingjiribao.cn/static/jjrbrss/rsshtml/20190325/170713.html。
② CIPS官网，https://www.cips.com.cn/cips/sy/index.html。
③ 第一财经，https://mp.weixin.qq.com/s/S_3CqHIEEC682vDA7ig-JA。

是，Libra2.0有可能与数字美元结合，凭借Facebook的技术优势和网络优势，通过锚定美元，加强和巩固美元地位。Facebook的用户占据了接近世界1/3的人口，扎克伯格曾明确提到Libra旨在成为全球支付系统，矛头直指中国数字人民币。[1] 只有积极扶持我国大型科技公司的跨国业务发展，通过它们在国际化支付领域打开局面，才能抵抗Facebook庞大的网络和客户基础。

为此，我国政府应该积极支持大型跨国科技企业的数字技术研发。一方面，我国政府应该设立相关的奖励机制，鼓励和支持大型跨国科技企业的数字技术研发。同时，我国政府应该完善相关的政策制度，保护大型跨国科技企业的数字技术的发明创造。另一方面，我国政府可以与大型跨国科技企业合作研发跨境支付的技术，给予大型跨国科技企业更多物力和财力的支持。此外，数字人民币也可以借助大型跨国科技企业的支付平台，推动数字经济与实体经济融合，实现数字人民币应用场景的创新和落地。

我国政府还应该让大型跨国科技企业更多地参与"一带一路"的建设，为它们创造更庞大的商业网络。一方面，我国政府应该在"一带一路"的建设中，积极推广我国大型跨国科技企业的支付业务。尤其是在与数字支付普及率低的国家和地区的合作过程中，我国政府应当积极引入我国大型跨国科技企业的支付服务。目前，阿里和腾讯的跨境支付业务已初具规模。截至2020年10月，支付宝为56个国家和地区提供境外线下支付服务，支持27个币种的交易；微信支付支持49个境外国家和地区的合规接入，支持16个币种的交易。[2] 另一方面，在进行法定数字货币的跨境支付体系研发项目时，我国政府应该结合我国大型跨国科技企业的跨境业务，帮助其更多地参与到全球数字支付体系的构建当中，为其创造更多的参与国际竞争的机会。

---

[1] 凤凰网，https://tech.ifeng.com/c/7r1hskglfrU。
[2] 艾瑞咨询，https://mp.weixin.qq.com/s/ObWgj9GKa3mYPoNnxYBlQA。

第七章

法定数字货币给我国货币政策调控带来的变革

随着经济金融体制改革不断推进，我国货币政策调控不断完善，承担着新时代促进经济高质量发展的时代使命。法定数字货币的全新属性和功能将为我国货币政策调控带来新的挑战和机遇。本章将详细分析我国货币政策调控的发展概况，探讨法定数字货币给货币政策调控带来的冲击与机遇，并基于数字人民币的特征对我国货币政策调控转型提出建议。

第一节 我国货币政策调控的发展概况

货币政策是主要宏观调控政策之一，在稳定物价和促进经济增长等方面发挥重要作用。伴随我国经济金融体制改革，货币政策调控的目标、框架和工具不断演变。本节将概述货币政策调控的概念与内涵，梳理我国货币政策调控的发展历程，并总结现阶段我国货币政策调控的特征。

一 什么是货币政策调控

货币政策指中央银行运用货币政策工具控制和管理货币供应量或利率，以实现特定目标的政策（王曦和金钊，2019）。Walsh（2017）将货币政策调控总结为"政策工具→操作目标→中介目标→最终目标"这一传导链条，见图7-1。具体来说，央行的货币政策调控是为了实现最终目标。① 央行通过把名义变量（货币供应量或市场利率）控制在一定范围内来达到最终目标。这个名义变量就是中介目标，也称为名义锚（Nominal Anchor），可以缓解货币政策制定者面临的时间不一致问题（Time - Inconsistency Problem）。但是央行无法直接控制中介目标，而是通过设置操作目标间接调控中介目标。操作目标通常是商业银行的准备金指标和短期政策利率指标，可以直接反映货币政策取向是宽松、中性还是紧缩。一般来说，央行通过使用货币政策工具来达到预定的操作目标。我国货币政策调控与上述传导链条的基本逻辑一致，但更为复杂。由于我国经济正由高速向高质量转型，利率市场化改革尚未完成，我国货币政策调控呈现双重中介目标并行、多种类型工具混用的特征。

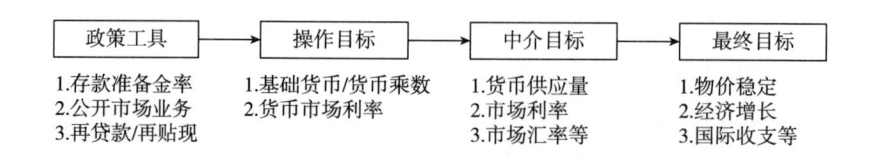

政策工具	操作目标	中介目标	最终目标
1.存款准备金率 2.公开市场业务 3.再贷款/再贴现	1.基础货币/货币乘数 2.货币市场利率	1.货币供应量 2.市场利率 3.市场汇率等	1.物价稳定 2.经济增长 3.国际收支等

图 7 - 1 货币政策调控体系

资料来源：Walsh, C. E., "Monetary Theory and Policy", MIT Press, 2017。

货币政策调控包含三个层次：政策目标、政策工具与传导渠道。其中，货币政策目标包含最终目标、中介目标和操作目标。在最终目标层面，西方发达国家主要倡导将维持币值稳定作为唯一政策目标。② 然而，当前我国经济正处于过渡阶段，货币政策目标既包含稳币值与稳增长，也包含优化经济结构与防范金融风险。在中介目标层面，随着我国货币政策框架转型，我国中介目标由数量型向价格型转变。2011 年之前，我国的货币政策中介目标以 M2 为主。2011—2018 年，中国人民银行引入社会融资规模作为中介目标。2018 年之后，我国不再公布数量型的中介目标，但也没有确定新的价格型中介目标（王曦和金钊，

---

① 不同国家、经济发展不同阶段的最终目标有所不同，常见的最终目标一般包括四种：经济增长、物价稳定、充分就业和国际收支平衡等，不同目标之间可能存在冲突。也有可能包括其他目标，例如防范风险等。

② 例如，《欧盟运行条约》规定，物价稳定是欧洲中央银行货币政策的最终目标。

第七章 法定数字货币给我国货币政策调控带来的变革

2019)。此外，货币政策的操作目标与中介目标密切相关，由于当前我国数量型和价格型中介目标双重并行，操作目标也呈现多元化特征。

与双重目标对应，我国货币政策工具也是多种并用。传统工具主要有存款准备金、再贴现和公开市场业务。2014年之后，我国经济进入新常态，传统货币政策工具的有效性下降，中国人民银行积极推进货币政策工具创新。当前，我国的货币政策工具箱包含传统型工具与创新型工具。根据货币政策工具调节的是货币供应量还是利率，它们可以进一步分为数量型工具和价格型工具①，如表7-1所示（其中标记*符号的是创新型工具）。存款准备金类工具是典型的数量型工具，通过影响商业银行信贷规模来调控货币供应量。法定存款准备金率是央行为了防范银行挤兑风险、确保存款安全而要求的银行存款准备金占其存款总额的比例。创新的存款准备金工具包括定向降准和差别准备金率是跨周期的调节工具，具有明确的政策指向，主要支持"三农"、小微企业和战略性新兴产业等。再贴现指中央银行通过买进商业银行持有的已贴现但尚未到期的商业票据，向商业银行提供流动性。创新型再贴现工具众多，包括PSL、SLF、MLF、TMLF和CRMW等。② 一般而言，传统的再贴现工具影响货币供应量，是数量型工具；而创新的再贴现工具通过拍卖报价、LPR③等渠道影响市场利率，是价格型工具。公开市场操作是指中

---

① 数量型货币政策工具主要通过调节基础货币和货币乘数调控货币供应量，价格型货币政策工具主要调节利率、汇率、公开市场证券价格。

② PSL（Pledged Supplementary Lending，抵押补充贷款），指中央银行以抵押方式向商业银行发放贷款，合格抵押品包括高信用评级的债券类资产及优质信贷类资产等。PSL既可以投放基础货币，也可以引导中期利率。SLF（Standing Lending Facility，常备借贷便利）是中国人民银行的短期流动性供给渠道，期限不超过3个月，作用是维持银行体系流通性合理充裕和作为利率走廊上限。MLF（Medium-term Lending Facility，中期借贷便利）是提供中期基础货币的工具，期限一般为3—6个月，主要影响中期利率。TMLF（Targeted Medium-term Lending Facility，定向中期借贷便利）可以定向引导资金向民营企业、小微企业投放，利率比MLF优惠15个基点。CRMW（Credit Risk Mitigation Warrant，信用风险缓释凭证）是由标的实体以外的机构创设的，为凭证持有人就标的债务提供信用风险保护的，可交易流通的有价凭证，是一种信用衍生品。

③ LPR（Loan Prime Rate，贷款市场报价利率）是各金融机构贷款定价的主要参照利率，由具有代表性的报价行，根据本行对最优质客户的贷款利率，以公开市场操作利率（主要指MLF利率）加点的方式报价。LPR形成机制有利于提高贷款定价的市场性，打破货币市场和信贷市场的壁垒，有利于政策利率、同业利率向贷款利率传导。

央银行通过在公开市场购买和出售有价证券,调节市场流动性。由于交易证券的特征不同,公开市场操作影响的中介目标也不同。此外,中国人民银行还积极使用窗口指导、LPR、利率走廊和前瞻性指引等其他工具共同满足调控需求。

表7-1　　　　　　　　　　我国货币政策工具箱

类别		数量型	价格型
三大工具	存款准备金类	法定存款准备金率、定向降准*、差别准备金率*	—
	再贴现类	再贴现、再贷款、定向再贷款	PSL（抵押补充贷款）*、SLF（常备借贷便利）*、MLF（中期借贷便利）*、TMLF（定向中期借贷便利）*、CRMW（信用风险缓释凭证）*
	公开市场业务类	回购（逆回购）、现券交易、中央银行票据	SLO（短期流动性调节工具）*、CBS（央行票据互换工具）*
其他		窗口指导	LPR（贷款市场报价利率）*、利率走廊*、前瞻性指引*

注：*为创新型工具。
资料来源：笔者根据公开信息整理。

货币政策传导渠道是指货币政策实现最终目标的路径。货币政策传导渠道主要分为利率渠道（Interest Rate Channel）和信贷渠道（Credit Channel）。利率渠道指货币政策引起实际利率变动，从而影响企业投资和家庭消费，最终导致总需求变化。利率渠道主要强调债券价格对实际利率的影响。货币政策还可以通过其他资产的价格影响总需求，包括外汇汇率（汇率渠道）和股票价格（托宾Q渠道）等。信贷渠道主要是指货币政策通过调控商业银行的信贷供给来影响企业投资和消费者支出，进而调控总需求。信贷渠道又分为银行贷款渠道和资产负债渠道。西方学者认为，由于金融危机期间传统利率渠道传导失效，危机后产生的非传统货币政策工具大多针对信贷渠道。对于新兴市场国家，它们尚未建立完善的利率市场机制，政策利率和市场利率传导不畅，因此从长期来看，信贷渠道在未来仍是主要的传导渠道。此外，创新型货币政策工具也肩负着构建新传导渠道的使命。

二　我国货币政策调控的发展现状

伴随着我国经济金融改革不断推进，货币政策调控也从直接型向间接型、从数量型向价格型、从总量调控向结构调控不断转变。经济进入新常态后，我国货币政策调控担负起转变经济增长方式、调整经济结构和防范系统性风险等新任务。下文梳理了我国货币政策调控的发展历程，并总结了现阶段我国货币政策调控的特征。

（一）我国货币政策调控的发展历程

1949年以来，我国金融体系从中国人民银行"一统天下"转变为"央行宏观调控，多层次金融市场百花齐放"的格局，相应地，货币政策调控也处于不断变革之中。王曦和金钊（2019）系统梳理了中华人民共和国成立以来我国货币政策调控的发展历程，并将其划分为以下四个阶段。1949—1984年，货币政策调控处于"大一统"时期，是典型的指令计划型调控。中国人民银行集中央银行与商业银行职能于一身，通过"统存统贷"的信贷配给体制控制货币供应。1985—1997年，货币政策调控处于数量管理时期，本质上实行信贷计划管理。伴随着中国人民银行职能下放，货币政策工具开始从直接型向间接型过渡。中国人民银行开始设计法定存款准备金制度、票据再贴现和公开市场操作等货币政策工具。1998—2008年，金融市场化改革不断深化，货币政策进入间接调控时期，呈现贷款规模和货币供应双渠道并行、数量型工具和价格型工具共存的特征。2008年以来，货币政策调控进入后危机时期。由于国际金融危机的冲击和经济新常态的压力，我国货币政策的最终目标开始由"稳物价、促增长"转变为"稳增长、转方式、调结构和控风险"。我国形成了货币政策调控与宏观审慎评估相结合的双支柱，货币政策工具也从总量型向结构型创新，利率市场化改革取得重大突破。表7-2总结梳理了不同发展阶段货币政策的特征、目标与工具。

表7-2　我国货币政策调控的发展历程

时期	政策特征	政策目标	政策工具
大一统时期 （1949—1984年）	中央统管的指令计划型	服务于国家计划；中介目标是贷款规模	信贷配置等直接工具

续表

时期	政策特征	政策目标	政策工具
数量管理时期（1985—1997年）	信贷计划管理	中介目标是货币供应量	开始从直接工具逐步过渡到间接工具
间接调控时期（1998—2008年）	二元政策体系	中介目标是贷款规模和货币供应量并存	数量型工具和价格型工具共存
后危机时期（2008年至今）	数量型调控、价格型调控以及宏观审慎政策相结合	最终目标开始转变为"稳增长、转方式、调结构、控风险"；中介目标向价格型转变	由数量型向价格型转变，创新货币政策工具，构建货币政策和宏观审慎政策双支柱

资料来源：王曦、金钊：《新中国金融宏观调控体系的演变与改革方向：1949—2019》，《中山大学学报》2019年第5期。

总体而言，我国货币政策调控的演进适应经济发展和体制改革的阶段性要求，由指令式调控逐渐转变为市场化调控，呈现渐进式改革特征。下文总结了我国货币政策调控的演进规律和逻辑。

第一，我国货币政策遵循经济体制，采用逆周期调节原则。我国货币政策的定位适应经济体制的演进并致力于服务实体经济。在计划经济时期，货币政策高度依附于财政，服从国家计划。随着经济金融体制市场化改革，货币政策相对独立，间接型货币政策工具更加丰富。经济进入新常态后，货币政策除了保持经济平稳增长之外，还助力调整经济结构和防范系统性风险。为此，中国人民银行创新了一系列定向政策工具，还建立了宏观审慎评估体系和货币政策双支柱，为供给侧结构性改革提供稳定的金融环境。此外，在各发展阶段，货币政策采用逆周期调节原则，保持经济平稳增长。

第二，我国货币政策调控坚持市场化定位，合理权衡政府与市场关系。从中国人民银行职能下放以来，我国货币政策不再依附于国家计划，从行政指令式的直接信贷安排转向更加市场化的传导渠道。随着金融市场化改革不断深入，多层次金融市场和多元化监管体系逐渐完善，我国形成了"中央银行—金融机构—金融市场—企业和家庭—实体经济"的货币政策传导路径，市场配置金融资源的作用不断强化（王曦和金钊，2019）。此外，我国利率市场化改革不断深化，利率的价格指导作用不断提升,不同市场间、不同期限间利率的传导渠道也有所畅通,价格型货币政策工具的有效性不断增强。

第三,我国货币政策调控具备中国特色,呈现渐进式改革①特征。由于我国经历了重大体制改革,长期以来多领域存在"行政—市场"二元式特征。货币政策也不例外,呈现多目标并行和多元工具并用的中国特色。图7-2显示了中国特色货币政策框架。一方面,我国货币政策调控采用多目标制,保持物价稳定和促进经济增长。多目标制在转轨时期成功推进了经济改革,稳定物价总体水平。多目标制虽然也带来信用快速膨胀和影子银行等问题,但总体而言好处大过弊端(周小川,2016)。此外,操作目标和中介目标也存在二元式特征,除了市场化的目标外,还包括一些行政性的目标,例如信贷计划和信贷规模等。另一方面,我国多类型货币政策工具灵活搭配,新旧工具并行使用(王曦等,2016)。转轨时期,我国没有完全废弃计划经济时期的货币政策工具,信贷配给是应对严重通胀最有效的货币政策操作方式(王曦等,2012)。经济进入新常态以来,我国创新了利率走廊和流动性管理工具等新型货币政策工具,与传统的数量型、价格型工具交叉使用、灵活搭配,满足不同时期的调控目标。

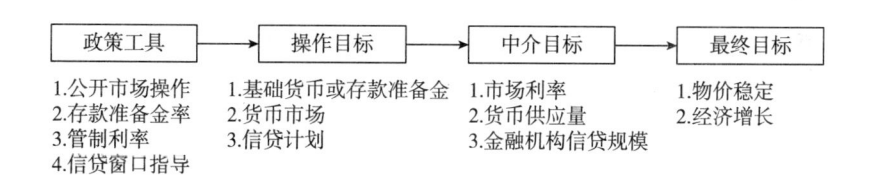

政策工具	操作目标	中介目标	最终目标
1.公开市场操作 2.存款准备金率 3.管制利率 4.信贷窗口指导	1.基础货币或存款准备金 2.货币市场 3.信贷计划	1.市场利率 2.货币供应量 3.金融机构信贷规模	1.物价稳定 2.经济增长

图7-2 中国特色货币政策框架

资料来源:笔者根据公开信息绘制。

第四,我国货币政策和财政政策协同配合,共同保障经济平稳运行。货币政策一直以来被视作总量调节的工具,财政政策则兼具总量调

---

① 渐进式改革是指在改革中先不触动核心体制,而是在旧体制框架下使用新制度和新方法。当新方法和旧体制间的矛盾逐渐深化时,再推进旧体制的改革。渐进式改革是一种较为温和的改革方式,避免了过于激烈的矛盾冲突。但是在改革过程中易出现新旧二元交织的结构性问题。

节和结构调节的能力。总体而言，面对过热的经济局势，为了稳定物价，我国一般采用财政货币双紧的调控手段；面临经济下行趋势，为了提高产出、保护就业，我国通常采用财政货币双松的刺激政策。但在较为复杂的特殊阶段，例如转型期和滞涨期，两种宏观调控政策的取向可能并不一致。尤其在 2011 年以后，我国经济面临二次改革，货币政策总体坚持稳健基调，维持金融市场平稳，防范系统性风险；而财政政策保持积极宽松，为经济高质量发展输送动力（王曦和金钊，2019）。

（二）现阶段我国货币政策调控的特征

现阶段，我国经济进入新常态，发展不平衡不充分问题凸显，亟须贯彻新发展理念，提高发展质量。相应地，现阶段货币政策也担负起调整经济结构、转变发展方式和防范系统性风险等时代重任，呈现一系列新特征。

第一，货币政策中介目标从数量型向价格型转变。长期以来，由于公开市场流动性不足和利率传导机制不畅，我国难以利用灵活多变的价格调控手段，而是依靠法定存款准备金率这一数量调控手段。法定存款准备金率调控效果虽然明显，但是时滞较长、不易精细化管理且易给金融市场带来过大震动。近年来，我国融资渠道明显转变，直接融资占比上升，央行通过信贷渠道控制货币供应量的能力减弱（徐忠，2018）。此外，金融市场的资金空转问题也导致货币供应量与实体经济指标的相关性下降（邓海清和陈曦，2015）。因此，我国货币政策积极向价格型调控转变。2018 年以来，我国停止公布数量型货币政策中介目标。2019 年 8 月，中国人民银行宣布要完善 LPR 形成机制，推动政策利率和市场利率并轨，为价格型调控创造条件。[①] 2020 年，我国商业银行的存量浮动利率贷款定价基准已基本转换为 LPR，转换率超过 92%，绝大多数新增贷款也将 LPR 作为定价基准。[②] 此外，中国人民银行积极建立利率走廊机制，提高政策对市场利率的指导作用。随着利率市场化的推进，我国价格型政策调控的条件将更加成熟。

第二，货币政策操作工具由总量型向结构型创新。随着经济新常态

[①] 中国政府网，http：//www.gov.cn/xinwen/2019 - 08/17/content_5421980.htm。
[②] 新华网，http：//www.xinhuanet.com/fortune/2020 - 09/16/c_1126498730.htm。

第七章 | 法定数字货币给我国货币政策调控带来的变革

的到来,传统总量型货币政策工具调控效果不断减弱,因此我国创新了结构型货币政策工具(王曦和金钊,2019)。第一,中国人民银行创新结构型货币政策工具,使用定向降准、定向再贷款和抵押补充贷款(PSL)等工具,引导资金定向流入重点行业和小微企业,解决结构性问题。例如,2019年5月,为了推动普惠信贷资金投放,中国人民银行建立了"三档两优"准备金框架,使用差别准备金的方式鼓励银行业金融机构服务小微企业和县域经济。① 2020年10月,为了助力小微企业抵御疫情冲击,中国人民银行创设了直达小微的新型工具:普惠小微企业贷款延期支持工具和普惠小微企业信用贷款支持计划。② 第二,中国人民银行创设流动性便利工具,包括公开市场短期流动性调节工具(SLO)③ 和常设借贷便利工具(SLF)。与国外的短期流动性工具不同,SLO和SLF不仅维持流动性合理充裕,防范系统性风险,还助力调整经济结构、促进发展转型,具有重要的现实意义(王曦和彭业硕,2018)。第三,中国人民银行积极利用预期管理工具,释放政策信号。例如,自2020年双碳目标提出以来,中国人民银行频繁通过新闻发布会、期刊报纸、网络平台等渠道释放支持绿色金融发展的信号,鼓励市场开展负责任绿色投资,引导资金向绿色产业配置,助力完成双碳目标。④

第三,货币政策调控和宏观审慎评估体系形成双支柱调控框架,共同维护金融稳定。以物价水平为锚的货币政策虽然能够保持物价水平较为稳定,但物价稳定不能确保金融稳定,货币政策难以解决金融市场的过大波动。因此,仅靠货币政策难以解决信贷顺周期扩张带来的泡沫风险,难以有效平衡经济周期和金融周期的调控需求。2010年,中国人

---

① 三档两优指中国人民银行根据金融机构系统重要性程度和服务定位等,对大型、中型、县域型银行实行三档差异化的存款准备金率;在此基础上为达到普惠金融服务标准的大中型银行和新增存款达到标准的县域银行提供存款准备金率优惠。资料来源:中国政府网,http://www.gov.cn/xinwen/2019-05/07/content_5389249.htm。

② 央视网,http://news.cctv.com/2020/07/31/ARTI6Vu5KTmoeU3GpY4fmgJR200731.shtml。

③ SLO(Short-term Liquidity Operations,短期流动性调节工具)是对公开市场常规操作的补充,以7天内短期正逆回购为主,以市场化利率招标展开操作,可以指引市场基准利率。

④ 央行释放的信号有创设碳减排支持工具、将绿色资产纳入合格抵押品范围和把气候风险纳入宏观审慎框架等。资料来源:第一财经,https://www.yicai.com/news/100964599.html。

民银行建立差别存款准备金动态调整机制，并于 2016 年升级为宏观审慎评估（MPA），将信贷投放、金融机构资本要求和经济发展相联系，有效保持货币信贷平稳适度增长。[1] 2017 年，党的十九大明确提出要健全货币政策与宏观审慎政策双支柱调控框架。2020 年，中国人民银行副行长潘功胜表示，将进一步健全符合我国国情的双支柱调控框架，丰富宏观审慎政策工具箱，健全房地产金融、外汇市场、债券市场、影子银行以及跨境资金流动等重点领域宏观审慎监测，强化系统重要性银行监管并与其他政策协调配合。[2] 总而言之，双支柱调控框架把保持价格稳定与维护金融稳定的两大目标有机结合，为新时期维护我国宏观经济稳定和国家金融安全发挥了重要作用。

第四，货币政策独立自主，保持稳健性基调。近年来，为了应对国内经济衰退，日本和欧盟等国家和地区长期实行低利率，甚至零利率和负利率的货币政策。尤其是新冠肺炎疫情暴发后，美联储采取更为激进的货币政策。2020 年 3 月，美联储宣布实施无上限的量化宽松政策，且将准备金利率下调至零。至 2020 年 5 月末，美联储的资产规模从 2020 年 3 月的 4.2 万亿美元迅速飙升至 7 万亿美元以上，资产购买规模已接近金融危机后四轮量化宽松政策的总规模。[3] 虽然激进的货币政策短时间内稳定了金融市场，但是大量流动性投入可能推高通货膨胀率，加强市场主体风险偏好，政策退出时也可能引发全球动荡。相对而言，中国人民银行坚持独立自主的货币政策，坚持稳健性基调不放松。中国人民银行货币政策司司长孙国峰表示，我国在 2020 年 2 月至 4 月采取较大力度的货币支持措施，5 月以后回归正常。总体而言，我国货币政策保持灵活适度，既有力支持经济恢复，又防止"大水漫灌"式的激进措施。[4]

---

[1] 中国电子银行网，https：//www.cebnet.com.cn/20210524/102749575.html。
[2] 国家外汇管理局，http：//www.safe.gov.cn/safe/2020/1021/17383.html。
[3] 中银研究：《金融危机和新冠疫情中美联储货币政策的异同、影响及启示》，https：//pic.bankofchina.com/bocappd/rareport/202009/P020200923512001079279.pdf。
[4] 中国政府网，http：//www.gov.cn/xinwen/2021-04/02/content_5597391.htm。

第二节　法定数字货币给货币政策
调控带来的冲击和机遇

法定数字货币不仅关系到支付系统的效率与安全，还会影响货币政策传导的有效性。随着金融数字化和信息网络通信技术的发展，传统货币已经无法满足现代经济的需求。相比于传统货币，法定数字货币可以绕过银行账户，具有加密识别和信息存储等智能合约特征，有助于加强央行对货币的动态调控，优化货币政策传导，更好地支持经济和社会发展。然而，法定数字货币的发行可能改变金融体系，进而影响货币政策调控。本节分析法定数字货币对货币政策调控带来的冲击和给我国带来的机遇。

一　法定数字货币对货币政策调控带来的冲击

法定数字货币的流通框架、访问方式和计息特征等设定会对现有货币政策调控产生重要影响。法定数字货币对现有货币政策调控的冲击主要体现在货币政策工具体系、目标体系和传导渠道三方面。

（一）法定数字货币对货币政策工具体系的冲击

货币政策工具是央行可以直接控制的变量。已有研究表明，法定数字货币对当前货币政策工具有效性的影响主要取决于法定数字货币的特征设定，主要体现在以下三方面：

（1）基于代币的不计息法定数字货币对货币政策工具的影响是中性的（Engert and Fung，2017）。这种法定数字货币不属于货币政策工具范畴，对宏观经济不会带来明显影响。基于代币的不计息法定数字货币类似于纸币的数字化形态，在发行过程中只替代纸币，对居民的其他资产，如银行活期储蓄、金融资产等没有替代效应。当前，各国中央银行在没有完全评估法定数字货币风险的情况下，都倾向于发行与纸币较为接近的基于代币的不计息法定数字货币，以降低其可能存在而未被预估的风险。

（2）单层流通框架下基于账户的不计息法定数字货币可能对其他货币政策工具带来负面冲击（Brunnermeier et al.，2021；Beniak，2019）。首先，央行直接面向全社会发行法定数字货币将颠覆现有的货币发行流通体系，对现行货币政策调控体系的冲击较大。其次，基于账户对公众开放的法定数字货币会与传统的商业银行账户产生竞争，挤出存款，导致银行面临挤兑问题，使货币政策的信贷调控渠道萎缩（Fernández–Villaverde et al.，2021）。最后，法定数字货币账户如果是不计息的，则将提高有效利率下限（Effective Lower Bound，ELB），这不仅会缩小货币政策的操作空间，也将减弱央行的前瞻性指引效果（Meaning et al.，2021）。因此，正在进行法定数字货币试点的国家普遍认为，目前单层流通框架带来的便利性可能难以抵消其带来的风险（Beniak，2019）。

（3）单层流通框架下基于账户的计息法定数字货币也可能给现有货币政策工具带来负面冲击。与无息的纸币不同，计息的法定数字货币具有投资属性，可以作为类似存款和国债的流动资产。央行可以根据经济波动情况，赋予法定数字货币正、零甚至负利率（Meaning et al.，2021）。有学者认为，计息的法定数字货币可以突破有效利率下限的限制，成为有效的交易媒介（Bordo and Levin，2017）。由于计息的法定数字货币可以满足有效交易媒介的需求、提高支付系统效率以及消除纸币带来的"零利率下限"问题，西方发达国家对其寄予厚望。然而也有学者提出不同的观点，他们认为只要纸币一直存在，计息的法定数字货币就不能消除有效利率下限的约束，甚至会提高风险溢价，限制货币政策的操作范围（Engert and Fung，2017；Beniak，2019）。此外，也有学者强调计息的法定数字货币将会削弱传统货币政策工具的作用。一方面，公众会更倾向于持有法定数字货币进行交易，存款的减少将导致商业银行准备金下降，使得存款准备金率的作用减弱（张怡超，2019）。另一方面，法定数字货币的快速转账与全天候适用性也可能弱化再贴现政策工具效果（林春，2019）。

（二）法定数字货币对货币政策目标体系的冲击

法定数字货币对当前货币政策目标体系的冲击主要体现在以下两方面。

其一，法定数字货币的发行可能对货币政策的最终目标产生冲击。随着我国经济向高质量发展转型，我国货币政策的最终目标开始由"稳增长、保币值"转变为"稳增长、转方式、调结构、控风险"。然而，目前法定数字货币可能引致的系统性风险还不能确定。一方面，法定数字货币的发行将影响货币供应传导机制，提高货币政策操作难度，对总供给和总需求的调节作用也难以确定（Engert and Fung，2017）。另一方面，法定数字货币的发行可能导致央行资产负债表扩张，使其面临系统性的信用风险（Meaning et al.，2021）。特别是，如果法定数字货币导致商业银行的流动性下降，央行需要向商业银行提供额外的流动性，并决定如何在各商业银行之间分配资金。这些情况都将提高央行实现最终目标的难度。

其二，法定数字货币的发行可能对货币政策的中介目标产生冲击。目前，已有研究均认为法定数字货币可以提升操作目标到价格型中介目标的传导效率。然而，学者对于法定数字货币如何影响数量型中介目标的争议较大。一方面，学者认为，法定数字货币的发行将削弱数量型中介目标的可测性、可控性和相关性（张怡超，2019）。法定数字货币的发行将挤出短期存款，增加定期存款，致使 M1 和 M2 货币乘数的波动性加大（林春，2019）。另一方面，也有学者认为，法定数字货币可以帮助央行动态调控货币供应量，提高数量型中介目标与实体经济的相关性（陈鸿祥，2017）。此外，部分学者认为法定数字货币将提升利率中介目标的效率。法定数字货币的可追踪性、时间依存性、部门依存性和经济状态依存性可以增强利率中介目标的可测性、可控性和相关性（姚前，2018；2019）。

(三) 法定数字货币对货币政策传导渠道的冲击

法定数字货币对货币政策传导渠道的冲击主要体现在信贷渠道方面，具体表现为以下两方面。

其一，法定数字货币可能削弱银行贷款渠道。银行贷款渠道是指货币政策通过增加商业银行的超额准备金和存款，从而增加其可供借贷的资金，贷款增加使企业投资和家庭消费增加，最终总产出增加。具体影响路径如下：货币政策宽松⇨银行超额准备金↑⇨银行存款↑⇨银行贷款↑⇨投资↑⇨总产出↑（Walsh，2017）。法定数字货币对银行贷款渠道的影响取决于银行的融资结构。如果商业银行更依赖于向央行融资，那么央行对商业银行可贷资金的影响更大，银行贷款渠道的效率就更高。然而，如果商业银行的融资渠道较广，央行对其流动性的约束能力将减弱。此外,商业银行从不同途径获取外部资金也可能增加金融风险,削弱货币政策传导效率(Beniak,2019)。一方面,法定数字货币会替代银行活期账户存款,提高银行吸收存款的压力(吴婷婷和王俊鹏,2020)。另一方面,法定数字货币将使得商业银行更加依赖批发端融资,使得商业银行的整体融资成本和融资不稳定性上升(Gertler et al.,2020)。

其二,法定数字货币可能削弱企业资产负债表渠道。企业资产负债表渠道是指货币政策通过拉升企业股票价格,增加企业净值,进而缓解企业逆向选择和道德风险问题,企业可得贷款量上升,投资和总产出得以增加。具体影响路径如下:货币政策宽松⇨股票价格↑⇨企业净值↑⇨逆向选择↓,道德风险↓⇨银行贷款↑⇨投资↑⇨总产出↑(Walsh,2017)。法定数字货币的发行可能改变经济主体的资产负债表,提高传统基础货币的波动性,削弱信贷渠道的有效性(Mondello et al.,2020)。特别是单层流通框架下的法定数字货币可能直接改变企业间的贷款方式,削弱其对银行贷款的需求。Parlour等(2020)构建了一个两阶段的局部均衡模型,考察了批发端法定数字货币和零售端法定数字货币对银行贷款决策的影响。批发端法定数字货币降低了银行间的结算成本。虽然这总体上增加社会福利,但却加剧跨地区贷款的不平等。相比之下,零售端法定数字货币将扩大贷款整体规模,不仅不会取代传统的货币政策工具,反而能够提高其调控效率。

二 法定数字货币给我国货币政策调控带来的机遇

合理的机制设定下,法定数字货币不仅可以优化传统货币政策工具箱,其自身的发行量和利率还能成为新的货币政策工具,提高货币政策传导效率。为此,下文将从货币政策工具、目标体系、操作规则和传导渠道四个方面,在理论研究基础上,结合我国具体实践,探讨法定数字货币给我国货币政策调控带来的机遇。

(一)法定数字货币将带来新的货币政策工具

由于法定数字货币在发行和流通中具有全新特性,它被普遍认为可以成为一种新的总量型和结构型的货币政策工具。

在总量方面,计息的法定数字货币可以作为新的利率走廊工具,丰富现有货币政策利率工具体系。利率走廊(Interest Rate Corridor)指央行通过设定利率上下限使得短期市场利率贴合政策利率，从而解决短期市场利率波动过大的问题。利率走廊工具是指央行设定的存贷款上下限政策利率。2015年，我国开始使用常备借贷便利作为利率走廊上限来引导同业市场利率。作为利率走廊工具，批发端的法定数字货币利率可以代替超额准备金利率作为央行利率走廊的下限，直接对各类资产的利率产生影响；零售端的法定数字货币利率则可以成为银行存款利率的下限（Mondello et al.，2020；Meaning et al.，2021）。

法定数字货币可以成为新型利率走廊工具，深化我国利率市场化改革。未来如果我国法定数字货币计息，中国人民银行可以通过调整其利率水平，直接对其他利率产生影响，疏通短期利率向中长期利率传导的渠道。转轨期间法定数字货币可以成为利率走廊工具的理论机制在于：一是法定数字货币利率能够改变隔夜同业市场的性质，提高银行间隔夜市场的竞争性和流动性。二是法定数字货币的便利性会激发更广泛的货币需求，使其放贷期限更长、用途更广。三是法定数字货币与其他资产的套利过程使得法定数字货币利率的变化可以直接传递给其他资产利率，尤其是存款利率。法定数字货币直接调整存款利率的能力是其作为利率走廊工具的最大优势。

在结构方面，法定数字货币还可以作为央行的定向调控工具和流动性便利工具，向市场提供流动性。现有定向调控工具的有效性依赖于两方面：央行流动性可以有效传达到需要的部门和企业；央行向实体经济中注入的流动性可以有效降低交易成本。这两方面的效果都取决于商业银行的行为选择。法定数字货币作为结构型货币政策工具的优势在于，央行可以跳过商业银行与公众直接交易，不需要面对商业银行激励不一致引起的风险；并且法定数字货币可以通过差别化利率设置和针对性资产购买满足结构性调整需求（Barrdear and Kumhof，2021；Meaning et al.，2021）。

当前，我国经济增速换挡，经济结构失衡问题加剧，财政政策调控受到限制，结构型货币政策的作用日益突出。法定数字货币可以加强结构型货币政策工具和预期管理工具的效果（陈鸿祥，2017）。法定数字货币不依赖网点，清晰记录交易流程和信用评价，可以缓解信息不对称，提高结构型货币政策工具的有效性。法定数字货币还可以提前设置触发条件，仅当在特定经济条件下，流向特定主体、满足利率要求时才生效，提高结构型工具的精准性和智能性（姚前，2018）。

（二）法定数字货币将改进货币政策目标体系

法定数字货币能够提升操作目标向中介目标的传导速度和范围。具体来说，法定数字货币的发行可能会加速政策利率向存贷款利率的传导。一方面，法定数字货币利率的提高，可能会导致公众对银行存款的需求下降（Meaning et al.，2021；Mondello et al.，2020）。为了遏制存款流失，银行将不得不迅速做出反应，调整存款利率，政策利率对存款利率的传导速度将加快。另一方面，法定数字货币利率的变动可能使存款利率和同业市场利率大幅度变动，商业银行的贷款利率也将随之调整（Meaning et al.，2021）。存款利率和同业拆借利率上升意味着银行融资成本上升。同时，法定数字货币在公众中的点对点交易也将削弱银行信贷的市场份额。法定数字货币将使得非银行机构抢占更多的信贷市场，限制商业银行根据融资成本变化调整贷款利率的幅度，使银行融资成本和贷款利率对政策利率变化的敏感性加强。

此外，法定数字货币的一些其他特征可能影响利率传导的速度和范围。首先，分布式账本技术可以使货币交易环节扁平化，提升金融市场流动性。若法定数字货币是基于分布式支付系统，那么其交易效率将有很大提高，将极大地促进批发端市场的市场化发展。其次，法定数字货币和存款之间存在替代性，这使商业银行的存贷款利率对政策利率的敏感性加强，利率传导更直接。最后，法定数字货币可以加强货币政策操作的透明度，利于培育短期政策利率。例如，法定数字货币发行的"前瞻性触发"机制可以迅速根据实体经济状况，调整自身的发行量、发行利率和回收利率（姚前，2018）。

法定数字货币有助于我国渐进式利率改革突破发展"瓶颈"。当前我国重点建立贷款利率市场化定价机制，疏通贷款利率传导。2019—2020年我国LPR形成机制进行重大改革，实现了贷款利率"两轨"转一轨①。LPR改革的最大特点是与MLF（中期借贷便利）利率挂钩，兼

---

① "两轨"转一轨指存贷款基准利率向货币市场利率并轨，从而提高政策利率和市场利率的传导效率。

顾了政策、市场和银行自主定价三方面的因素，畅通短期利率向中长期利率的传导，提升贷款利率传导效率。然而，我国的存款利率还处于管制之中，存款利率传导机制还未建立。随着 LPR 制度的日益成熟，金融机构的自主定价能力逐渐提升，法定数字货币与 LPR 的相互配合将推动我国利率市场化改革。

法定数字货币还有助于中国人民银行确定转型时期的中介目标。我国中介目标可以分为数量型和价格型，数量型中介目标又包含货币供应量、信贷投放和社会融资规模。价格型中介目标主要是市场利率。然而，当前我国利率市场化改革还没有完成，价格型中介目标难以确定。法定数字货币若能疏通我国存款利率的传导机制，将进一步助力我国货币政策的中介目标由数量型向价格型转变。为此，中国人民银行应该积极培育我国商业银行的存款自主定价能力，以配合法定数字货币的发行与推广。

（三）法定数字货币将优化货币政策操作规则

合理的法定数字货币设计将会改进现有的货币政策规则。为了实现货币政策最终目标，央行进行货币调控的操作规范有两大类型：相机抉择（Discretion）和规则行事（Rule）。前者是指央行在既定的目标下，根据经济状态的每一次变动来灵活调整货币政策。后者是指央行根据事前约定的规则调整货币政策。如今，货币政策规则不仅是理论研究的热点，也是各国央行实践中需要重点考虑的问题。货币政策规则可以分为：完全承诺的最优货币规则（Completely Commitment Optimal Rules）和简单规则（Simple Rules）。目前，各国央行主要采纳的是简单规则，虽然它并不能使货币政策目标函数达到最优值，但是它主要依赖可观测变量进行决策，很大程度上降低了央行调控的难度。Barrdear 和 Kumhof（2021）从理论角度考察了法定数字货币发行下的货币政策规则对宏观经济的影响。他们运用动态随机一般均衡（DSGE）模型研究发现，在美国，法定数字货币的发行可以降低交易成本和实际利率，增强逆周期货币政策操作的能力，使实际 GDP 增长约 3%。

法定数字货币还可以改善通货膨胀目标制。物价稳定一直是各国央行货币政策的长期目标，为了实现这一目标，国际上广泛采用名义锚的通货膨胀目标制。Bordo 和 Levin（2017）提出法定数字货币可以有效改善通货膨胀目标制。由于法定数字货币可以实现有效交易媒介原理，稳定物价的目标不需要通过稳定通缩来实现。通过计息的法定数字货币，央行可以建立一个稳定的价格水平目标。

法定数字货币可能使我国的货币政策规则更加复杂，提高中国人民银行的操作难度。从国际经验来看，自约翰·泰勒提出"泰勒规则"（Taylor Rule）后，各国央行的利率决策都隐含地遵循"泰勒规则"。然而，我国正处于货币政策框架转型期，多目标并存，多工具混用，因此我国货币政策应该遵循何种规则一直存在争论。针对我国特殊的经济环境和货币政策框架转型特征，中国人民银行并不拘泥于某一规则，而是根据不同类型的经济环境调整规则，以应对经济结构的转变和外部复杂国际环境的冲击。目前，我国的货币政策规则主要是混合规则，中国人民银行可以根据现实经济状况，灵活选择价格型工具、数量型工具或两者混合使用，以实现对通货膨胀和实际产出的目标调控（王曦等，2017）。为此，中国人民银行需要确定法定数字货币下的单一规则与混合规则，谨慎评估不同规则的效应。

（四）法定数字货币将带来新的货币政策传导渠道

我国货币政策框架正从数量型向价格型转变，多目标多工具并行，传导渠道类型繁多，且相互交叉。为此，下文结合国内外传统和创新型货币政策工具，总结了法定数字货币的六种潜在货币政策传导渠道，见表7-3，并分析它们的影响路径。可以发现，特定设置下的法定数字货币不仅可以疏通传统货币政策传导渠道，也将带来全新的传导渠道。此外，零售端法定数字货币和批发端法定数字货币的传导渠道有所区别。

表7-3　　　　　　　　　六种潜在政策传导渠道

	传导渠道	适用的法定数字货币	法定数字货币的影响机制
改善传统渠道	信贷渠道	批发端和零售端	通过改变银行融资成本和企业利率敏感性提高传统信贷渠道传导效率
	利率渠道	零售端和批发端	法定数字货币利率的变动将会直接影响存款利率和企业资产配置

续表

传导渠道		适用的法定数字货币	法定数字货币的影响机制
创新信贷渠道	流动性渠道	批发端	法定数字货币作为实时的流动性提供工具，对市场流动性的控制更加准确有效
创新利率渠道	信号渠道	零售端和批发端	法定数字货币可以监控不同经济主体间的交易，提升货币政策操作的透明性
	资产组合平衡渠道	零售端和批发端	法定数字货币与其他金融资产间的替代效应是其影响资产组合平衡渠道的主要路径
	浮动贷款利率渠道	批发端	央行影响商业银行的浮动贷款利率，从而改变企业的内外部融资成本差，改变企业的融资结构

资料来源：笔者根据已有文献整理。

1. 法定数字货币将带来新的信贷渠道

法定数字货币有助于疏通传统货币政策信贷渠道。传统货币政策信贷渠道主要指银行贷款渠道与企业资产负债表渠道。一方面，银行贷款渠道是零售端法定数字货币与批发端法定数字货币的典型传导方式。央行通过将法定数字货币注入银行体系来提供稳定的资金，货币政策可以通过这种渠道影响银行的信誉和融资成本，提升定向贷款投放和贷款利率调整效率，疏通银行贷款传导渠道。另一方面，企业资产负债表渠道是零售端法定数字货币的主要传导渠道之一。零售端法定数字货币可能会改变货币需求对利率变化的敏感性。若法定数字货币可以提升金融包容性，使更多家庭和企业接触到对利率敏感的金融资产，则企业资产负债表渠道的传导可能会加强。

法定数字货币将带来创新型货币政策信贷渠道，主要为流动性渠道（Liquidity Channel）。流动性渠道又被称为银行融资渠道，是批发端法定数字货币的主要传导渠道之一，指央行通过增加负债和存款准备金供给来改善金融机构的流动性状况，增加经济主体获得外部融资的机会（Altavilla et al.，2020）。该渠道类似于银行贷款渠道，货币政策通过影响金融市场的流动性，从而降低银行的融资成本，增加贷款供给。具体影响路径如下：货币政策宽松⇨银行流动性资产↑，非流动性资产↓⇨银行贷款↑⇨投资↑⇨总产出↑。法定数字货币作为实时的流动性提供工具，对市场流动性的控制更加准确有效。

　　法定数字货币发行为我国货币政策信贷渠道提供全新的框架和路径。近年来，随着直接融资发展、影子银行和资金空转问题日益突出，我国货币政策信贷渠道的局限性越来越明显。我国数字人民币是由中国人民银行发行的基于双层流通框架的信用货币、加密货币、算法货币和智能货币（姚前，2018）。数字人民币发行下的货币政策信贷传导路径将具有全新的特征。一方面，数字人民币货币可以直接调控实体经济，比间接调控工具更快速有效。另一方面，现金容易被匿名伪造，且无法被追踪，法定数字货币的可追踪性和可控匿名性，有助于货币政策操作系统透明化，定向调控效果更好（谢星和封思贤，2020）。

2. 法定数字货币将带来新的利率渠道

　　传统的货币政策利率渠道主要为利率期限结构渠道。由于短期利率需要通过影响长期利率才能影响总产出，利率期限结构在利率传导渠道中占有重要地位。具体影响路径如下：货币政策宽松⇨短期政策利率↓⇨短期实际利率↓⇨长期实际利率↓⇨投资↑⇨总产出↑。国外学者普遍认为法定数字货币对利率渠道的影响比较大。一方面，法定数字货币的利率对存款利率的影响更直接（Meaning et al.，2021；Beniak，2019）。若法定数字货币和存款可以相互替代，商业银行为了吸引存款，对存款利率的定价势必将高于法定数字货币的利率。因此，法定数字货币利率的变动将会直接影响存款利率的变动，政策利率的变化可以更直接地传递给银行储户。另一方面，法定数字货币政策利率的变化将促使家庭和企业重新平衡未来和当期的投资与消费，特别是对利率敏感的借贷和储蓄（Griffoli et al.，2018）。因此，利率期限结构渠道是零售端法定数字货币与批发端法定数字货币的重要传导渠道。

　　创新型的货币政策利率渠道主要为信号渠道（Signalling Channel）、资产组合平衡渠道（Portfolio - Balance Channel）和浮动贷款利率渠道（Floating Rate Channel）。信号渠道也称为通胀风险渠道（Krishnamurthy and Vissing - Jorgensen，2011）。该渠道类似于利率政策的预期管理，两者的区别在于影响公众期望的方式。信号渠道通过量化宽松、央行直接购买和前瞻性指引等工具引导公众预期，相较利率预期管理影响更为长远。央行向公众沟通未来政策方向和路径、不同类别资产的风险和流动性等问题,从而调控微观个体的行为(Lloyd et al.,2017)。具体影响路径如下:货币政策公告⇨公众长期预期形成⇨银行贷款渠道↑,企业资产负债表渠道↑。法定数字货币最大的作用在于可以监控不同经济主体间的交易,提升货币政策操作的透明性,从而改善货币政策传导效率。零售端法定数字货币与批发端法定数字货币都可以释放央行货币政策的信号。

资产组合平衡渠道(Portfolio-Balance Channel)是指央行通过改变可出售资产的相对供给及其收益率,促使商业银行重新平衡其投资组合。央行通过购买长期资产致使其价格上升,收益率下降,迫使投资者寻找回报更高的其他类似资产,从而达到投资组合的平衡,缓解金融市场状况。具体影响路径如下:货币政策宽松⇨长期名义利率↓⇨长期实际利率↓⇨投资↑⇨总产出↑。法定数字货币与其他金融资产间的替代效应是其影响资产组合平衡渠道的主要路径。零售端法定数字货币与批发端法定数字货币都可以通过资产组合平衡渠道发挥作用。

浮动贷款利率渠道由 Ippolito 等(2013)首次提出,他们把企业资产负债表渠道和银行贷款渠道与利率渠道相互融合,提出了新的传导渠道。他们认为非传统货币政策主要通过调节浮动贷款利率的基准利率来影响贷款利率,同时,企业的银行贷款大多数都是浮动利率制。央行影响商业银行的浮动贷款利率,从而改变企业的内外部融资成本差,改变企业的融资结构。该具体影响路径如下:货币政策宽松⇨浮动贷款利率↓⇨企业调整融资结构⇨投资↑⇨总产出↑。法定数字货币通过影响银行的负债端结构从而对 LPR 的效果产生影响。在我国货币政策结构转型时期,批发端法定数字货币对浮动贷款利率渠道具有重要作用。

当前我国传统货币政策调控框架下,货币政策传导面临逆周期操作困难、传导渠道不畅、预期管理不足等问题。我国目前主要依赖信贷传导渠道,而由于不同层次市场的关联性和流动性不足,利率传导渠道有待发展。法定数字货币通过疏通传统利率渠道,并开创新的利率渠道,将有助于我国货币政策框架的转型。当前数字人民币还处于开发阶段,中国人民银行要基于丰富的想象力和广阔的视野,凭借充分的理论演绎和实证模拟精细分析数字人民币对货币政策传导的效果(姚前,2019)。目前,中国人民银行关于数字人民币发行机制的研究已取得阶

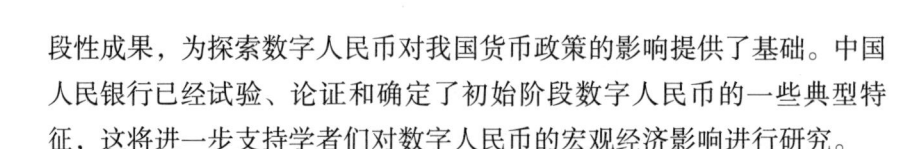

段性成果，为探索数字人民币对我国货币政策的影响提供了基础。中国人民银行已经试验、论证和确定了初始阶段数字人民币的一些典型特征，这将进一步支持学者们对数字人民币的宏观经济影响进行研究。

第三节 基于数字人民币的我国货币政策调控转型建议

在探讨相关政策建议之前，我们应该明确我国发行数字人民币的最终政策目标。我国发行数字人民币的目的与西方国家存在本质区别。一方面，在总量效应方面，数字人民币的利率设定不同于西方国家打破"零利率边界"的目的，而是为了疏通我国利率传导渠道，尤其是存款利率传导渠道。另一方面，数字人民币也带有结构性调控的目标，直达我国融资困难的行业和部门，增强定向调控的能力。基于此，下文将详细探讨中国人民银行和商业银行应该如何利用数字人民币实现最终政策目标。

一 中国人民银行应该继续深化利率市场化改革

近年来，我国利率市场化改革已取得重大成果。2015 年，中国人民银行放开了金融机构的存款利率上限。2019 年，中国人民银行推出 LPR 制度改革，商业银行的贷款利率开始锚定 LPR。LPR 改革的重点在于连接货币市场与信贷市场，畅通政策利率对贷款利率的传导。当前，我国利率传导的阻滞主要体现在货币市场利率向商业银行存款利率的传导。数字人民币和存款的相互替代，使其利率可以打破我国长期存在的存款利率刚性问题，畅通政策利率对存款利率的传导。显然，数字人民币和 LPR 配合将提升存贷款两端的利率传导效率。为了保证未来数字人民币与 LPR 的配合更加顺畅，中国人民银行应该做到：

（1）中国人民银行应该深化金融市场发展。利率市场化的本质是把利率的定价权交给金融市场，这就要求中国必须建立一个完备的金融市场。完备的金融市场应该包含三个重要因素：金融市场微观基础、金融市场制度和金融市场产品（徐忠，2018）。首先，我国金融市场微观基础存在金融机构自主定价能力较弱的问题。一方面，存贷款端的市场定价受制于商业银行的传统业务模式，难以突破。另一方面，中小型商业银行的存贷款定价能力严重不足。为此，中国人民银行应该鼓励和引导商业银行培育风险定价的能力，建立定价信息系统，培育相关人才。其次，2017年以来，我国逐步加强了对金融业的监管，然而针对商业银行自主定价的相关监管有所不足。中国人民银行需要补齐金融监管制度的短板，减少商业银行和企业由于利率市场化而引起的监管套利。最后，我国金融市场产品依旧较为单一，仍须进一步拓展和完善。中国人民银行应该鼓励金融业的产品创新，同时规范业务的合规经营。

（2）中国人民银行应该完善货币政策的预期管理。新冠肺炎疫情暴发以来，全球各国都加强了宏观经济调控，强化了货币政策的预期管理，从而稳定和引导市场预期。"十四五"时期，我国将面临不少新的风险隐患，需要完善宏观经济管理预期，以减弱经济的波动程度。然而，我国的货币政策预期管理还处于起步阶段，还存在管理范围狭窄、缺乏透明度、缺乏部门间的协调配合以及制度安排不规范的问题。首先，中国人民银行应该积极探索符合国情的预期管理模式（郭克莎和沈少川，2020）。目前，我国货币政策工具存在总量型与结构型混用的问题，而国外的预期管理主要是总量型工具。中国人民银行应该协调好结构型货币政策工具与总量型货币政策工具的配合。其次，中国人民银行应该制定完善合理的预期管理规章制度（郭豫媚和陈彦斌，2017）。尤其是中国人民银行应该明确各部门的职责，保证信息公布的权威性和透明性。最后，中国人民银行应该针对不同的微观主体预调、微调政策导向。经济转型期间，我国大型和中小型银行的行为模式存在很大差异。中国人民银行应该针对不同银行的个性化特征对其实施针对性的政策引导。

（3）中国人民银行应该完善利率走廊机制。随着我国公开市场业务的日益完善，中国人民银行也开始探索合适的利率走廊工具，利率走廊与公开市场操作的相互配合有助于稳定市场利率和抑制通货膨胀（向思宇，2021）。为此，中国人民银行应该积极加快构建中国式的利率走廊操作框架。首先，利率走廊上下限、宽度等设定需要符合中国国情。我国利率市场化改革尚未完成，如何构建转型时期的利率走廊机制是中国人民银行亟须解决的难题。其次，中国人民银行不仅需要进一步提升公开市场操作工具的有效性，还需要进一步扩大公开市场业务的覆盖范围（王曦和金钊，2019）。当前，我国公开市场操作业务主要针对大型银行，对中小型银行的影响还较小，其调控能力受到很大限制。最后，中国人民银行应该继续扩大金融开放，并完善配套的存款准备金制度，确保利率走廊机制的有效性（孙文艳，2021）。利率走廊的有效性不仅依赖高效的公开市场，还需要其他工具的配合使用。在构建中国特色的利率走廊机制时，中国人民银行应该完善相关的金融市场制度、加强金融市场建设并优化相关货币政策工具等。

二 中国人民银行应该设定符合国情的数字人民币特征

随着我国数字人民币研发和试点的稳步推进，中国人民银行应该慎重甄别数字人民币不同设定特征的影响，不断优化其功能。国外发达国家对法定数字货币的研发主要基于成熟的价格调控框架，且其货币政策中介目标和操作规则较为单一，然而这些特征并不符合中国实际情况。因此，国外的理论研究和实践经验并不一定适合中国。基于此，中国人民银行应该做到：

（1）中国人民银行应该逐步测试数字人民币作为新型货币政策工具的效能。当前，全球各国对法定数字货币超出基础货币功能的测试均保持非常谨慎的态度。我国数字人民币的试点一直处于全球前列，在积极扩大试点的同时，也应该逐步测试数字人民币在货币政策层面的应用效果。首先，中国人民银行应该在保持现有货币政策框架调控顺畅的基础上测试数字人民币。在测试过程中，一定要预防数字人民币的潜在风险，保证我国货币政策调控的稳定性。其次，中国人民银行应该先从冲击最小的设定开始测试。目前，各国央行普遍认为双层流通框架和基于账户的法定数字货币的冲击较小，单层流通框架和是否付息等特征还存在较大的争议。再次，中国人民银行在试点成功后，需要考虑地区间的发展差异性和产业间的异质性，逐步推广数字人民币，不能盲目推广。最后，数字人民币的试点需要注意宏观经济波动，不仅要测试在经济处于常态时的效果，还要测试经济处于危机时的调控效果（谢星和封思贤，2020）。

（2）中国人民银行应该联合学界和业界，共同检验数字人民币不同设定特征的风险与效率。目前，国外理论研究主要基于不同法定数字货币属性，很多属性并不符合数字人民币的特征。此外，国内的研究还处于定性分析阶段，缺乏基于转型时期新背景的理论研究和定量分析。为此，中国人民银行应该积极与学界合作，厘清数字人民币作为结构型货币政策工具和利率走廊工具的优点和缺陷，确定转型背景下数字人民币的最优属性。同时，中国人民银行还应该检验和筛选转型期间我国货币政策的最优中介目标，研究数字人民币发行下我国货币政策传导渠道有效性。

（3）中国人民银行在设定数字人民币特征时需要充分考虑中国特殊的微观主体。当前数字人民币主要在大型银行进行试点。然而，我国大型银行和中小型银行在流动性、风险管理和运营模式方面存在显著差异。数字人民币的发行可能会加重这些异质性，引致银行业的风险。尤其是随着银行数字化转型，大型银行凭借自身的网点优势和资本实力，本身就占有优势。而数字人民币的发行可能帮助大银行获得更多的应用场景，占取更多的市场份额，也激化了中小型银行的竞争。银行竞争的加剧可能会使中小型银行的盈利水平下降，流动性风险上升。为此，在确定数字人民币特征的过程中，中国人民银行需要区分不同银行在数字化水平、产权结构、资源约束和经营模式等方面的差异性。

三 商业银行应积极应对数字人民币带来的业务和风险变化

数字人民币的发行势必将给我国商业银行带来冲击，同时也将带来新的发展机遇。面对数字人民币的发行带来的诸多挑战，商业银行应主动采取措施，在变化的环境中谋求转型，助力数字人民币研发和货币政策框架优化。基于此，我国商业银行应该做到：

（1）商业银行应不断提高负债端主动管理能力。如果人们更愿意持有信用较高的数字人民币，商业银行的存款将减少，负债结构将会改变。商业银行的资金来源会更加依赖成本较高、稳定性较低的同业市场。为此，商业银行应充分利用前沿管理技术，加强负债端管理，减少资金来源转换带来的冲击。首先，商业银行应该积极利用金融科技赋能存款端服务，为不同风险偏好的客户群体设计满足其个性化需求的存款产品，并提高存款服务的便捷性与灵活性，从而提高存款服务质量，稳定存款客户。其次，商业银行应积极加强负债端风险管理，利用大数据、云计算等技术实时监测、模拟和预测市场流动性充裕程度，加强流动性管理，动态防范流动性风险和利率风险。最后，商业银行应与同业加强合作，积极共享市场信息和管理经验，提高市场整体管理水平，降低同业市场的信息不对称和不确定性（汤奎和陈仪珏，2020）。

（2）商业银行应加快数字化转型，提高数字人民币运营能力。数字人民币的发行对商业银行的数字技术水平提出了新要求，传统的商业银行 IT 系统可能难以适应。因此，数字货币时代，商业银行需要积极运用人工智能、大数据、云计算等技术，进行系统升级，提高数字人民币运营的安全性、稳定性与服务的便捷性、高效性。[①] 首先，商业银行应该加强系统容量和网络安全测试，保证数字人民币系统的稳定性和畅通性。商业银行还应该基于大数据技术，分析预测数字人民币的流转状况，提高 KYC、客户调查和风险管理等能力。此外，商业银行还应创新数字人民币有关的服务与产品，丰富数字人民币使用场景，提升消费者体验。其次，商业银行应该积极培养基于数字人民币的复合型人才（纪金玉，2021）。数字人民币的推广要求银行从业人员不仅要掌握财务知识，还要精通信息技术，设计出更符合客户需要的、更具有长远发展意义的技术模块，为商业银行在数字货币环境中获得长期稳定发展能力创造优势。最后，商业银行需加强与先进金融科技企业的合作。商业银行应该积极与多方机构合作，积极引入外部先进技术，共同打造可互操作的、可扩展的数字人民币生态圈。

（3）商业银行应加强银行间协作，注意防范安全风险。由于数字人民币在隐私保护、网络安全等方面存在风险，数字账户的安全性也将面临挑战。为了对数字人民币的风险进行控制，除了政府应加强相关立法及监管措施外，商业银行也需要采取行动。首先，商业银行应该构建数字货币业务库，用于接收和存储央行发行的数字货币。数字货币业务库将有助于商业银行增加在数字货币安全存储、保密性、高效结算等方面的研发投入（吴婷婷和王俊鹏，2020）。其次，商业银行间可以充分发挥数字人民币网络的规模优势，构建基于中国人民银行、商业银行和用户的数字生态系统，进而提升网络的安全性和稳定性（江洁和廖茂林，2019）。最后，商业银行应谨慎推广数字人民币，在进行充分的系统测试和风险预演的基础上，从局部到整体逐步推广应用。除了符合要

---

① 全球股市网，https：//www.qqxh.cn/BTC/BTC_11871_3.html。

求的指定运营机构以外,其他商业银行也可积极提供流通服务,分散风险与压力。例如,2021年5月,西安银行与中国农业银行合作,通过农行接口接入数字人民币,共同提供存银行、充钱包、转账、交易查询等多个服务。①

(4) 商业银行应利用数字人民币开创新的应用场景。数字人民币在给商业银行带来挑战的同时,也带来了新的商机。我国商业银行应该转变思想,化被动为主动,利用数字人民币开创新应用场景,实现数字化转型。首先,商业银行应该为数字人民币的推广打造稳固的交易平台,实现更加规范的业务流程和更高的业务水平。同时,商业银行还需要更好地利用大数据技术,精确收集和分析客户信息,提供个性化、精细化服务。其次,商业银行应该积极紧跟行业信息风向,把握行业发展前沿(纪金玉,2021)。最后,商业银行应该积极应对数字人民币引起的客户结构变化。数字人民币的发展可能导致商业银行物理网点的客户群体发生结构变化,线下网点将主要服务较难接触到数字人民币的群体,比如老年人、残疾人和贫困人群。

---

① 数字法币研究社,https://mp.weixin.qq.com/s/e7McLbp9Har-OO8OZjJmOg。

参考文献

CPSS：《支付体系比较研究》，中国金融出版社 2005 年版。

安德鲁、马丁万：《分布式系统原理与范型》，清华大学出版社 2008 年版。

巴曙松、姚舜达：《央行数字货币体系构建对金融系统的影响》，《金融论坛》2021 年第 4 期。

白津夫、白兮：《货币竞争新格局与央行数字货币》，《金融理论探索》2020 年第 3 期。

蔡亮等：《区块链技术进阶与实战》，人民邮电出版社 2020 年版。

陈鸿祥：《央行数字货币的发行逻辑与演进安排》，《上海立信会计金融学院学报》2017 年第 5 期。

陈捷等：《国际金融清算制裁风险、契机及应对分析》，《北方金融》2019 年第 6 期。

陈文等：《数据治理视角下央行数字货币的发行设计创新》，《改革》2020 年第 9 期。

陈燕红等：《央行数字货币的经济效应与审慎管理进路》，《东岳论丛》2020 年第 41 期。

陈燕红等：《中国央行数字货币：系统架构、影响机制与治理路径》，《浙江社会科学》2020 年第 10 期。

陈尧、杨枝煌：《SWIFT 系统、美国金融霸权与中国应对》，《国际经济合作》2021 年第 2 期。

丹尼尔：《区块链基础知识 25 讲》，人民邮电出版社 2020 年版。

邓海清、陈曦：《再造央行 4.0：新常态下的中国金融改革顶层设计》，社会科学文献出版社2015年版。

邓柯：《区块链技术的实质、落地条件和应用前景》，《深圳大学学报》（人文社会科学版）2018年第35期。

范吉立等：《区块链系统中智能合约技术综述》，《计算机科学》2019年第11期。

范一飞：《关于数字人民币M0定位的政策含义分析》，《金融时报》2020年9月15日。

范一飞：《关于央行数字货币的几点考虑》，《第一财经日报》2018年1月26日。

范一飞：《中国法定数字货币的理论依据和架构选择》，《中国金融》2016年第17期。

封思贤、杨靖：《法定数字货币运行的国际实践及启示》，《改革》2020年第5期。

封思贤、章洪量：《金融脱媒的界定、机理与测度》，《经济与管理研究》2016年第37期。

高蓓等：《跨境清算体系：国际比较及中国进展》，《上海金融》2016年第8期。

郭克莎、沈少川：《我国"十四五"时期做好预期管理的一个视角——日本和美国预期管理政策的比较及启示》，《财贸经济》2020年第12期。

郭艳等：《中央银行法定数字货币：结构与功能》，《经济研究参考》2020年第1期。

郭豫媚、陈彦斌：《预期管理的政策实践与改进措施》，《中国人民大学学报》2017年第5期。

国世平、杨帆：《货币革命：我国创发数字货币的金融效应、风险与挑战》，《深圳大学学报》（人文社会科学版）2019年第36期。

韩剑：《流动性冲击与金融危机传染》，《上海金融》2009年第4期。

韩璇、刘亚敏：《区块链技术中的共识机制研究》，《信息网络安全》2017年第9期。

郝毅、王彬：《法定数字货币如何影响传统金融体系》，《中国外汇》2020 年第 21 期。

何德旭、姚博：《人民币数字货币法定化的实践、影响及对策建议》，《金融评论》2019 年第 5 期。

何宏庆：《数字普惠金融风险：现实表征与化解进路》，《兰州学刊》2020 年第 1 期。

何正全：《美元霸权、"斯蒂格利茨三步骤"及中国的对策》，《财经科学》2015 年第 5 期。

侯鸿璠：《支付清算系统的国际比较与启示》，《金融纵横》2020 年第 3 期。

侯利阳：《数字人民币的竞争减损与规制补充》，《南大法学》2021 年第 1 期。

胡可：《我国央行数字货币与其他支付方式的区别、优势及影响》，《中国产经》2020 年第 6 期。

华为区块链技术开发团队：《区块链技术及应用》，清华大学出版社 2019 年版。

黄步添、蔡亮：《区块链解密：构建基于信用的下一代互联网》，清华大学出版社 2016 年版。

黄益平：《数字普惠金融的机会与风险》，《新金融》2017 年第 8 期。

黄银莉：《离岸人民币回流现状及趋势展望》，《今日财富》2019 年第 11 期。

纪金玉：《法定数字货币对商业银行的影响探究》，《现代商业》2021 年第 3 期。

江洁、廖茂林：《数字货币冲击与商业银行的应对策略》，《银行家》2019 年第 12 期。

蒋鸥翔等：《比特币、Libra、央行数字货币综述》，《金融科技时代》2020 年第 2 期。

焦成焕和吴桐：《数字货币属性及发行实践研究》，《海南金融》2019 年第 9 期。

焦授松：《探索"数字欧元"，欧盟迈出第一步》，《光明日报》2020 年 10 月 17 日。

柯达：《论我国法定数字货币的法律属性》，《科技与法律》2019年第4期。

赖茹：《浅析区块链技术及其在金融领域的应用》，《科技经济导刊》2021年第12期。

蓝天等：《法定数字货币、前瞻条件触发与货币政策传导》，《南方金融》2021年第2期。

李斌、房盼：《央行法定数字货币发行法律问题研究》，《西安石油大学学报》（社会科学版）2021年第30期。

李黎力：《货币权力与美元霸权》，《金融博览》2020年第5期。

励跃：《持续增强CIPS系统服务功能》，《中国金融》2019年第14期。

梁静：《人民币国际化"大动脉"——国际货币支付基础设施构建》，经济管理出版社2017年版。

林春：《法定数字货币发行与中国货币政策有效性》，《深圳大学学报》2019年第5期。

林喆：《分组密码与流密码的分析、设计与比较——以AES和RC4为例》，《商品与质量》2012年第S4期。

刘川等：《货币演进视角下的法定数字货币再认识》，《西南金融》2021年第4期。

刘东民、宋爽：《数字货币、跨境支付与国际货币体系变革》，《金融论坛》2020年第25期。

刘少军：《法定数字货币的法理与权义分配研究》，《中国政法大学学报》2018年第3期。

刘蔚：《基于国际经验的数字货币发行机制探索与风险防范》，《西南金融》2017年第11期。

刘晓娅：《我国信用卡产业对促进经济增长的影响与建议》，《现代经济信息》2013年第7期。

刘新华、郝杰：《货币的债务内涵与国家属性——兼论私人数字货币的本质》，《经济社会体制比较》2019年第3期。

柳伟卫：《分布式系统开发实战》，人民邮电出版社2021年版。

卢贵珍：《数字货币的应用场景与发展趋势研究》，《环渤海经济瞭望》2020 年第 8 期。

陆前进：《美元霸权和国际货币体系改革——兼论人民币国际化问题》，《上海财经大学学报》2020 年第 12 期。

罗刚：《人民币跨境清算模式及银行对策研究》，《时代金融》2020 年第 3 期。

罗永明：《我国银行信用卡业务发展的现状、风险及对策研究》，《长春金融高等专科学校学报》2017 年第 3 期。

马昂等：《区块链技术基础及应用研究综述》，《信息安全研究》2017 年第 11 期。

马更新：《我国数字货币法定化的构想及展望》，《社会科学辑刊》2021 年第 3 期。

孟凡淇：《浅谈 P2P 网络的拓扑结构》，《山东工业技术》2016 年第 24 期。

穆杰：《央行推行法定数字货币 DCEP 的机遇、挑战及展望》，《经济学家》2020 年第 3 期。

欧阳丽炜等：《智能合约：架构及进展》，《自动化学报》2019 年第 3 期。

彭绪庶：《央行数字货币的双重影响与数字人民币发行策略》，《经济纵横》2020 年第 12 期。

戚学祥：《超越风险：区块链技术的应用风险及其治理》，《南京社会科学》2020 年第 1 期。

戚聿东、褚席：《数字经济视阈下法定数字货币的经济效益与风险防范》，《改革》2019 年第 11 期。

乔海曙等：《法定数字货币：发行逻辑与替代效应》，《南方金融》2018 年第 3 期。

邱浩然：《CLS：低风险、高效率的外汇结算系统》，《中国货币市场》2003 年第 2 期。

任哲、胡伟洁：《区块链技术与支付体系变革》，《中国金融》2016 年第 14 期。

荣刚等：《数字货币与支付关系研究》，《金融纵横》2017 年第 4 期。

沈伟：《论金融制裁的非对称性和对称性——中美金融"脱钩"的法律冲突和特质》，《上海对外经贸大学学报》2020 年第 27 期。

施婉蓉等：《数字货币发展概况、影响及前景展望》，《金融纵横》2016 年第 7 期。

宋爽、刘东民：《法定数字货币应用场景下的央行和商业银行职能转变》，《银行家》2019 年第 2 期。

孙文博：《浅析央行数字发行对商业银行个人业务的影响》，《财会学习》2020 年第 19 期。

孙文艳：《我国利率走廊机制对短期利率波动的影响分析》，《新金融》2021 年第 4 期。

汤奎、陈仪珏：《数字人民币的发行和运营：商业银行的机遇与挑战研究》，《西南金融》2020 年第 11 期。

汪蔚菁：《持续联结清算系统（CLS）及其影响》，《中国城市金融》2003 年第 5 期。

王朝阳、宋爽：《一叶知秋：美元体系的挑战从跨境支付开始》，《国际经济评论》2020 年第 2 期。

王朝阳、郑步高：《互联网金融中的 RIPPLE：原理、模式与挑战"》，《上海金融》2015 年第 3 期。

王大贤：《央行法定数字货币影响外汇管理》，《新理财：公司理财》2019 年第 6 期。

王定祥、何乐佩：《法定数字货币替换现金货币的社会治理机制研究》，《金融理论与实践》2020 年第 11 期。

王靖萱、王大贤：《数字货币热潮背后的监管研究》，《新理财》2020 年第 Z1 期。

王亮：《对现代化金融支付清算系统的分析和思考》，《金融经济》2018 年第 8 期。

王鹏等：《"中国人民银行数字货币"的概念框架与国际进展》，《产业经济评论》2020 年第 5 期。

王群等：《区块链原理及关键技术》，《计算机科学与探索》2020 年第 14 期。

王瑞红：《央行这样为法定数字货币"画像"》，《现代商业银行》

2019 年第 17 期。

王曦、金钊：《新中国金融宏观调控体系的演变与改革方向：1949—2019》，《中山大学学报》2019 年第 5 期。

王曦、彭业硕：《从"摸着石头过河"到"顶层设计"——中国改革模式的演进》，《中山大学学报》2018 年第 12 期。

王曦等：《中国货币市场研究 2：货币供给与通货膨胀》，经济管理出版社 2016 年版。

王曦等：《中国货币政策规则的比较分析：基于 DSGE 模型的三规则视角》，《经济研究》2017 年第 9 期。

王曦等：《中国治理通货膨胀的货币政策操作方式选择》，《中国工业经济》2012 年第 8 期。

王玉雄：《国际大额支付系统发展趋势》，《农村金融研究》2009 年第 7 期。

吴婷婷、王俊鹏：《我国央行发行数字货币：影响、问题及对策》，《西南金融》2020 年第 7 期。

吴桐等：《法定数字货币的理论基础与运行机制》，《贵州社会科学》2020 年第 3 期。

武雪婷等：《数字货币应用场景下企业融资模式问题研究》，《全国流通经济》2020 年第 32 期。

夏沅：《区块链智能合约技术应用》，《中国金融》2018 年第 6 期。

向思宇：《利率走廊对通货膨胀的调节效果——基于央行福利损失函数的实证研究》，《投资与创业》2021 年第 9 期。

肖成志、祁文婷：《跨境电子商务与金融服务监管研究》，《西南金融》2016 年第 8 期。

谢端纯、苗启虎：《数字货币对跨境资金流动管理的影响与对策》，《海南金融》2021 年第 2 期。

谢星、封思贤：《法定数字货币对宏观经济的影响机理分析——基于中国不同试点阶段的研究》，《现代经济探讨》2020 年第 11 期。

谢星、封思贤：《法定数字货币对我国货币政策影响的理论研究》，《经济学家》2019 年第 9 期。

徐华龙：《零售支付系统发展现状、问题及建议——基于人民银行视角》,《北方金融》2019 年第 2 期。

徐士敏:《证券结算》,中国人民大学出版社 2006 年版。

徐忠:《经济高质量发展阶段的中国货币调控方式转型》,《金融研究》2018 年第 4 期。

许多奇、王沛然:《货币法偿性制度的历史"原罪"与现实转向》,《政法论丛》2021 年第 4 期。

杨东、陈怡然:《数字货币发展的中国机遇与中国方案——基于党的十九届五中全会的政策解读》,《中国信息安全》2021 年第 3 期。

杨东、陈哲立:《法定数字货币的定位与性质研究》,《中国人民大学学报》2020 年第 3 期。

杨建军:《我国数字货币的缘起、特点与发展前景》,《金融科技时代》2020 年第 9 期。

杨洁萌:《Libra 乌托邦与中国法定数字货币的机遇》,《新金融》2019 年第 12 期。

杨毅鹏:《法定数字货币的风险分析与监管应对》,《对外经贸》2020 年第 11 期。

姚名睿:《从私人数字货币的监管到法定数字货币的试验》,《当代金融家》2018 年第 4 期。

姚前、陈华:《数字货币经济分析》,中国金融出版社 2018 年版。

姚前、汤莹玮:《关于央行法定数字货币的若干思考》,《金融研究》2017 年第 7 期。

姚前:《Libra 2.0 与数字美元 1.0》,《第一财经日报》2020 年 5 月 12 日。

姚前:《法定数字货币的经济效应分析:理论与实证》,《国际金融研究》2019 年第 1 期。

姚前:《法定数字货币对现行货币体制的优化及其发行设计》,《国际金融研究》2018 年第 4 期。

姚前:《理解央行数字货币:一个系统性框架》,《中国科学:信息科学》2017 年第 11 期。

姚前:《区块链与央行数字货币》,《清华金融评论》2020 年第 3 期。

姚前：《中国法定数字货币原型构想》，《中国金融》2016 年第 17 期。

姚前：《中央银行数字货币原型系统实验研究》，《软件学报》2018 年第 9 期。

叶芳、杜朝运：《当前国际货币体系改革为何难以突破？——基于美元网络外部性的微观解释》，《广东金融学院学报》2012 年第 27 期。

尹庆红：《RTGS：实时全额清算系统》，《国际金融研究》1998 年第 6 期。

尹应凯、崔茂中：《美元霸权：生存基础、生存影响与生存冲突》，《国际金融研究》2009 年第 12 期。

印文、裴平：《电子货币的货币供给创造机制与规模——基于中国电子货币对流通中纸币的替代》，《国际金融研究》2016 年第 4 期。

尤苗：《数字货币：全球货币竞争的新赛道》，《学习时报》2020 年 7 月 24 日。

袁曾：《法定数字货币的法律地位、作用与监管》，《东方法学》2021 年第 3 期。

袁磊、耿新：《私人数字货币与资本流出——以比特币为例的研究》，《国际金融研究》2020 年第 6 期。

翟冉、陈学斌：《区块链的共识机制研究》，《数据与计算发展前沿》2021 年第 3 期。

张丰麒：《货币和支付系统的未来：中央银行的职能是什么？》，《金融会计》2020 年第 5 期。

张宏莉等：《P2P 网络测量与分析》，人民邮电出版社 2017 年版。

张莉莉、徐冰雪：《法定数字货币应用的法律风险及制度完善》，《行政与法》2021 年第 3 期。

张茉楠：《永久性货币互换机制网络亟待建立》，《中国证券报》2014 年 9 月 29 日。

张倪等：《央行数字货币渐行渐近》，《中国发展观察》2017 年第 4 期。

张松平等：《法定数字货币的概念及其发行缘由和影响》，《金融理论与教学》2020 年第 3 期。

张伟等：《中央银行数字货币对支付、货币政策和金融稳定的影响》，《上海金融》2019 年第 1 期。

张燕玲：《未雨绸缪，防范美国"金融脱钩"》，《环球时报》2020 年 8 月 5 日。

张怡超：《法定数字货币对我国现有货币制度体系的挑战》，《金融理论探索》2019 年第 4 期。

郑步高、王朝阳：《数字货币的实践进展与若干探讨》，《财经智库》2019 年第 6 期。

郑润祥：《数字经济时代人民币国际化的战略建议》，BTRAC 全球数字网络高等智库，2020 年 4 月 3 日。

中国经济体制改革研究会：《中美经贸摩擦升级为金融战的可能性及应对方案》，中美经贸关系面临的新挑战与应对策略（课题研究报告）2019 年第 26 期。

钟伟：《数字货币：金融科技与货币重构》，中信出版社 2018 年版。

周金黄：《现代支付体系和支付经济》，中国金融出版社 2015 年版。

周娜：《小额支付业务存在的问题及对策》，《黑龙江金融》2009 年第 4 期。

周小川：《把握好多目标货币政策：转型的中国经济的视角》，《金融时报》2016 年 6 月 25 日。

朱建明等：《区块链技术及应用》，清华大学出版社 2019 年版。

朱兴雄等：《区块链技术在供应链金融中的应用》，《中国流通经济》2018 年第 32 期。

邹传伟：《区块链与金融基础设施——兼论 Libra 项目的风险与监管》，《金融监管研究》2019 年第 7 期。

Ali, R., et al., "Innovations in Payment Technologies and the Emergence of Digital Currencies", *Bank of England Quarterly Bulletin*, 2014, 3: 262–275.

Altavilla, C., et al., "Mending the Broken Link: Heterogeneous Bank Lending Rates and Monetary Policy Pass–Through", *Journal of Monetary E-*

conomics, 2019.

Armelius, H., et al., "e - Krona Design Models: Pros, Cons and Trade - offs", *Sveriges Riksbank Economic Review*, 2020, 2: 80 - 96.

Auer, R., Boar, C., Cornelli, G., et al., "CBDCs beyond Borders: Results from a Survey of Central Banks", BIS Paper, 2021.

Auer, R., Böhme R., "The Technology of Retail Central Bank Digital Currency", *BIS Quarterly Review*, March, 2020.

Authority, F. C., "Discussion Paper on Distributed Ledger Technology", Working Paper, 2017.

Barontini, C., Holden H., "Proceeding with Caution - A Survey on Central Bank Digital Currency", BIS Paper, 2019(101).

Barrdear, J., Kumhof, M., "The Macroeconomics of Central Bank Digital Currencies", *Journal of Economic Dynamics and Control*, 2021: 104 - 148.

Bech, M. L., Garratt, R., "Central Bank Cryptocurrencies", *BIS Quarterly Review*, 2017.

Beniak, P., "Central Bank Digital Currency and Monetary Policy: A Literature Review", MPRA Paper, 2019.

Bindseil, U., "Central Bank Digital Currency: Financial System Implications and Control", *International Journal of Political Economy*, 2019, 48(4): 303 - 335.

Boar, C., et al., "Impending Arrival - A Sequel to the Survey on Central Bank Digital Currency", Bank for International Settlements, 2020, 107: 1 - 20.

Boar, C., Wehrli, A., "Ready, Steady, Go? - Results of the Third BIS Survey on Central Bank Digital Currency", BIS Paper, 2021.

Boar, C., et al., "Impending Arrival - A Sequel to the Survey on Central Bank Digital Currency", *Bank for International Settlements*, 2020, 107: 1 - 20.

Bordo, M., Levin, A., "Central Bank Digital Currency and the Future of Monetary Policy", *Hoover Institution*, 2017.

Bossu, W., et al., "Legal Aspects of Central Bank Digital Currency: Central Bank and Monetary Law Considerations", IMF Working Paper, 2020 (254).

Brunnermeier, M., et al., "The Digitalization of Money", Bank for International Settlements, Working Paper, 2021.

Carstens, A., "The Future of Central Bank Money", *Speech at the International Center for Monetary and Banking Studies*, 2018.

Central Bank Digital Currencies Working Group, "Key Aspects around Central Bank Digital Currencies Policy Report", *Bank for International Settlements*, 2019.

Chinn, M., Frankel, J. A., "Will the Euro Eventually Surpass the Dollar as Leading International Reserve Currency?", University of Chicago Press, 2007: 283 – 338.

Claeys, G., et al., "Cryptocurrencies and Monetary Policy", *Bruegel Policy Contribution*, 2018.

Davoodalhosseini, S. M., "Central Bank Digital Currency and Monetary Policy", *Journal of Economic Dynamics and Control*, 2021: 104 – 150.

Didenko, A. N., et al., "After Libra, Digital Yuan and COVID – 19: Central Bank Digital Currencies and the New World of Money and Payment Systems", Working Paper, 2020.

Dow, S., "Monetary Reform, Central Banks, and Digital Currencies", *International Journal of Political Economy*, 2019, 48 (2): 153 – 173.

Duffie, D., "Digital Currencies and Fast Payment Systems: Disruption is Coming", *Asian Monetary Forum*, 2019.

Dyson, B., and Hodgson, G., "Digital Cash: Why Central Banks Should Start Issuing Electronic Money", *Positive Money*, 2016.

Engert, W., and Fung, S. C., "Central Bank Digital Currency: Motivations and Implications", Bank of Canada Staff Discussion Paper, 2017, 16.

Fegatelli, P., "Central Bank Digital Currencies: The Case of Universal Central Bank Reserves", BCL Working Paper, 2019.

Fernández – Villaverde, J., et al., "Central Bank Digital Currency: Central Banking for All?", *Review of Economic Dynamics*, 2021, 41: 225 – 242.

Fung, B. S. C., Halaburda, H., "Central Bank Digital Currencies: A Framework for Assessing Why and How", Working Paper, 2016.

Gertler, M., et al., "A Macroeconomic Model with Financial Panics", *The Review of Economic Studies*, 2020, 87 (1): 240 – 288.

Griffoli, M., et al., "Casting Light on Central Bank Digital Currencies", *International Monetary Fund*, 2018.

Hess, S., "Regulating Central Bank Digital Currencies: Towards a Conceptual Framework", Working Paper, 2020.

Ippolito, F., et al., "The Transmission of Monetary Policy through Bank Lending: the Floating Rate Channel", *Journal of Monetary Economics*, 2013, 95: 49 – 71.

Jiang, S., et al., "Policy Assessments for the Carbon Emission Flows and Sustainability of Bitcoin Blockchain Operation in China", *Nature communications*, 2021, 12 (1): 1 – 10.

Juškaitė, A., et al., "CBDC – in a Whirlpool of Discussion", *Bank of Lithuania*, 2019.

Kahn, C. M., et al., "Should the Central Bank Issue E – money?", *Money*, 2019: 01 – 18.

Kang, K. Y., Lee, S., "Money, Cryptocurrency, and Monetary Policy", Working Paper, 2019.

Khan, S. N., et al., "Blockchain Smart Contracts: Applications, Challenges, and Future Trends", *Peer – to – peer Networking and Applications*, 2021: 1 – 25.

Kochergin, D., Dostov, V., "Central Banks Digital Currency: Issuing and Integration Scenarios in the Monetary and Payment System", *International Conference on Business Information Systems*, 2020: 111 – 119.

Krishnamurthy, A., Vissing – Jorgensen, A., "The Effects of Quantitative Easing on Interest Rates: Channels and Implications for Policy", Working Paper, 2011.

Kumhof, M. , Noone, C. , "Central Bank Digital Currencies – Design Principles and Balance Sheet Implications", Bank of England Staff Working Paper, No. 725, 2018.

Lloyd, S. P. , "Unconventional Monetary Policy and the Interest Rate Channel: Signalling and Portfolio Rebalancing", Working Paper, 2017.

Löber, K. , Houben, A. , "Central Bank Digital Currencies", BIS Paper, 2018.

Maniff, J. L. , "How Did We Get Here? From Observing Private Currencies to Exploring Central Bank Digital Currency", *Payments System Research Briefing*, 2020.

Meaning, J. , et al. , "Broadening Narrow Money: Monetary Policy with a Central Bank Digital Currency", *International Journal of Central Banking*, 2021, 17 (2): 1 – 42.

Mersch, Y. , "An ECB Digital Currency – A Flight of Fancy?", *Speech at the Consensus*, 2020.

Mohamed, H. , "Implementing a Central Bank Issued Digital Currency with Economic Implications Considerations", *International Journal of Islamic Economics and Finance*, 2020, 3 (1): 51 – 74.

Mondello, G. , et al. , "Macro and Micro Implications of the Introduction of Central Bank Digital Currencies: An Overview", GREDEG Working Paper, 2020.

Nabilou, H. , "Testing the Waters of the Rubicon: The European Central Bank and Central Bank Digital Currencies", *Journal of Banking Regulation*, 2020, 21 (4): 299 – 314.

Nabilou, H. , "Central Bank Digital Currencies: Preliminary Legal Observations", *Journal of Banking Regulation*, 2019.

Náñez, A. S. L. , et al. , "Reasons Fostering or Discouraging the Implementation of Central Bank – Backed Digital Currency: A Review", *Economies*, 2020, 8 (2): 41.

Nelson, B. , "Financial Stability and Monetary Policy Issues Associated with Digital Currencies", *Journal of Economics and Business*, 2018, 100: 76 – 78.

Parlour, C. A., Rajan, U., Walden, J., "Payment System Externalities and the Role of Central Bank Digital Currency", *Journal of Finance (forthcoming)*, 2020.

Pfister, C., Note, S. P., "Central Bank Digital Currency: A Primer", Working Paper, 2020.

Pichler, P., et al., "Does Digitalization Require Central Bank Digital Currencies for the General Public?", *Monetary Policy & the Economy*, 2020, 4: 40 – 56.

Roubini, N., "Why Central Bank Digital Currencies will Destroy Bitcoin", *The Guardian*, 2018, 19.

Shirai, S., "Money and Central Bank Digital Currency", Working Paper, 2019.

Skingsley, C., "Should the Riksbank Issue E – krona?", *Speech at FinTech Stockholm*, 2016.

Viñuela, C., et al., "The Future of Money and the Central Bank Digital Currency Dilemma", *Sustainability*, 2020, 12 (22): 96 – 97.

Wadsworth, A., "The Pros and Cons of Issuing a Central Bank Digital Currency", *Reserve Bank of New Zealand Bulletin*, 2018, 81: 1 – 21.

Walsh, C. E., "Monetary Theory and Policy", MIT Press, 2017.

Wandhöfer, R., "The Future of Digital Retail Payments in Europe: A Place for Digital Cash", *Journal of Payments Strategy & Systems*, 2017.

Wang, H., et al., "A Maturity Model for Blockchain Adoption", *Financial Innovation*, 2016, 2 (1): 1 – 5.

Ward, O., Rochemont, S., "Understanding Central Bank Digital Currencies (CBDC)", *Institute and Faculty of Actuaries*, 2019.

后　　记

近两年，法定数字货币已成为全球政界、商界和学术界的关注热点。然而，关于法定数字货币的概念、内涵与特征却一直存在争议。显然，随着各国对法定数字货币的研发与探索越来越深入，法定数字货币的概念和内涵也将不断扩大。当前，我国正面临经济由高速向高质量阶段转型，法定数字货币的发行也被赋予了厚望。法定数字货币发行不仅可以提升支付系统的效率与安全，还可以为我国跨境支付体系和货币政策调控提供全新的框架和路径。但是，作为一种全新的基础货币，法定数字货币也存在很多缺陷和风险。世界各国央行在设计法定数字货币时都需要结合自身国家的特征，根据法定数字货币的特征，权衡相关效率和风险。

在本书的撰写过程中，我们发现，法定数字货币的发行可以优化传统货币支付体系，更好地支持经济和社会发展。同时，法定数字货币还可以优化货币政策操作工具箱，提高货币政策传导效率。然而，法定数字货币的发行也会引致巨大的央行管理风险，商业银行挤兑和金融监管风险等问题。政府与央行需要提前做好风险防范，保障法定数字货币平稳运行。我们希望本书可以让读者更全面地了解法定数字货币的特征、优劣势和央行面临的挑战。

相较于法定数字货币的迅猛发展，当前相关研究成果却比较匮乏。一方面，全球还没有完备的法定数字货币被正式推出，定量的研究存在困难，已有的研究都属于定性分析。另一方面，法定数字货币的属性也在继续发展，且大多数属性都是前所未有的，使得传统的理论分析框架将不再适用。法定数字货币作为一种全新的法币，不仅是对央行的货币管理的挑战，也是对相关货币理论的挑战，需要更多的学者的投身探索。确定法定数字货币不同设定的效率和风险是央行发行法定数字货币的基石。

  对法定数字货币的研究是十分困难和漫长的过程。本书撰写历时一年，研究团队成员每周定时召开研讨会，汇报最新研发态势，探讨相关问题的最新进展，不断完善和修改。参与本书的写作人员有（排名按照姓氏首字母顺序）：中山大学岭南（大学）学院学生陈娴，中山大学岭南（大学）学院学生黄依梅，中山大学岭南（大学）学院博士后金钊，中山大学岭南（大学）学院学生任诗婷，中山大学管理学院学生谢晨裕，中山大学管理学院学生郑涵梓，中山大学岭南（大学）学院教授曾燕。本书的第一章由金钊、任诗婷和曾燕主笔完成，第二章由金钊、黄依梅和曾燕主笔完成，第三章由金钊、陈娴和曾燕主笔完成，第四章由金钊、任诗婷和曾燕主笔完成，第五章由金钊、谢晨裕和曾燕主笔完成，第六章由金钊、郑涵梓和曾燕主笔完成，第七章由金钊、任诗婷和曾燕主笔完成。

  本书能够完成得益于许多人的鼎力支持与大力帮助，我们深表感谢。首先，我们要感谢许多学者与专家的指导与帮助，特别是王曦教授、封思贤教授、姚前先生等。其次，我们要感谢中国社会科学出版社刘晓红编辑在本书编辑过程中所做出的重要贡献。再次，我们由衷感谢每一位研究团队成员的不辞辛苦和孜孜不倦地收集资料、整理数据和撰写著作。最后，特别感谢国家自然科学基金创新研究群体项目"金融创新、资源配置与风险管理"（编号：71721001）、国家自然科学基金青年项目"基于同业市场摩擦视角的货币政策传导渠道有效性与优化研究"（编号：72103212）和国家自然科学基金面上项目"基于税收优惠政策与背景风险的家庭资产配置策略研究"（编号：71771220）资助。

  目前，关于法定数字货币的研究相对较少，本书仅作抛砖引玉，是在这一具有广泛学术价值的研究领域的初步探索。本书以期可以提供一个全面详细的评估法定数字货币利弊的框架，然而一些分析与结论仍有不足之处，需要继续深入进行理论研究。因此，恳请广大专家学者与业界同人提出最诚挚的建议，促使我们团队在后续的研究工作中不断改进与完善。

金钊 曾燕
2021 年 8 月 21 日